世界社会の

宗教的
コミュニケーション

——共鳴の醸成

土方 透［編著］

聖学院大学出版会

目次

序　章

ポスト宗教時代の宗教——本書の前提

土方　透

本書は、「世界社会の宗教的コミュニケーション」を標題として掲げています。本書を始めるにあたり、この標題について説明しておきたいと思います。そして、本書の副題である「共鳴の醸成」に対して、いかなるやり方で接近していくか、ここで示していきたい思います。

1　「脱宗教化」後の宗教

もうかなり以前から、西洋文化の社会を中心に、社会の脱宗教化は至るところで指摘されています。宗教がかつての信憑性を失い、社会を統合する中心的な機能をもはや担いえないことは、すでに自明のこととして多くの社会で共有されています。しかし、どんなに宗教の世俗化、すなわち、機能的特殊化（分化）、私事化、そしてそれに伴う弱体化が叫ばれても、さらに宗教を無用であるとする見解、それ以上に有害であると位置づける指摘が散見されようとも、この社会は、なおも宗教に関わる出来事で満ちています[1]。宗教は今日、断片化されたかたちで実に遍在的に、あるいはきわめて先鋭化された衝撃として、私たちの社会のさまざまな場面に登場しています。〈宗教を語ること／語らないこと-のそれぞれ〉が、何かを可視化する一方で、何かを不可視化しています。

　学問の世界では、カント以降、近代の学問は、単純化して言えば宗教批判を旨とし、脱宗教化の流れを先導しました。それは啓蒙思想以降の世俗化・近代化とパラレルなものでした。世俗化は、近代化のそれであり、したがって社会における宗教による脱呪術化の過程、すなわち宗教が自ら展開したその帰結であると考えられていました[2]。また宗教は、神の神秘として説明されてきた領域を科学が次々と解明していくなかで、また政教分離の議論のなかで、あるいはあからさまに宗教擁護を謳う論調に対するうっとうしさのなかで、そして最近では何より宗教の名のもとに引き起こされるさまざまな殺戮をもって、疑わしいもの、いかがわしいものとされています。そしてそれゆえ注目するに値しないものと判断され、例外的なもの、さらには場合によっては社会から放逐すべきものとして、議論の片隅に押しやられた感もありました。

　しかし近年、宗教の問題は、さまざまなかたちで社会を揺さぶっています。ドイツで、公立学校の教室の壁への十字架設置が禁止されて以来（一九九五年）、その判断は二転三転し、現在でもドイツだけでなく他のヨーロッパ諸国で同様の多くの議論が引き起こされています。[3] 直接民主制の伝統をもつスイスでは、近年、国民投票でイスラム寺院の建設禁止が大差で可決されました。[4]

　こうした問題は、単に現象として語ってすむものではありません。これまでの伝統や蓄積として社会の基底に据えられたさまざまの前提が、根幹から揺さぶられる事態となっています。たとえば革命以降、世俗主義を掲げ、公共空間からの宗教の排除を徹底したフランス社会は、スカーフ着用の可否からテロに至るまで、その原理（出自やアイデンティティを超えた、共和国原理に基づく共生）が宗教に震撼させられています。とくに二〇一五年初頭、世界中に衝撃を与えたシャルリー・エブド襲撃事件は、当時の英国首相キャメロンとローマ教皇との間で、近代国家に通底する憲法上の原理である「表現の自由」と「個人の信仰」に対する揶揄との相克問題としても発展しました。[5] これらは、ヨーロッパにおけるイスラムとの相克に端を発しているものが多いですが、そこから導出される問題は、近代社会、近代国家の原理の問い直しすら必要とする事態を引き起こしています。

　かつては、宗教をめぐる議論といえば、近代化の脈絡で世俗化をテーマとするものが大半でした。その後、冷戦構造の崩壊、イスラムの台頭などと相まって、関心は宗教間相互の相克と共存に移ります。その際、その内容が宗教（キリスト教とイスラム）の対立であれ、「文明の衝突」[6]ないしは「文明の対話」[7]というタイトルに見られるように、その相克と共存は、もっぱら文明間の問題として、あるいは「文化」というキーワードをもって表現されました。続く学問的な名称は、異文化間コミュニケーション、多文化主義、文化相対主義等であり、そこにおける一例として、異なった宗教間の対話や共存の可能性が議論されました。

近年、事態は異なってきました。いまや、宗教が問題として前面に出てきます。宗教の衰退、弱体化、したがって脱宗教化という判断そのものが問いに付されています。宗教のその後を適合的に説明しうる、新たなカテゴリーが必要なようです。事実、こうした議論は今日非常に活発で、簡単に手に取ることのできるものをいくつかランダムに挙げることができます。世俗化の予想を覆す一九七〇年以降の宗教の再活性化の分析、[8]科学による世俗的合理化、政治の現世的自己規定を経た宗教が導く個人化とコスモポリタン化の議論、[9]世俗の革命を経た社会における宗教による反革命の指摘、[10]社会主義やナショナリズムに取って代わるものとしての神学という理解、[11]現代の社会をポスト世俗化社会ないしポスト世俗化世界社会とする定式化[12]など、これらのいずれもが、宗教の世俗化後の次の段階を議論するものとなっています。

2　世界社会におけるコミュニケーション

宗教のこうした前面化あるいはポスト脱宗教化ともいえる現象は、日本においても例外ではないでしょう。二〇一九年十一月、日本では一六〇億円以上かけて新天皇と即位とそれにまつわる一連の儀式が催され[13]、新天皇の即位に熱狂する国民の映像は世界中に配信されました。その直後にはローマ教皇が来日し、無実を訴え続けながら半世紀にわたって刑執行の淵に立たされている袴田巌死刑囚を交えたミサが挙行されました[14]。「表現の不自由」をタイトルに掲げた展覧会において、昭和天皇を思わせる写真に対する毀損と侮辱の「表現」が引き起こした一連の騒動[15]は、先に挙げたシャルリー・エブド襲撃事件後のキャメロン首相とローマ教皇との対立と重ならないでしょうか。もちろん、これらの出来事をどう理解するか、果たして日本の文脈で「宗教」の問題と言いうるのかどうかは、当然議論のあるところでしょう[16]。日本には別の文脈があるという主張も論証も、もちろん可能でしょう。

しかし、ここで日本人がどう見るかということは、問題ではありません。いまや世界は、一つの中心に集約されず、いくつもの極を有しています。そのなかで展開されるコミュニケーションからなる全体としての社会、それが私たちの棲まう世界社会です。したがって問題は、この光景を日本以外の人々、世界中の人々がどう見ているかであり、そしてそれが現に世界中でコミュニケートされているということです。これが、宗教をめぐる世界社会のコミュニケーションです。そして、そのコミュニケーションの連鎖とネットワークには、私たち自身も組み込まれています。このコンテクストでは、コミュニケーション上の刺激としての出来事が、異質な他者性が、要するにノイズが、そしていまやスキャンダルこそが、ことさらコミュニケーションの俎上にのぼってきます。そもそもそれが何であるか、それらがそれら自身をどのようなものとして理解しているか、ということと直截に関わることなく、コミュニケーションは連鎖していきます。

逆から言えば、他者がどの宗教に定位するかは問題ではありません。問題は、「自己の信じているものを他者が信じていない」ということを、その他者が自己に押しつけてくる場合です。何をどう信じようと、それぞれが自身の内にとどめておくならば、何も問題は起こりません。自己が信じているものと抵触するかたちで他者が何らかの意思表明をする場合、また自己の意思表明が他者の信じているものと抵触すると他者が感じる場合、問題が生じます。したがって、先に挙げた日本で生じている出来事は、どちらも他者へのノイズとなりうることを予想させますし、逆に、この出来事に対して、他者が自己にとってノイズとなりうる、ということも予想されます。このようにして、宗教に頓着しない一般の日本人の場合であれ、自己は他者の宗教的問題に関わり合うことになります。同様に他者も、宗教的問題として日本人に関わることになるのです。

このことは、自分が宗教をもとうともたなかろうと、神を信じようと信じまいと同じことです。ただ、相手が宗教に対して自分とは異なるスタンスをもっているということ、それだけで、こうした事態が生じます。つまり、この世界社会では、非常に高い蓋然性をもって、誰もが宗教的コミュニケーションの参与者となる可能性があるということです。

3　宗教から語る

本書では、「宗教を語る」のではなく、「宗教から語る」というアプローチを取ります。諸宗教を語る、すなわち宗教を相対化し、比較し、そのうえでそれらについて論評するというやり方は、多くの宗教を主題化できるかのようです。しかしこれは、すでに宗教の議論を飛び出しています。というのは、宗教を可能としている信者個人の専従的・排他的信仰という主観を、その視野から追い出しているからです。もちろん、このやり方をもって「客観化」と言うことはできますが、信仰によって成り立っている宗教にとって、客観化可能な位置からのアプローチが上からの支配的目線として映ることは、簡単に想像できます。それぞれの宗教を超えた上からのアプローチは、「超宗教」です。しかも、どの宗教にとっても、それぞれの絶対性を蔑ろにするという意味で「異教」として働き、むしろそれ以上に「異物」たる存在です。どの宗教にとっても容認できることではありません。すなわち、「宗教を語る」アプローチは、諸宗教がそれぞれに宗教であるということを等閑視するやり方と言えます。

それに対し、ある特定の宗教から出発するというやり方は、少なくとも世界社会という領域《アリーナ》においては、自己以外のいかなる宗教の絶対性をも排除するものではありません。むしろ、逆です。

すなわち宗教は、どの宗教であれ本来的に、それが志向するところの最高位というものを有しています。あらゆるものを、その最高位において知覚し、理解し、判断し、行為します。それができるがゆえの、最高位です。近年、私たちの用いる論理の多くが西洋中心主義《ユーロセントリズム》の内にあることが批判されています。アジアにはアジアの、イスラムにはイスラムの思考があると。そのとおりです。誰しもが、どこかに定位しています。だからこそ、自己の依って立つ位置を隠しもつことなく、明示すべきでしょう。かつ、あたかもそれらを鳥瞰する位置に立てるなどという虚構《インチキ》を排することが、より重要でしょう。

本書では、基本的に定位する宗教をキリスト教とします。「キリスト教」に定位し、そこから出発します。このことは議論が、まずもってキリスト教的に閉じていることを意味します。いかなる出来事も、キリスト教の文脈で語ります。そのうえで、そこから他に対して議論を展開します。それは、他なるものを他なるものとして、キリスト教の文脈において語るということであり、それを発信することでコミュニケーションの地平を拓いていく、というやり方です。方向を変えるべきです。すなわち、〈～への視線〉で議論するのではなく、〈～からの視線〉で議論するのです。〈～への視線〉での議論では、いま述べたように諸宗教は対象として一列に並べられ、上から見下ろされることとなります。逆に、一つの宗教に定位し、そこから出発して議論を展開するということは、それ以外のものへ説き及ぶことを肯定的にであれ否定的にであれ、並列的な位置から可能にする、その出発点に立つことを意味します。

4 共鳴

そもそも宗教は、それを信じる人にとってつねに絶対的・普遍的なものです。もちろん、すべての人間のための宗教（世界宗教）もあれば、特定の集団のための宗教（民族宗教）もあります。いずれにせよ、その当事者すなわち信仰者にとって、その宗教は絶対であり、それは普遍的な価値の体系として働きます。

こうした「絶対」ないし「普遍」という観念は、学問的には二十世紀の初頭にことごとくその隘路が暴かれました[17]。絶対性は相対性に、普遍的統一は差異あるものの同時存在の前提に取って代わられます。「ことごとく」というのは、それがおよそ人間の感情や主観といったいわば不確実な領域ではなく、まさに人為とは無関係な数学的な議論から発せられ、自然科学全般に、そして人文科学、社会科学へと展開されてきたことを表しています。とくに一九八〇年あたりから思想界に旋風を巻き起こしたポストモダンの議論は、あらゆるものの根拠を問いに付し、それがいかに多くの前提を必要とするものか、ないしは欺瞞に満ちたものかを徹底的に暴きました。以降、何かしらの根拠に素朴に基づいて議論することは難しくなりました。

　このことと並行して近代以降、科学はますます発展し、いわゆる「神の領域」を侵犯するまでに至ります。経済はすでにあらゆる領域にその力を拡張し、日常の生活は言うに及ばず、「命も金で買える」、「死後まで金で決まる」とまで言われうる事態となっています。政治は、人間の生存に関わる質的および量的条件を支配します。法は人と死を定義し、さらには死後の心的および物的権利義務関係まで裁定します。宗教は、こうした学問や社会的メカニズムのもとに埋もれてしまうか、あるいは細々とその隙間で固有の機能を担っているかのようでした。少なくとも、近代化の方向ないしは合理性の範疇からは追い立てられ、かろうじて個人の問題として、その活動範囲を認められるにとどまるかのようでした。

　おそらく二十世紀の終わりあたりから、異なった様相が見て取れるようになってきたと言えるのではないでしょうか。その変化のきっかけは、「エコロジーの危機」と「壁の崩壊」でしょう。前者は、地球上の誰にも等しく、そしてどの生態系にも致命的な危機が迫っていることを示しました。地球といういわばすべての存在の物理的前提が、根底から動揺させられています。そこには、いかなる差異もありません。誰もが、あるいは何であれ、同様に生存の危機にさらされています。後者は、東西冷戦構造の終焉を経て、それまでの価値秩序の崩壊と崩壊後の断片化した諸価値の混乱・乱立およびその相互間の争いという混沌状態を招くに至りました。それまで、とりあえずであれ平静が保たれ、安定を見ていた諸地域に、さまざまな争いが生じました。

こうしたテーマに関する情報を世界中でコミュニケートできる手段の発展も相まって、そのような危機や混沌を横断する価値とその必要性が、さまざまな場面で叫ばれ始めました。新たな普遍的価値、人類を包括する横断的価値です。「環境倫理」、「エコロジー」、具体的なものとしては「人間の安全保障（Human Security）」[18]、「SDGs」[19]など、またグローバルな規模での「人権」「人道」の称揚は、まさにこうしたものでしょう。

ここに「宗教」が働きます。宗教は、どの当事者にとっても「普遍」として働くからです。神が創り給うた地球を守る義務と責任が、どこであれ「いま」「ここに」棲まう人間には求められます。「責任という原理」というタイトルで称揚された議論も、その典型を示すものです[20]。また、世界のどの場所であれ虐げられている人々は、「永遠にして不可侵な人権」ゆえに、すなわち聖なる権利ゆえに、世界のどこにおいても護られなくてはなりません。私たちは、一致して、問題に取り組まなくてはなりません。しかし、この世界社会は、いくつもの極から成っています。一致ができないことは明らかです。人類は、部分から全体を、それぞれの「我々」から「人類全般」を、要するに所詮自己の棲まう場所で地球を語るしか術がないからです[21]。

そこで差異あるもの同士の「共生」が叫ばれます。それは、共同や共通化ではありません。それは不可能です。おそらく、可能な両立化の模索ということでしょう。であるならば、そこで模索されているのは、普遍（のもとの統合）ではなく、（並列するもの同士の間での）共鳴です[22]。

真摯な、そして必要とされる相互理解を一つ一つの場面で積み上げていくことは当然試みられるべきですが、その一方で、現に起きている問題の現場はそうした相互理解ではなく、常なる齟齬とその増幅の圧力にさらされているというのが、事態のアクチュアルな理解ではないでしょうか。残念ながら／当然ながら、この世界社会には、私たちが知っていることより知らないことのほうが、可能なことより不可能なことのほうが、したがって相互理解に至るよりも齟齬のなかに生きることのほうが、はるかに多いのです。どの真剣な信仰も、どの確たる信念も、それぞれ差異とコンフリクトに脅かされながら、自己のアイデンティティを維持・展開しています。そのリアリティから始めなくてはなりません。

以上を、議論を開始するうえでのまずもっての前提としたいと思います。

＊　　＊

「世界社会の宗教的コミュニケーション」のなかで、果たして共鳴が醸成されるかどうか、そしてそれがどのように起こりうるのかは、わかりません。私たちは、まだ夜の闇のなかにいます。そのなかで私たちは、夜が明けるのをただ憧れて待つだけでなく、可能であるか否かにかかわらず、かかる共鳴の醸成に向けて能動的たるべきでしょう(23)。以下展開するのは、そのための無謀な、言い方を換えれば、もとより無理な試みです。しかし／だからこそ、やらざるをえない／やるべきなのです。

注

（1）ここでは「脱宗教化」という総称のもと、宗教的なものから解放されてきた過程を一括して論じます。それは、脱宗教化の中身を検討するのではなく、脱宗教化の様相を呈する傾向が続いたのちの宗教を抽出してみたいという考えからです。いわゆる「世俗化」については、さまざまな定義があります。最近の文献まで簡潔に整理しているものとして、Detlef Pollack, Säkularisierung, in: Detlef Pollack, Volkhard Krech, Olaf Müller, Markus Hero (Hrsg.), Hand-buch Religionssoziologie, (Wiesbaden: Springer VS, 2018), 303-327 を挙げておきます。

（2）言うまでもなく、M・ヴェーバー「脱呪術化」「呪術からの解放」の議論です。これは、ヨーロッパの近代化とキリスト教プロテスタンティズムの理解において定説たる地位を有していますが、当然カトリックから、またその後の非キリスト教文化圏における近代化や経済発展に関する議論のなかで、異論も出されてきました。ここではその是非は論じません。ここで確認しておきたいことは、宗教が脱宗教化の原動力（宗教の自己進化と呼べる）になったという理解です。このことをあえてここで強調するのは、宗教の外側の力が宗教を弱体化させてきたという素朴な理解に対し、厳然たる別の見解を呈示しておきたいからです。それは、宗教の現状と未来を、（宗教の外部ではなく）宗教自身において論じる視点の存在を確認するものです。なぜなら、宗教は個人の主観的・内発的な信仰をその基本的要素としてもっており、宗教を単に客観的・外在的に論じることは、宗教そのものの内的なダイナミクスを見誤らせるものだからです。このことは、本書における議論の端緒として必須です。

（3） バイエルン州には、公立学校のすべての「教室に十字架ないしはキリスト十字架像を掛けること」という国民学校の学校規則第一三条第一項第三（GVB1, S.597）があり、それに対し、憲法違反との判断がなされました（一九九五年）。これは、裁判官の間でも五対三という判断の分かれた事例（Kruzifix-Urteil von BVerfG vom 16. 5. 1995 : 1 BvR 1087/91.）であり、この判断に関しては、公的なレベルでも一般の社会的なレベルでも、激しい反対が展開されました。

ストラスブールの欧州人権裁判所（ＥＧＭＲ）の大審議院は、一度公立学校の教室での十字架設置を禁止しましたが（二〇〇九年）、二〇一一年に再審結果を公表し、「公共学校で十字架を掛けることは欧州人権憲章第2条1項の教育権に違反しない」との判断を公表しています。

さらにオーストリアでは、文化とアイデンティティの観点から、教室での十字架は良いがスカーフやブルカは禁止すべきである、との発言がセバスチャン・クルツ外相よりなされた（オーストリア通信（ＡＰＡ）インタビュー、二〇一七年一月六日）との報道があります。この問題は、現在、他のヨーロッパ諸国においてもつねに論争を生んでいます。

（４）　SWI（swissinfo.ch）の記事、「スイスの国民投票――ミナレット禁止を可決」（2009/11/29）。<https://www.swissinfo.ch/jpn/%E3%82%B9%E3%82%A4%E3%82%B9%E3%81%AE%E5%9B%BD%E6%B0%91%E6%8A%95%E7%A5%A8-%E3%83%9F%E3%83%8A%E3%83%AC%E3%83%83%E3%83%88%E7%A6%81%E6%AD%A2%E3%82%92%E5%8F%AF%E6%B1%BA/7798116>（二〇一九年一一月二五日アクセス）

（５）　newsphere.jp の記事、「英首相〝合法なら信仰侮辱も可能〞、ローマ法王に反論　言論の自由めぐり要人の意見二分」（2015/1/20）。<https://newsphere.jp/world-report/20150120-2/>（二〇一九年一一月二五日アクセス）

（６）　アメリカ合衆国の政治学者サミュエル・P・ハンティントンが一九九六年に著した著作の題名で、当時は流行語とまでなりました。Samuel P. Huntington, The Clash of Civilizations and the Remaking of World Order (New York: Simon & Schuster, 1996). 原題は、『文明化の衝突と世界秩序の再創造』。サミュエル・ハンチントン『文明の衝突』鈴木主税訳、集英社、一九九八年。

（７）　イラン大統領モハンマド・ハタミ（当時）が、ハンティントンの「文明の衝突」に対する応答として提唱したもの。国際連合はこれを受け、二〇〇一年を「国際連合文明の対話年（United Nations Year of Dialogue among Civilizations）」とするに至りました。

(8) Gilles Kepel, La Revanche de Dieu: chrétiens, juifs et musulmans à la reconquête du monde (Paris: Le Seuil, 1991). 原題は『神の復讐』。ジル・ケペル『宗教の復讐』中島ひかる訳、晶文社、一九九二年。

(9) Ulrich Beck, Der eigene Gott: von der Friedensfähigkeit und dem Gewaltpotential der Religionen (Frankfurt a.M. / Leipzig: Verlag der Weltreligionen, 2008). 原題は『自分自身の神』。ウルリッヒ・ベック『〈私〉だけの神——平和と暴力のはざまにある宗教』鈴木直訳、岩波書店、二〇一一年。

(10) Michael Walzer, The Paradox of Liberation: Secular Revolutions and Religious Counterrevolutions (New Haven and London: Yale University Press, 2015). マイケル・ウォルツァー『解放のパラドックス——世俗革命と宗教的反革命』萩原能久訳、風行社、二〇一六年。

(11) Terry Eagleton, Reason, Faith, and Revolution: Reflections on the God Debate (New Haven and London: Yale University Press, 2009). 原題は、『理性、信仰そして革命——神についての考察』。テリー・イーグルトン『宗教とは何か』大橋洋一、小林久美子訳、青土社、二〇一〇年。

(12) Judith Butler, Jürgen Habermas, Charles Taylor, Cornel West, The Power of Religion in the public Sphere (New York: Columbia University Press, 2011). 原題は、『公共圏における宗教の力』。ユルゲン・ハーバーマス、チャールズ・テイラー、ジュディス・バトラー、コーネル・ウェスト著、

エドゥアルド・メンディエッタ、ジョナサン・ヴァンアントワーペン編『公共圏に挑戦する宗教――ポスト世俗化時代における共棲のために』箱田徹、金城美幸訳、岩波書店、二〇一四年。

(13) NHK newsweb「皇位継承に伴う式典関係費160億円余 前回比30%増」(2019/10/22)。<https://www3.nhk.or.jp/news/html/20191022/k10012143111000.html>(二〇一九年一一月二五日アクセス)

(14) 袴田巌死刑囚は、一九六六年に静岡県清水市で発生した強盗殺人放火事件の犯人として死刑判決を受けましたが、無実を訴え続け、現在に至っています。三〇歳で逮捕されて以来、四五年以上東京拘置所に収監拘束されましたが、これは「世界最長収監」としてギネス世界記録に認定されました。死刑が確定した四年後(一九八四年)のクリスマス・イブに、獄中で教誨師の志村辰弥神父からカトリックの洗礼を受けています。

(15)「あいちトリエンナーレ2019」における「表現の不自由展・その後」での展示物をめぐって起きた一連の騒動です。従軍慰安婦像の設置も問題になりましたが、ここではとくに、昭和天皇(と酷似した人物の)の写真を燃やし、踏みつけた動画の展示を挙げたいと思います。この展示に対して議論が生じているということ、またその議論の内容について、これも世界中に発信されています。

(16) 日本においては、神道を宗教ではないとする、特有の風潮および論理があります。とくに、明治時代に政府は国家神道を、「宗教」としての神道諸教派、仏教、キリスト教を超越する「非宗教」としました（「神道は宗教に非ず」）。戦後は、日本国憲法の下で「政教分離」ゆえに、宗教は政治の場から外されますが、（宗教ではないとされた）このような「神道」の地位は、宗教／習俗との議論も経るなどして（「津地鎮祭判決」第一審）、いまだもって議論の対象となっています。ここではコミュニケーション上、問題はそのような自己理解ではなく、他者がそれをどのように見るか、という点にあるということを強調したいと思います。

ちなみに、また、日本の「神」を説明するにあたり、たとえば伊勢神宮と神社本庁が行うように（「SOUL of JAPAN」二〇一三年）、GOD に代わり「kami」という表現を用いることをもってしても、自分の信じているものとは異なったものを信じている際に登場する「何ものか」であるという意味では、（とりわけ本書で論じる世界社会における）宗教的コミュニケーションに変化を生じさせないでしょう。

（17）　二十世紀までは、絶対的な価値、あるいは永遠に妥当する真理といったものが、その根本においてつねに思念されていました。しかし、あらゆる学問領域でこうした旧来の伝統的な存在論的思考の困難が指摘されることとなります。この困難は、当初、われわれの営為とは独立して成立する客観的世界を対象とするものと考えられていた数学や物理学の世界から指摘され、しだいに他領域へ伝播されていきました。「（諸）科学の危機」と呼ばれる、二十世紀初頭の一連の学問状況です。もはや、確たる一つの体系をもって、それを絶対とし、唯一の、そしてすべての根拠とするような思惟のあり方は、退けられることになります。

(18) 国連難民高等弁務官を長きにわたり務めた緒方貞子とノーベル賞経済学者アマルティア・センが共同議長を務めた人間の安全保障委員会報告で提唱されたものです。「人間の生にとってかけがえのない中枢部分を守り、すべての人の自由と可能性を実現すること」(人間の安全保障委員会『安全保障の今日的課題――人間の安全保障委員会報告書』朝日新聞社、二〇〇三年)が謳われました。本報告以降、国際連合は段階的に人間の安全保障についての合意形成を進め、二〇一二年には定義についての総会決議を採択するに至りました。

(19) 持続可能な開発目標(Sustainable Development Goals)の略。二〇一五年の国連サミットで採択された「持続可能な開発のための2030アジェンダ」にて記載された二〇一六年から二〇三〇年までの国際目標。

(20) ハンス・ヨナスが一九七九年に出版した『責任という原理――科学技術文明のための倫理学の試み(Das Prinzip Verantwortung: Versuch einer Ethik für die technologische Zivilisation)』(加藤尚武監訳、東信堂、二〇〇〇年)は、地球に棲まう未来を担う「責任という原理」の必要を説きました。同書は、希望を掲げてそこへの邁進を謳う動きに対して、「責任」という重荷を原理の中枢に据えることを要求した書物です。これは、生命の根源性から問題を説き起こす、まさにエコロジー問題のバイブルとして読まれました。

（21） この点については、土方透、アルミン・ナセヒ編著『リスク――制御のパラドクス』（新泉社、二〇〇二年、一五―一六頁）で、きわめて簡単に触れています。アメリカ・ファーストをスローガンとして掲げ、絶大の支持を得ているトランプ大統領のパリ協定離脱を可能にした背景の一つには、まさにこれが当てはまるかもしれません。

（22） ニクラス・ルーマンは、共鳴（Resonanz）を、あくまでもそのシステム自身の構造に従ってのみ環境の出来事に反応することができるということを示すための表現として用いています。以上の文脈で言えば、宗教は他の宗教や他からの一切の刺激に対して、自らの宗教の教義と意味体系に従ってのみ反応することができる、ということになるでしょう。つまり、他なるものは、自身の構造を介してのみ反応できるということです。他者は自己においてのみ問題とすることができます。自己／他者の関係に、第三の位置は存在しません。ニクラス・ルーマン『エコロジーのコミュニケーション――現代社会はエコロジーの危機に対応できるか?』（庄司信訳、新泉社、二〇〇七年）巻末、用語集「共鳴」（Ökologische Kommunikation: Kann die moderne Gesellschaft sich auf ökologische Gefährdungen einstellen? (Opladen: Westdeutscher Verlag, 1986), „Resonanz" im Glossar.）参照。

（23） 本書でも何度か引用される旧約聖書の言葉です。「夜明けは近づいている、しかしまだ夜なのだ」（イザヤ書二一章一一―一二節）。マックス・ヴェーバーは、第一次世界大戦敗北と革命の勃発前後の緊迫した状況のなかで、当時の学生たちに向けた有名な講演『職業としての学問』を行いました。ヴェーバーは、この虜囚に時を尋ねられた見張りが答えるシーンの引用に続き、「憧れて待ちこがれるだけでは、何も実現しなかった」、「もっと別のことが必要とされる」と述べ、講演を締めくくります（マックス・ヴェーバー『職業としての政治　職業としての学問』中山元訳、日経ＢＰ社、二〇〇九年、二四三―二四四頁）。

第Ⅰ部

宗教の機能喪失とその未来

近代以降、さまざまな場面で宗教の機能喪失が指摘されているが、かといって、いくつもの極をもつ世界社会にあって、もはや一つの宗教的価値にのみ素朴に定位することは困難である。このパートでは、社会における宗教の機能喪失を検討する。ただし、機能喪失そのものを検討するものではない。この機能喪失から宗教を救い出す方向と、この機能喪失を見て宗教の終焉を喧伝する方向との乱立のなかで、いったい何が「機能喪失」を標榜させているのかを問う。なぜなら、いかに宗教の機能喪失が喧伝されようとも、社会には宗教による（宗教の名を借りただけにせよ）多くの衝撃が伝えられ、また（潜在的であれ顕在的であれ）宗教的価値に頼る多くの要請が、まさに地球規模で展開されているからである。おそらくわれわれは、機能喪失を叫ぶ傍らで、何かを見ていない、ないしは、何かを見誤っているのである。

Über die Säkularisierung und die Zukunft der Religion

第1章　世俗化と宗教の未来

コハネス・ヴァイス
土方　透　訳

1　序

ここで扱うテーマはあまりに包括的で、あまりに多面的で、あまりに難題です。それゆえ、丸々一冊の本を書くくらい論じたところで、十分に論じ尽くすことはできないでしょう。ましてや短い論考という制約のもとでできることは、はるかに限られています。それゆえ、この論考では、より大きな構想のもとで行われる研究の指針となるような若干の観点と考察を提示すること以上のことはできないということを、あらかじめお断りしておきたいと思います。また、この論考が、このように比較的控えめな目標をもつものであり、特定の学術的伝統の枠内で議論を展開しているということも、あらかじめお断りしておきたいと思います。その伝統とは、ヨーロッパの「古典的な」宗教社会学に由来するものであり、その代表的人物として傑出し、かつ今後も最も重要であり続けるであろう人物は――そう思うのは私だけではないでしょう――、マックス・ヴェーバーです。この特殊なパースペクティブには、宗教概念に関して、おそらく一定のヨーロッパ中心主義が結合すると思われます。この論考がこうした二重の制約のもとにあることを私は強く意識していますし、また、そうした制約が当然のことである、あるいは問題のないことであるとも思っていません。そこで本論考では、理論や定義について私なりの判断を下す際にはその根拠を示すとともに、グローバル化の諸条件のもとでの宗教の命運を、すなわち宗教がどうなっていくのかというテーマを考えるうえで、その判断が多様な考察と予想とを可能にするものであるということも明らかにしたいと思います。

一般的理解によれば、カール・マルクスとエミール・デュルケームおよびマックス・ヴェーバーは、社会学の「創設の父たち」のなかでも最も重要な人物たちです。三者とも近代社会における宗教とその命運に対して特別の注意を払っていましたが、そのやり方はそれぞれ違っていました。理論的パースペクティブも違えば、そこから生じる宗教概念も違っていたので、宗教の社会的意義や未来予想に関しても三者の考えが異なるのは当然でした。したがって、相違点を適切に把握し、しっかりとした歴史的な基盤に基づく考察方法を採るために、この三者の古典的な構想に基づいて現在の問題状況を把握するとともに、理論的選択肢としてどのようなものがありうるのかを見ておくことが有益でしょう。

2 マルクスにおける宗教

マルクスによれば、宗教の適切な理解に至る道は、「火の川《フォイエルバッハ》」を、すなわちルートヴィッヒ・フォイエルバッハによる宗教批判という知的「煉獄」をくぐり抜けていきます。ですが、その認識過程がようやくゴールに到達するのは、人間あるいは人類一般に代わって、歴史的で社会的な人間の具体的ありよう、この「人間の世界、国家、人々の集団」が問題にされるときであり、したがって宗教の理論が包括的な社会と歴史の理論に組み込まれるときです。その認識のゴールとは、マルクスの見解によれば、宗教——あらゆる宗教——は非理性的で非人間的な社会的諸関係の産物にほかならず、そこで一定の役割を果たすものであること、そのような社会的諸関係が無階級社会の「透明で理性的な」諸関係に取って代わられるならば、宗教はもはや必要なくなることを洞察することです。

無階級社会の創出、したがって「透明で理性的な」社会の創出こそは、ロシア革命と、それに端を発する東部・中央ヨーロッパ諸国における「現実の社会主義」が意図したことであり、また目標でもありました。この目標には、宗教的なもののあらゆる現象形態を除去することが含まれており、それは断固として実行され、大いに達成されたのでした。そのためポスト社会主義社会は、その他の点では比較することが可能などの社会に比べても、宗教という点では圧倒的に「世俗化」されています。それゆえ、分出したシステム、すなわち自律的なサブシステムとしても宗教はあまりに弱く、「超越的」現実という観念も完全に消失し影響力を失っているので、世俗化について語るよりも、現世主義（Profanisierung）の進行について語るべきかもしれません。しかし、こうした徹底した「世界の世俗化」は皮肉な結果をもたらしました。つまり、その意図に基づきあらゆる宗教的「幻想」から人々を解放しただけでなく、この世における救済、すなわち全面的に理性的に整えられた「人間世界」を実現して歴史を完成させることに対するあらゆる関心や志向をも、消失させてしまったのでした。したがって、宗教的幻想に取って代わったのは完全な無幻想状態であり、人間存在の矛盾と不可解さが解消される幸福な状態に対する希望は放棄され、ニーチェの『ツァラトゥストラ』で末人が発見したと信じたものにきわめて似た幸福の形式に自己限定することがよしとされたのです。「『星とは何か、憧憬とは何か』――末人はそのように問うて、まばたきする」[1]。

　壮大な社会主義の実験がもたらしたこうした帰結からは、マルクスの理論に依拠する社会的実践は宗教に取って代わることができず、また凌駕することすらできないだろうという推測が導かれます。その一方で、マルクス理論に依拠する社会的実践により現世主義がもたらされうるということは、経験の教えるところであります。このことから、宗教の伝統的形態だけでなく、宗教的経験に関わる動機も、またその手がかりも、一掃されてしまいました。宗教社会学が直面しているは、このような状況です。私には、宗教社会学は、突きつけられているこの問題に対して、ほとんど答える用意ができていないように思われます。

3　デュルケームにおける宗教

マルクスにとってと同様、デュルケームにとっても悩ましい宗教の難問は「社会」でした。神と社会は、彼にとってまったく同じものでした（Durkheim 1979, 295; 206, 125, 630f.『宗教生活の基本形態』）。そして、この同一性が明らかになるのは、社会学のパースペクティブからであり、厳密に言えば、それのみからでした。マルクスとは違って、デュルケームにとって宗教の言葉や儀式に表れているのは、幻想的幸福に関する虚偽意識ではなく、社会の超越性であり、「集合的精神」の超越性でした。したがって、宗教の真実は存在するが、それが明らかになるのは神学によってではなく社会学によってのみであり、しかも社会学によって全面的に明らかになるとされます。デュルケームにとって、宗教に固有の意義を認めたり、宗教的経験に固有の権利を認めたりすることは、可能でもなければ必要でもありません。宗教の真実は社会学的真実へと翻訳され、そのようにして（ヘーゲルの意味で）「止揚」されます。つまり乗り越えられ、高次の水準、つまり学問的水準へと引き上げられ、その限りで保持されます。したがってデュルケームは、マルクスと同様に宗教の機能的把握を主張していますが、階級社会に限定されるような把握ではなく、一般的なかたちで論じています。それゆえ彼の宗教理論は、もはや宗教批判とは見なされておらず、だからこそ後続の宗教社会学に対して強い影響を与えることができました。とりわけ、伝統的意味での宗教、つまり狭い内包的意味での宗教に対する「機能的等価物」の探究に道を開いたという点は、特筆すべきです。

4　ヴェーバーにおける宗教

ヴェーバーの研究は、マルクスおよびデュルケーム（さらには、たとえばニーチェ）とは異なった信念に導かれていました。すなわち、いかなる経験科学も、したがっていかなる社会科学も、宗教的経験――あるいは美的経験や道徳的経験――の固有の権利を根本的に止揚することはできない、世界および自己との宗教的な関わりに経験科学の認識が取って代わることはできない、という信念です。彼の洞察によれば、諸科学による世界の脱呪術化は、結果として科学自身の脱呪術化を不可避的にもたらしはするが、それが意味するのは、科学は人間存在に関する本質的な問いを立てることもできなければ、またそれに答えることもできず、かといってその問いを馬鹿げたものとして退けることもできないということです。たとえば、道徳的あるいは政治的に善きこと、正しきことは何かという問い、そもそも世界が生起することの意味は何か、個々の人間にとって生き、努力し、死ぬことにどんな意味があるのかという問いです。それゆえ、ヴェーバーは、『プロテスタンティズムの倫理と資本主義の精神』を回顧しながら、「自らの宗教を信奉する神学者にとって価値のある」事柄が顧慮されていなかったと述べているのです。曰く、「私たちが問題にするのはそれぞれ宗教生活の中の——宗教的に評価して——かなり皮相の生々しい側面である。だが、そうした側面もまた実際に存在したのであり、しばしば、まさに皮相的で生々しくあったからこそ、外部的にきわめて強い影響を及ぼした」（Weber 1947, Bd.1, 38）ということです。

ヴェーバーのこうした慎重な態度は、後期マルクス主義の側から、まさに「宗教的なもののために学問的な存在証明」（Bosse 1970, 99）を与えようとするものであるという非難を呼び起こしました。他方で、エルンスト・トレルチやヴェルナー・シュタルクのような批評家たちは、マルクス主義とは反対に、宗教の独自の意義と特殊な真理請求とをほとんど扱っていないと非難しました。

このように正反対の判断が生じる理由は、ヴェーバーが他の論稿の場合と同じように、同書においても、おそらく両立しないこと――価値拘束性と、価値自由――を結合しようとするからです。すなわち、思念された「事象」をその特有の意味において把握しつつ、同時に個人的な価値判断は控えようとするのです。ヴェーバーのこうした中間的あるいは媒介的立場は、とりわけ比較を行う宗教社会学の研究において、今日なお――いや今日再び――模範的なものと見なされています（Sharot 2001）。

しかし、ヴェーバーの宗教社会学には現在における利用を大いにためらわせる特徴があって、その根拠もまたいま述べたところにあります。すなわち、その特徴とは、宗教の現在および予測可能な未来に関する言及がヴェーバーの研究にきわめて少ないこと、しかもそのわずかな言及でさえ、大いなる慎重さと懐疑をもってなされていることです。ヴェーバーはきわめて早い時期に、しかも生活世界的な経験の意味連関において（Weiß 1992, 103ff.）厳格な宗教概念を作り上げ、『世界宗教の経済倫理』に関する研究もそれに依拠してなされたのですが、その同じ宗教概念が、「神と疎遠で預言者もいない」時代という言い方や、同時代の知識人たちの似非宗教的耽美主義や知的に不誠実な非合理性礼賛に対する批判をもたらしました。真に宗教的な世界経験や自己経験は、非日常的で予測不能で、霊感や「内側から」の感動を生じさせたりするものですが、ヴェーバーによればそのような経験が生じるのは、預言者――この点についてマックス・シェーラーは、理解を示すこともなく、また苛立ちをもって、預言者に「やって来ない」との注釈を付け加えます――という人物との遭遇によってということになります。だからこそヴェーバーは、古代ユダヤ人の預言者たちの「純粋に宗教的な」あるいは「徹頭徹尾宗教的な」動機や目標を、あれほどまでに強調していたのです（Weber 1947, Bd. 3, 281, 291, 296, 334）。

5　ヴェーバーの視点から見た宗教の状況

現在および未来の宗教の運命に対してヴェーバーから積極的発言が出てこない（『職業としての学問』の最後で引用する「エドム人の夜回りの歌」も参照）のは、近代の文化がそれを誕生させた宗教的および宗教倫理的諸条件からどんどん遠ざかり、ついにはそれらに刃向いつつさえあると見なしているからです。近代ヨーロッパの資本主義――若きヴェーバーがすでに言っていたように「脱人格化」のシステムとしてのそれ――および近代科学――「ことさら神と疎遠な力」としてのそれ――は、宗教的な意味づけに対して疎遠でますます対立するものですし、経済から、さらには現在も繰り返し主張されているように科学からでさえ、新たな宗教的活力が生まれるなどということは、ヴェーバーからするとまったくありえないことでした。『古代ユダヤ教』についての未完の研究のなかで、ヴェーバーは、「まったく新しい宗教の考えが……いずれの合理的文化の中心においてもほとんど生まれることがなかった」のはなぜかと問うていました。それに対する答えは次のようなものでした。すなわち、「宗教的性質をもった新たな考えが可能であるためには、自ら問いを発しながら世界の出来事に立ち向かうことを今なお忘れてしまってはいけない。豊かな文化をもった地域の真ん中に生まれ育ち、その技術をすっかり身にまとってしまった人間は、周りの世界に対してそのような問いを立てることはほとんどない。あるとすれば、日常的に電車に乗ることに慣れてしまった子どもが、一体全体こんなものが走るなどということはどうやって始まったのだろうかという問いを自ら思いつくようなものである。世界の進展に驚く能力こそは、その意味を問うことが可能であるための前提条件である」（Weber 1947, 220f.）。

このような意味で、ヴェーバーの目には近代文化が「合理的文化」の極端なケースであることは、まったくもって明らかであり、その場合、「世界の進展に驚く」といったようなことは、「世界の脱呪術化」と、世界の出来事が原理的に完全に計算可能で統制可能であるという近代文化の主導理念とをもって消えてなくなり、「その意味を問うこと」自体が無用なこととなります。

6　今日の社会学における諸見解

マルクスとデュルケームによって代表される宗教の捉え方とヴェーバーの捉え方との違いは、最近の宗教社会学においても見られます。宗教の「機能的」理解と「実体的《マテリアル》」理解の違いです。

機能的理解の長所は、特定形態の宗教的なものの衰退から宗教一般の消滅を推論することを思いとどまらせることと、狭い内包的な意味での宗教に対する「機能的等価物」の探究を諦めさせないことです。もっとも、こうした利点には、宗教的な経験様式や意味世界の独特の性格がまったく無視されるか、あるいは少なくとも不十分にしか考慮されないという難点が伴います。こうした利点と難点は、定義だけの問題ではなく、まさに宗教の現状と未来の運命を問題にする際に、その理解に重大な影響を与えることになります。

　したがって、より新しい機能的な考え方が、この問題に対して明らかに以前よりも高い感度を示していることは歓迎すべきことです。つまり、最近の機能的な考え方は、狭い内包的な意味での宗教のさまざまな現象形態と働きをそれ自体として捉えられるだけでなく、疑似宗教的な「機能的等価物」と関係づけて捉えることもできるような方法と概念を備えています。たとえば、トーマス・ルックマンは「超越」のさまざまな形式または程度を区別して実体的意味での宗教には「高尚な超越」が伴うと論じています（Luckmann 2002, 140ff.）。また、ニクラス・ルーマンは、宗教とは「それ自身を特徴づけ、それ自身に形式を与えることができる」事態の一つであるということを強調しています（Luhmann 2000, 15）。それゆえ、宗教社会学は対象を規定するにあたって、「宗教は自己自身をいかに区別しているのか」あるいは「宗教的コミュニケーションが問題になっているということを宗教的コミュニケーションはどのようにして識別しているのか」

(ebd., 57) という問いに基づいて規定しなければなりません。この問いに対するルーマンの一般的な答えは、宗教によって自己区別のために一貫して用いられてきた「二分《バイナリ》コード」は超越／内在であり、それは近代社会における社会的分出の展開という条件のもと、ますます明確になってきたというものです。「近代社会の宗教の状況について言えるのは、何が宗教的であるかという規定が宗教システムの自己観察の回帰的なネットワークに委ねられているということである」(ebd., 309)。宗教的なものの自律性と頑強さが機能的分化の過程でますます鮮明になるということうした事態は、ルーマンにとっては逆のことを、つまり近代社会を記述する際、「世俗化」という概念を放棄したほうがよいと思わせる理由がいろいろあるとしても、それを放棄することはけっしてできないということを意味します。「経済的にも、政治的にも、科学的にも、最終的には家族形成と教育においても、あるいは病人の看護においても、宗教と関わることが機能的にたいした意味をなさない」(ebd., 285) というのです。

宗教の頑強さとさまざまな特殊な形式を取りうることに対するこうした感受性は、私たちのテーマにとってきわめて重要なものです。こうした感受性があれば、まずは真に宗教的な意味世界と言えそうなものをまさにそのようなものとして考慮することができますし、他方でアレクサンダー (Alexander 1994) のようにデュルケームの影響を受けた研究者たちの間で見られるような、事実上または推定上の「機能的等価物」をほとんど無制限に取り上げ、何をもって宗教的とするか訳がわからなくなってしまうという事態を、防ぐことができるのです。さらには、(分化と世俗化の過程としての)近代化の過程に不可避的に伴う挑戦と困難に対して、さまざまな宗教がいろいろなやり方で対応することができ、現に対応しているということも認識できるようになります。たとえばルーマンが問題にするように(Luhmann 2000, 316)、近代化とともに生じた「再帰性圧力の増大」に各宗教は適切に対応できるのでしょうか。キリスト教の教理体系と共同体ならびにキリスト教の刻印を受けたさまざまな社会の実情を比較することで――たとえばとりわけチャールズ・テイラーが注目しているように(Taylor 2002, 63; vgl. 1999, 87f.)、アメリカ合衆国こそは多くの点で西欧社会のなかで最も「世俗化」していない社会に見えますし、またその限りで例外的存在に見えますが、それはなぜかと問うてみるだけでも――、いかにさまざまな対応の可能性と対応の仕方がすでに生じているかが見えてくるでしょう。

7 ヴェーバーの展望がもたらすもの

以上から、宗教の現在と未来を分析するにあたっては、先に指摘した難点や不明確さがあるにせよ、今後ともヴェーバーに依拠することが推奨されるでしょう。このことが意味するのは、宗教概念とそれと結びついた宗教的なゼマンティク(「超越」「神聖なる」「神」)を厳格かつ限定的に受け取るということです。その場合、近代社会は広範に世俗化しただけでなく現世主義が広まった社会であり、その傾向はますます強まっていると見なすべきであるという見解に至ることは、もはや避けられないのではないでしょうか。この見解がさしあたり意味するのは、真に宗教的な問いに対して万人を拘束するような答えはもはや与えられないということです。これは、社会の分出化（したがってまた世俗化）過程から生じる不可避の帰結であり、その限りで元に戻すことはできません。しかし、そのような問いが社会的、文化的、さらには個人的にもますます重要性を失い顧慮されなくなっているように見えることも避けられないかといえば、すなわち、そもそもなぜ人はそのような問いを立て、それに答えるために四苦八苦すべきなのかを、ますます多くの人がますます理解しなくなるという事態もまた不可避かといえば、そうとは言えないのではないでしょうか。

こうした傾向に対して、次のような主張を対置する人もいるでしょう。すなわち、「宗教的と世俗的との間に境界を引くことには異論がありえようし、また境界はつねに新たに引き直されるべきだろうが（政治神学の恒常的仕事）、それでもこの区別がなくなってしまえば、私たちの（西洋の）精神は生命力を失ってしまう」と。この区別がなければ、私たちは「一元的」宇宙のなかでもはや来世を知らない支配者と権力の世界に投げ出されることになります。しかし、経験科学たる社会学にとっては、社会的、政治的、私的生活において、どのようなときに、どのような文脈で宗教的シンボルやゼマンティク［使用されてきた意味の蓄積］が今日でも持ち出されるのかを調査研究するほうが望ましいのです。たとえば、「天地創造」や、絶対的価値としての個人の生命といったことが話題になる場合、などそうです。なぜそうした宗教的な言い方をやめられないのか、なぜそうした物言いが徹底的に宗教色をなくした言葉によって置き換えられないのか（たとえば、ハーバーマスは「宗教的なものの言語化」というデュルケームに通じるプランを提起していますが）という問いが指し示している諸問題は、社会学が現在行っている以上に精力的に取り組むべき問題ではないでしょうか。それについて、社会学の啓蒙的使命に反することになるないのかと思う人もいるかもしれません。しかし、おそらくそのようなことはなく、むしろ逆でしょう。注目すべきことにユルゲン・ハーバーマスも、従来の立場を修正し、それが啓蒙的使命に反するものではないことを、公然と認めるようになっています（Habermas 2001, insb. 29f.）。ただし、そうした考察には、宗教的「意味資源」を、もっぱら倫理的あるいは政治的・道徳的有用性の観点から眺め利用するという危険がつきまといます。宗教的な解釈や伝統を「倫理的に合理化」するというやり方は、長期的にはこれらを強化し維持するというよりは、むしろ弱め、宗教的なものであることを曖昧にしてしまう可能性があります。同様のことは、神学者のハンス・キュンクによって提起され組織された「プロジェクト」、すなわち主要な世界宗教から普遍的な「世界エートス」を抽出するというプロジェクトにも言えますし、私の見るところでは、このプロジェクトはその危険性を大いにもっています。というのも、世界エートスなるものは、その根本において、とうの昔に認められ広く承認されている人権と同一だからです（Küng 2001, 315ff.）。

こうして私の考察が全体としてたどり着くのは、宗教の将来的見通しに関する相当懐疑的な判断です。これに対して、私が本論考の冒頭で述べたことをここに想い返し、こうした判断に至るのは私が選択したパースペクティブに拠るのではないのか、とりわけ狭すぎる、まさにヨーロッパ中心の宗教理解のせいではないのか、との問いもありうるでしょう。それは当然生じうる疑問です。そしてそれは、もう少し悲観的でない、いずれにしても詳細な考察と判断の仕方を考えてみる、良いきっかけを導くものとも言えます。そこで最後はこの方向で、しかもグローバル化の問題を主題として意識し、論述を進めたいと思います。

ソビエト帝国が崩壊し、二つの超大国のイデオロギー的、軍事的対立がなくなった直後は、全人類にとって平和で正義が支配する幸福な時代が始まるだろうという期待がありました。しかし、この期待が満たされることはなく、むしろ明らかになったのは、十分な配慮を得ることなく、全地球を包摂する全人類から成る一ヽつヽのヽ世界を構築しようとすることが、かえってまったく新しい危険性と、強固で、時には凄惨な暴力を伴う対立とを生み出してしまうということでした。そうした対立は、当然ながら第一義的には経済的あるいは社会経済的理由に基づくものであり、したがって反資本主義的または反アメリカ的なものと言えます。しかし加えて、そうした対立にはつねに文化的要因も絡んでいて、それが主たる要因であることさえ、稀ではありません。この面で対立は、単に反アメリカ的であるだけでなく反西欧的でもあり、さらに近代文化は普遍的であるという信仰表明も受け入れられない限りにおいて、反近代的ですらあります。

このように実に多面的な問題群のなかから、ここでは私たちの興味を引く一つの関連だけを取り上げたいと思います。それは、経済的な、つまり資本主義によるグローバル化と、さまざまな宗教的伝統や文化の運命との関連です。手始めに問題にしたいのは、キリスト教文化圏以外の社会においても近代の資本主義が著しい成果を収めたことは、いわゆる「ヴェーバー・テーゼ」に対する決定的反証であるという、専門家の間でさえ広まっている見解です。「明治維新とともに始まった日本における資本主義の成功物語や、今世紀、日本以外の東アジアのいくつかの社会で見られた資本主義の成功物語は、儒教文化と仏教文化が経済的にどのような帰結をもたらすかという見通しに関して、ヴェーバーは間違っていたということを強く示している」(Berger 1986, 101)。私には、こうした主張に説得力があるとは思えません。なぜなら、この場合に限らず、ある文化的産物がそもそも誕生し当該社会に定着するための条件と、それが伝播し受容され、さらなる発展を遂げていくための条件とは、区別されなければならないからです[3]。だからこそ禁欲的なプロテスタンティズムは、たぶん資本主義の成立局面では(不可欠というわけではなかったとしても）大いに役立ったのでしょうが、いったん発明されて定着した資本主義は、ヴェーバーの言うところによれば、もはや外面的にも内面的にも禁欲的なプロテスタンティズムによって宗教的・道徳的に支えられる必要がなくなったのです。それどころか、支配的地位に登り詰め、それ自身の論理に従って独自のダイナミズムを展開するようになった資本主義は、宗教的伝統とキリスト教の制度全般の存立条件を自ら掘り崩しさえします(4)。これは、ソビエト共産主義の場合のように計画的になされたわけでもなければ暴力的になされたわけでもありません。しかし、長期的には同じくらい広範囲にわたり、同じくらい相当程度に、進行しました。

仏教、道教、神道および／または儒教の影響下で形成されたアジアのさまざまな社会では、「近代的資本主義」を受容し、制度化し、競争を促してきわめてダイナミックに発展させるための準備が、とりわけよくできていたことは明らかです。しかも、アジアの諸社会の場合、宗教的・道徳的「埋蔵物《アインベトゥング》」が長期間侵食されなかったように見えます。そこから次のような予期を導き出すことが、可能ではないでしょうか。すなわち、いずれにしても経済的な、つまり資本主義によるグローバル化は、これら特殊な宗教の伝統を必ずしも危険にさらしたり最終的には破壊してしまったりするわけではなく、むしろ社会にとっての重要性や有効性を実証することになるかもしれないという予期です。

ただし、宗教的伝統のどのような誘因がグローバル化を可能にし、逆にグローバル化が宗教的伝統にどのような影響を及ぼすのかということが、各宗教ごとに多様であることを理解するためには、宗教的な真理と救済の追求と、「現世」における基本姿勢や行為、とりわけ経済分野におけるそれらとが、宗教ごとに大いに異なったやり方で関係づけられていることを確かめる必要があります。その点で、ヴェーバーがもっぱら主題化したいわゆる「世界宗教」だけでなく、それ以外の宗教も視野に入れることは、おそらくきわめて有益でしょう。たとえば、アフリカの多くの社会でグローバル化と近代化が全体として著しい困難ときわめて破壊的な結果とをもたらしたことの一因が、伝統的な部族宗教が宗教と現世との生産的な関係を、より厳密に言えば経済的に生産的な関係を築くことにまったく適していなかったことにあることは、間違いありません。事情は大いに異なるものの、イスラムの影響下に形成された社会も、きわめて深刻な状況にあります。つまり、ここでは相容れない価値観が見られますが、その対立の規模や程度はおそらく最大級であり、未解決であるというだけでなく、解決不能でさえあるかもしれません。すなわち、資本主義の経済合理性およびそれに伴う消費主義を全面的に受け入れ、それにどっぷり浸かるという動きと、近代の基本理念と諸制度に対して徹底的に抵抗する、そのためには過激な暴力を用いることも辞さないという動きとの対立です。

8　結

ここまでの考察では、異なった方向ではありますが、学問における認識方式と資本主義的経済様式の二つが支配的になったことで宗教にどのような——一貫して否定的な——影響が生じたかという問題に取り組んできました。科学または技術、そして経済は、「グローバル化」の最も主要な推進力であり、それゆえグローバル化された世界における宗教の運命にとっても決定的な意義をもっています。しかし、近代化過程の全体と見通しにくい仕方で結びついて起こっている宗教的なものの変容も存在します。見通しにくいのは、近代化のさまざまな側面（つまり、世界の脱呪術化、科学化と主知主義化、経済的・技術的合理化、機能的分化、脱伝統化、商品化と消費主義、個人化とグローバル化）が同時に作用していて、相乗効果的に影響を強め合っているからです。西欧社会、とりわけヨーロッパ社会に関して言えば、次のような方向性をもった宗教的なものの変容が観察されます。すなわち、宗教がますます私的な事柄となるような変容です。それは「古き良き」プロテスタンティズム的意味での私事化ではなく、宗教が提供するもののなかから各自が個人的必要に応じて、自発的に、時と場合に応じて、ほんの一部あるいは相当部分を、比較的長期間あるいはほんの短期間（さらには何かの機会にほんの一瞬だけ）、しかもあらゆる宗教的伝統から無差別的、折衷主義的に取り入れて利用する権利をすべての個人がもつという意味です（Luckmann 2002, 146ff.; Taylor 2002, 96, 103ff.）。宗教的な解釈や儀式とのそのような付き合い方にそれほど強い拘束力はありません。相互主観的にそうであるだけでなく、まったくもって主観的にもそうです。たとえば、個人史に基づく「アイデンティティ」の形成や解釈にそれほど関わらないということです。少し挑発的な言い方をすれば、宗教的世界観に関するファストフード文化が誕生したと言ってよいでしょう。ちなみに、そういう文化には宗教的伝統の全体から多かれ少なかれ切り離された要素が取り込まれるわけですが、アジアの宗教的伝統はそういうことがとりわけ起こりやすいように思われます。

モノとしてのファストフードの場合と同じように、ファストフード的宗教文化に関しても最も重要な問いは以下の問いでしょう。なぜ人はファストフード文化よりもはるかに内容豊かで繊細な自分たちの文化遺産を自発的に放棄してしまうのか、なぜそのように安易な精神的食べ物で満足するのか、です。その答えはおそらく次の点にあるのでしょう。すなわち、物的であれ精神的であれ、こうした安易な料理は、価格と得られる効用とを比べたときに「得をする感」が際立っていて、比較的少ない支出で比較的多くの効用を獲得できること、そうした観点を抜きにしたとき、いったい何のためにわざわざより多くの支出をすべきなのか、文字どおりもはやその理由がわからないということです。これは、知的な観点においてであれ、日々の生活においてであれ、そもそもより多くの支出を要するような問題を忘れてしまったということかもしれません。それは、すでに言及したように、現世主義と「末人たち」の状況です。もし忘れてしまったわけではないとすれば、きわめて重要で不可避の問題であることはわかっているが、現在許容されている認識と行為の範囲内では、そのような問いに適切に対応することは無理だろうと思っているのでしょうし、それは理由のないことではありません。そうした思い込みは、皮肉屋的な屈折した意識や、諦めあるいは絶望に染まった意識を生み出しますが、西欧社会の憂鬱そうな多くの人々の間ではそうした意識状態が広まっているように私には思われます。

ヴェーバーが、自分は「宗教音痴」であると述べたことはしばしば強調されるのに、彼がそのことをはっきりと欠点だと見なしていたことは強調されません。それゆえ、ヴェーバーが、『職業としての学問』の最後で、近代の学問による世界の脱呪術化を考察した後に、旧約聖書「イザヤ書二一章一一―一二節」にあるエドム人の夜回りの歌から以下の歌詞を引用したことは不適切でもなければ首尾一貫していないわけでもないのです。

エドムのセイルから呼びかける声がする。「夜回りよ、夜はまだ長いのか」。夜回りは答えて言った。「朝は来る。だが今はまだ夜だ。また聞きたければ、改めて来るがよい」。

注

（1）「愛とは何か？　創造とは何か？　憧憬とは何か？　星とは何か？」――末人はそのように問うて、まばたきする。……『われわれは幸福を考案した』――と末人たちは言って、まばたきする」（Nietzsche 1967, 19〔第一部第五節、氷上訳、上、一二三頁〕）、ヴェーバーは『職業としての学問』のなかでこの部分を引用しています（Weber 1992, 92〔尾高訳、四二頁〕）。

（2）Jacob Taubes Brief an Carl Schmitt v. 18. 9. 1979, in: Taubes 1987, 42, vgl. 73.

（3）ヴェーバー自身はこの二つの問題を、いま紹介しているのとまったく同じ文脈ではっきり区別していました。「近代の文明地域において技術的にも経済的にも完全な発達を遂げた資本主義を自分たちのものにするという点で、中国人が日本人と同等の能力をもっているであろうことはほぼ確実であり、おそらく日本人以上であろう。少なくとも、近代資本主義が要請する事柄に関して、中国人は生まれながらにして『天分が欠けて』いたなどとはけっして考えられないことは明らかである。しかしながら、資本主義の発生に有利な外面的事情が西洋に比べてはるかに多く存在したにもかかわらず、中国で資本主義がついに形成されるに至らなかったことは、あたかも西洋やオリエントの古代、またインドやイスラム圏においても、それぞれ違いはあってもやはり有利な諸事情が資本主義の発展を可能にするかに見えて、結局資本主義の発生を見なかったのとまったく同様である」（Weber 1989, 476、強調はヴェーバーによる）。

（4）まさにこれがアメリカ合衆国には当てはまらないように思われます。すでに述べたように、合衆国はけっして一般化できないきわめて特殊なケースであり、特別な調査研究が必要です。ヨーロッパにおいてはキリスト教の大抵の宗派や信団は、資本主義に対してだけでなく、物質的富や金銭全般に対して、拒否的とまでは言わないにしてもきわめて懐疑的な態度を取りますし、そうした特徴は南米でも見られます。ところが、アメリカ合衆国のプロテスタンティズムにおいてはそうした態度が存在しないどころか、その正反対なのです。

文献

Alexander, Jeffrey, Religio, in: C. Mongardini / M. Ruini (Hrsg.), Religio: Ruolo del sacro, coesione sociale e nuove forme di solidarietà nella società contemporanea (Roma: Bulzoni, 1994), 15-23

Berger, Peter, The Capitalist Revolution: Fifty Propositions about Prosperity, Equality, and Liberty, (New York: Basic Books, 1986)

Bosse, Hans, Mark — Weber — Troeltsch: Religionssoziologie und marxistische Ideologiekritik (München: Kaiser-Grünewald, 1970)

Durkheim, Émile, Les formes élémentaires de la vie religieuse (Paris: Presses universitaires de France, 1979)

Furet, François, Le passé d'une illusion: Essai sur l'idée communiste au XXe siècle (Paris: Robert Laffont, 1995)

Habermas, Jürgen, Glauben und Wissen: Friedenspreis des Deutschen Buchhandels 2001 (Frankfurt a.M.: Suhrkamp, 2001)

Küng, Hans, Denkwege: Ein Lesebuch, (Hrsg.) Karl-Josef Kuschel, 3. Aufl., (München/Zürich: Piper, 2001)

Luckmann, Thomas, Religion in der modernen Gesellschaft, in: Ders., Lebenswelt und Gesellschaft (Paderborn: Schöningh, 1980)

Luckmann, Thomas, Wissen und Gesellschaft: Ausgewählte Aufsätze 1981-2002 (Konstanz: Herbert von Halem Verlag, 2002)

Luhmann, Niklas, Die Religion der Gesellschaft, (Hrsg.) André Kieserling (Frankfurt a.M.: Suhrkamp Verlag, 2000)

[ニクラス・ルーマン『社会の宗教』土方透、森川剛光、渡會知子、畠中茉莉子訳、法政大学出版局、二〇一六年]

Nietzsche, Friedrich, Also sprach Zarathustra. Ein Buch für Alle und Keinen, Kritische Studienausgabe, (München u.a.: Deutscher Taschenbuch Verlag, 1967ff.), Band, 4

[ニーチェ『ツァラトゥストラはこう言った』（上・下）氷上英広訳、岩波書店、一九六七・一九七〇年、

ニーチェ『このようにツァラトゥストラは語った』（上・下）吉沢伝三郎訳注、講談社、一九七一年、ニーチェ『ツァラトストラかく語りき』（上・下）竹山道雄訳、新潮社、二〇〇七年（五〇刷改版）など］
Sharot, Stephen, A Comparative Sociology of World Religions: Virtuosos, Priests, and Popular Religion (New York: New York University Press, 2001)
Taubes, Jacob, Ad Carl Schmitt: Gegenstrebige Fügung (Berlin: Merve, 1987)
Taylor, Charles, Religion heute: Der Ort der Religion in der modernen Gesellschaft, Transit 19 (1999), 84-104
Taylor, Charles, Die Formen des Religiösen in der Gegenwart, übersetzt von Karin Wördemann (Frankfurt a.M.: Suhrkamp, 2002)
［Charles Taylor, Varieties of Religion Today: William James Revisited (Harvard University Press, 2002)］
［チャールズ・テイラー『今日の宗教の諸相』伊藤邦武、佐々木崇、三宅岳史訳、岩波書店、二〇〇九年］
Weber, Max, Gesammelte Aufsätze zur Religionssoziologie, 3 Bde, 4. Aufl. (Tübingen: J.C.B. Mohr, 1947)
Weber, Max, Gesammelte Aufsätze zur Wissenschaftslehre, 3. Aufl. (Tübingen: J.C.B. Mohr, 1968)
Weber, Max, Die Wirtschaftsethik der Weltreligionen, Konfuzianismus und Taoismus (Tübingen: J.C.B. Mohr, 1989) (MWG I/19)
［M・ウェーバー『儒教と道教』木全徳雄訳、創文社、一九七一年］

Weber, Max, Wissenschaft als Beruf, 1917/1919 (Tübingen: J.C.B. Mohr, 1992) (MWG I/17)
［マックス・ヴェーバー『職業としての学問』野﨑敏郎訳・注解、晃洋書房、二〇一六年、マックス・ウェーバー『職業としての政治　職業としての学問』中山元訳、日経ＢＰ社、二〇〇九年、マックス・ウェーバー『職業としての学問』尾高邦雄、改訳、岩波書店、一九八〇年、ほか］

Weiß, Johannes, Max Webers Grundlegung der Soziologie, 2. Aufl. (Müünchen: K.G. Saur Verlag, 1992)

第２章 世界の脱呪術化、近代の学問、宗教の未来

ヨハネス・ヴァイス
土方　透　訳

近代の学問と技術にとっては、世界を成り立たせているあらゆるものが、人間が利用するための計算と制御の対象と言えます。そのように究明され利用される現実の世界の側から、人間がアプローチするそのことに対し、原理的な道徳的・規範的限界を設定するなどということは、一切ありません。そうした現実世界は、神聖なものや神的なものが現れる領域ではなく、また深遠な形而上学的真理、つまり「究極の」真理が顕現する場でもありません。宗教的経験は、このような事情のもと、知性の犠牲を求めます。したがって、そうした経験を他者に伝えることは、せいぜい個人的な人間関係においてのみ可能です。今後、宗教が再び強まる可能性を否定することはできませんが、それには新たな預言者や救世主が必要なのではないでしょうか。

1　世界の脱呪術化

近代の学問の「徹底的に経験的な認識関心」（Weber 1947, I, 564）を牽引しているのは、「あらゆるものは——原理的に——計算によって制御」（Weber 1968, 594）できるという観念です[1]。言い方を換えれば、原理的に（その本性からして）計算不能で制御が及ばない対象は、やはり原理的にどれほど努力したところで、人間が認識することはできません。

「因果関係の透明化」が認識目標であり、世界は「自然因果性で成り立つ世界」（Weber 1947, I, 564）という捉え方が、そうした目標に向けての努力の前提です。したがって、唯一求められることであり、かつ可能でもあるのは、「経験的現実の因果関係の分析」（Weber 2018, 130）です。しかし、これによって「何らかの仕方で倫理的に有意味に秩序づけられた世界」ないし「倫理的な因果応報の世界」（Weber 1947, I, 564f.）といった観念は、あっさりと放棄されることになります。

もちろん、脱道徳化[2]は、世界の脱呪術化とともに生じる意味喪失の唯一の形式ではありませんし、その最も重要な形式というわけでもありません。しかもヴェーバーによれば、脱道徳化は事情によっては、（まずは歴史的に）内面化された（「昇華された」）倫理、「合理的な心情倫理」、あるいは世俗内禁欲の倫理を可能にする条件にさえなりえます。

ヴェーバーによれば、「西欧文化のなかで何千年も続いてきた脱呪術化の過程が、そして、そもそも学問がその一部であり原動力でもあったこの『進歩』」（Weber 1992, 86f.）が、そもそも自発的に「純粋に実用的なことや技術的なことを超える意味」（ebd., 88）を伴うなどということはまったくありません。つまり、真理と善を統一して内に含む絶対的な意味（イデア）、プラトンの「真理、永遠の真理」（ebd., 89）、「神秘的な予測できない力」（ebd., 87）、あるいはまた「精密自然科学が成立した時代に」オランダの動物学者ヤン・スワンメルダム（1637－1680）がシラミの解剖によって証明してみせようとし（ebd., 91）、アイザック・ニュートンが太陽系の数学的秩序の内に認識したと思った神の叡智と摂理、こういったものの認識を脱呪術化の過程がもたらすということは、考えられていません。自然諸科学（天文学、生物学、化学、物理学）の認識が「世界の意味」またはそれを見いだす方法について何らかの発見をなすことができると信じていたのは、主に自然科学分野の「若干の大きな子どもたち」だけで、実際のところ自然科学に「唯一ふさわしい」ことは、そうした信念を死滅させることであったとヴェーバーは述べています。「ましてや『神へ』」の道としての学問？　学問こそとりわけ神とは疎遠な力ではないのか？」（ebd., 92）と言います。

　このようなことから、ヴェーバーが、ニーチェが「ヨーロッパのニヒリズム」について語らなければならなかったということに影響を受けたのは、間違いのないことでしょう。ニーチェは言います。「真の世界があるとおのれを説得する根拠は、もはやまったくなくなる……要するに、私たちが世界に価値を置き入れる際の拠り所としてきた『目的』、『統一』、『存在』という諸範疇は、再び私たちによって引き抜き去られ——いまや世界は無価値のものに見えてくる」（Nietzsche 1964, 15)。ニーチェはまた、「現今の自然科学のニヒリズム的な諸帰結」（ebd., 8）[(3)]についても語っていました。

2 さらなる注釈

近代の経験的学問によって推進された世界の脱呪術化は、世界で生じている出来事がさらに網羅され、かつ精密に認識され、それによってますます技術的に利用可能にされる一方で、その同じ経緯のなかで、包括的な「意味」が一切失われるという事態をもたらしました。したがって、学問の視座からすれば、脱道徳化には神の疎隔化の進行（ヘーゲル）または現実の脱宗教化が結びついています。しかし、このように完了しつつある脱呪術化過程の端緒は、ヴェーバーによれば宗教の歴史のなかにあります。宗教的なものの思想的水準の高さや首尾一貫性、伝達のしやすさ、生きるうえでの重要さ、これらを高めるために「倫理的合理化」（Weber 2005, 48）を目指して宗教的なものに新たな解釈を施そうとしたのは、宗教的経験に否定的な人々ではなく、その指導的な担い手であり、また解釈者たちでした。「知識人は……自分の生き方に一貫した『意味』を与えようとした。つまり、自分自身、人々、宇宙それぞれとの『統一』を確立しようとしたのである。知識人こそが、『意味』-問題としての『世界』という考え方に基づいて生きようとする人々である。主知主義が魔術への信仰を後退させ、それによって世界の出来事は『脱呪術化』されて魔術的な意味内容が消失し、残るのは［出来事が］『がある／である』と『が生じる』だけで、『・・・を意味する』ということはもはやまったく問題にならなくなればなるほど、世界と『生き方』の双方に対して、それぞれが全体として重要なものであり、かつ『有意味に』秩序づけられているべきであるという要求がいっそう増大する」（ebd., 73）[4]。

このような基本的な論述を踏まえることによってのみ、『プロテスタンティズムの倫理と資本主義の精神』の第二版の補遺で、なぜヴェーバーが、「世界の脱呪術化という重大な宗教史上の過程」が「古代ユダヤ人の預言」とともに始まり、「古代ギリシアの学問的思考と連携しつつ」、「魔術的なやり方で救済を求めることをすべて迷信であり忌まわしい行為であるとして」否定してきた――この同じ過程が後に禁欲的なプロテスタンティズムにおいて「完了」した――と主張することができたのかが、理解できます（Weber 1993, 178）[5]。この「宗教史上の過程」が世界史的にどのような意味をもつのかという点は何かとはっきりしないものの、この補遺の文言がきわめて重要であることは明らかです。ここで、「古代ギリシアの学問的思考」の寄与（「連繋しつつ」）が指摘されていますが、残念ながら詳しい説明はありません。

ついでのようではあれ、このように「古代ギリシアの学問」に言及しているものの、『プロテスタンティズムの倫理』の第二版でヴェーバーがもっぱら念頭においていたのは、いわゆる世界の宗教的な脱呪術化と言われるところのものです。それも、「その帰結」におけるものであり、「完了」に至った宗教史の過程の「完成態」と見なされるものです。

『職業としての学問』のなかで、主として、かの〔宗教的合理化の〕「完了《アブシュルス》」以降、いずれにせよ最大の影響を与えていると見なされていた近代特有の学問的思考は、ここではまったく言及されていません。先に引用したように、『職業としての学問』では、「西欧文化のなかで何千年も続いてきた脱呪術化の過程」に、「そして……この『進歩』」に、「学問がその一部であり原動力でもあった」ものとして属していると述べられていました（Weber 1992, 87）。さらに少し前のところ（ebd., 86）では、「学問の進歩」とは「私たちが過去数千年来その影響下にあった主知主義化の過程の一部分、まさにその最も重要な一部分」であるとさえ述べられています。

この「主知主義化の過程」は、とりわけ近代の学問において、最終的にその完了へ向かう結果となり、上記の「宗教的脱呪術化」よりもはるかに徹底的に世界を脱呪術化（より適切には、脱秘蹟化）するのですが、私の見るところ、ヴェーバーは「宗教的脱呪術化」と「主知主義化の過程」との関係を、まったく主題化していません。たとえば、宗教的脱呪術化を、合理的で最終的にはまさに経験科学的な形式を取るに至る世界の客体化（つまり、計算と制御）への道を切り開くもの、あるいはその前提であると主張し、それによって結果的に宗教的脱呪術化自体が不要なものに、それどころか不可能にさえなってしまった（まさに宗教的・倫理的態度としての世俗内禁欲がそうであったように）、などという論述を見ることはできません。

ここで、次の点を指摘しておきたいと思います。すなわち、「脱呪術化」という概念は（そのフランス語訳の démagification、あるいはやや不正確ですが désenchantement も）、たしかに宗教内の過程を指してはいますが、ヴェーバーがこの言葉で最終的に言いたかったことの全体を（したがってまた、私の考察において念頭にあることも）、適切に表してはいません。

3 救済宗教と「思考による認識の領域」

ヴェーバーが宗教の現在と未来、とりわけキリスト教の現在と未来をどのように考えていたかという文脈でとくに注目に値するものは、宗教社会学論集の第一巻に「中間考察」として収録された論稿です。ヴェーバーは、この論稿が「かつてこの地上に出現した宗教倫理の内で理論的にも実践的にも最も徹底した現世否定の形態を生み出した」「インドの宗教意識」の考察への橋渡しになることを意図していると述べていますが（Weber 1947, I, 536）、同時に、「合理主義自体の類型論ないし社会学[6]」に対する準備作業あるいは「寄与」となることも想定しています。後者の目標設定のほうが前者のそれより一般性が高いので、ここでの文脈ではこちらに注目したいと思います。そうすることで同時に、ヴェーバーにとって、宗教が存続し影響力をもつにあたって当時の諸条件と宗教の未来がどのように見えていたかということが論じられる、続く節および最後の節へ橋渡しすることもできるでしょう。もっとも、それらの論述のなかで、「中間考察」が社会学における「機能的分化」の定理のまさに古典的論稿と見なされること、だいたいのところ同定理から再び一定の世俗化理論が導き出されることを常としていることは、さしあたり前面には出ていません。

ここでの文脈でとくに重視しなければならないのは、このような宗教と「思考による認識の領域」(ebd., 564) との関係に対するヴェーバーの論述です。『職業としての学問』以上に断固とした論調というわけではないものの、ヴェーバーは、同書と同じように次のように述べています。すなわち、「合理的・経験的な認識が世界を脱呪術化し、ひたすら世界を因果的メカニズムへと転換してしまったところでは、現世は神によって秩序づけられた世界であり、したがって何らかの倫理的意味によって導かれる世界であるという倫理的要請から生じる諸要求との緊張関係がいよいよ決定的となる。なぜなら、経験的な世界の見方、ましてや数学化を目指すような世界の見方は、原理的に、およそ現世内の事象の『意味』を問うようなものの見方を一切拒否する態度を助長するからである。おかげで経験科学の合理主義が増大するにつれて、宗教はますます合理的なものの領域から非合理的なものの領域へと追い込まれ、こうしていまや、非合理的ないし反合理的な超人間的力そのものになりつつある」(ebd., 564)。

「純粋に呪術的世界像」が課す諸制約のもとでは、「思考による認識」と宗教の関係は問題のないかたちで成立していたとヴェーバーは述べています[7]。そして、近代の学問も、少なくとも初期の段階では、まだ「思弁的な形而上学」と強く結びついており、『禁欲的プロテスタンティズム』の場合は、どちらかといえば純粋に経験的なかたちで宗教と結びついていたが、宗教が、この世は「神が望んだ」世界であり、したがって「倫理的に何らかの意味をもつように秩序づけられた世界」(ebd., 564)であるという「倫理的要請」に固執するや否や、原理的な対立が生じることになると言っています[8]。

4 世俗化あるいは「神と疎遠で預言者もいない時代」?

キリスト教と教会主義全般、より個別的には(さらにはドイツ帝国における)プロテスタンティズムの歴史的状況と予測可能な未来に関するヴェーバーの発言も、どちらかというと多いものとは言えません。また、教会との内面的、観念的、制度的な結びつきの性質や強さに関する言及は、最小限なされているにすぎません。宗教がもつ信仰上の内容や行為格率が、人が生きることに対してもつ実際上の意味、また経験的に確認できる意味について、かろうじて推測と言えるものもほとんど見当たりません。ここにこそ、「世俗化」とそのダイナミズムの諸現象が問題にされなければならないはずですが、それらの経験的で、もちろん社会学的な探究は、ヴェーバーにとって思うようにはいかなかったようです。

もちろん、ヴェーバーは（たとえばピーター・バーガーが書いていることとは別様に）時おり「世俗化」の影響について語っています。それは、いわば法律上の事件のような局所的な出来事としてであり、近代社会そのもの、その全体に関わる（その「機能的分化」によって説明すべき本質的な）所与の状況として語ってはいません(9)。

しかしヴェーバーが、当時において、ましてや未来において、いかなる思想的およびコミュニケーション的諸条件のもとでキリスト教的な宗教性と共同体化が（思考上でも現実上でも）可能かという問いを追究するとき、事実上こうした問題系に接近しています。ヴェーバーがとりわけ検討しているのは、一般的には科学的な認識様式が支配的になったことにより、より個別具体的には宗教的信条の根源と内容に対してまで科学的な認識の目が向けられるようになったことにより――そしてもちろん、それらによって社会のなかでの宗教の分出が進んだことによっても――宗教的意識に突きつけられるようになった意味および根拠づけの諸問題です。一見すると、それは社会学の問題ではないと思う人もいるかもしれません。しかし、実は純粋に社会学の課題です。ヴェーバーはその必然性とどのような方法でアプローチするかということとを、方法論の考察を行っている論稿で意味の論議および意味の解釈の問題として、繰り返し論じています。まさに、宗教社会学のかなりの部分が、この課題に取り組んでいます。解明し分類しなければならないのは、他者に伝達し、理解してもらい、同意してもらうための入念な手段と、意思疎通上の問題が生じる原因、およびおそらく解消不能な不一致――社会的行為者の側および社会学的観察者の側での――の原因です。ヴェーバーとともに、いずれの側でも（そして両者の相互関係においても）問題になるのは「伝達能力」の増大と改善であり、したがって「合理化」の問題であり、この場合は「昇華」が問題になっていると言うこともできるでしょう。

「中間考察」はそうした意味解釈と意味論議を大々的に展開したものであり、その最後のほうでは「思考による認識の領域」、つまり近代の学問によって宗教が直面させられることになった意味問題を取り上げています。

宗教が「固有の意味」をもつという想定は、ヴェーバーにとって基本的なことでした。宗教に対してそれを認めないということは原理的にありえないことであり、それを別種の意味に翻訳することも不可能です。第一回ドイツ社会学大会（一九一〇年）で「ストア的・キリスト教的自然法と近代の世俗的自然法」という講演を行ったエルンスト・トレルチは、その講演で、純粋に宗教的な理念や理想それ自体が、世俗の社会的、経済的、法的・政治的秩序に対して強い影響を与えうるという結論を述べていました。トレルチとの論争で、ヴェーバーはこの結論に強い賛意を表明し、「宗教の発展を宗教以外の何か、たとえば何らかの経済状況の反映と」理解することは誤解を招くものだと述べています（Weber 2018, 37）。

一九〇九年二月十九日付のフェルディナント・テンニース宛の手紙でも――もちろん私的なことも書いてある手紙ですが――、ヴェーバーはきわめて基本的な問題に言及しています（Weber 1994, 63-66）。そして、その問題は約十年後の『職業としての学問』でも言及されています。

テンニースは宗教的信念が学問的認識の諸原理や諸成果と矛盾しない場合であっても、その真理請求は支持できないことを証明可能だと考えていましたが[10]、これに対してヴェーバーは、原理的な異議を唱えています。すなわち、倫理的な価値判断の場合と同じように、そのような証明は不可能だとヴェーバーは書いているのです。「形而上学的な自然主義に基づく坊主批判」は知的に不誠実なことだとヴェーバーには思われたのであり、「リベラルな」（原文のまま）カトリックまたはプロテスタント神学者たちの態度のほうが、たとえ「首尾一貫していなかったり曖昧であったり」しているところがあっても、「人間的には、自然主義の知的な（基本的に安易である）パリサイ主義よりもはるかに価値が高いし興味深い。……前者に比べて後者では生（Leben）があまり扱われていない（もちろん、その点だけを比べるならばの話だが）」（ebd., 65f.）。ヴェーバーにこのような判断をもたらしたのは、次のような――以前に認めていた――彼の「態度」でした。すなわち、彼は自分を「宗教的にまったくの『音痴』」だが、だからといって「反宗教的でも非宗教的でもない」と思っていましたし、「こうした点からも――そうした自分と何とか折り合っていく――、一種の身障者、欠落したところのある人間として――ロマン主義の与太話に惑わされないために、そうした人間の内的宿命としてそのことを正直に認めなければならない」(ebd., 65) という態度を取っていました。似たような議論は、『職業としての学問』でもなされています (Weber 1992, 110)[11]。

ニーチェの影響を受けたヴェーバー自身の倫理は、何ら体系化されたものではありません。「神と疎遠で預言者もいない時代」(Weber 1992, 107) に、信仰心をもちうるだけでなく教会に忠実であることさえ可能であることを根拠づけるためにヴェーバーが担ぎ出されるのは、彼の倫理における二つの主要理念ゆえにほかなりません。すなわち、「人格」と「知的誠実さ (Rechtsschaffeheit)」です[12]。「人格」は「特定の究極的『価値』や生きる『意味』との一貫した内的関係」(Weber 1968, 132) と、そこに表れている「自分自身との一致」(あるいは「内的な矛盾がないこと」) によって実証されるものです。ニーチェの感化を受けた「知的誠実さ」という格率は、近代の学問に当初から結びついていた壮大な期待が達成不能であることが明らかになったという洞察に対応するものです。つまり――虚しい努力でしたが――、絶対的真理の獲得に、主体としての無条件の嘘・偽りのなさが取って代わるのです。とりわけ当時、知識人たちの間で宗教の問題に関して広まっていた「非合理的なことについての主知主義的なロマン主義」(Weber 1992, 92) は、ヴェーバーにとってきわめて重大な知的不誠実さの表れです。知性を犠牲にする能力(一種の「職人芸」的能力) とは、本当は「信仰心のあつい人間の決定的な特徴である」(ebd., 108)。「弟子は預言者に対し、信者は教会に対し、正当なやり方で知性を犠牲にする」(ebd., 108)[13]。そして、「無条件に宗教に専念するためにそのように知性を犠牲にすることとは、自らの究極的な態度決定に対する勇気を明確にせず、軟弱な相対化によって率直な知的誠実性の義務を軽減することで同義務を回避してしまうこととは、なんといっても道徳的に異なる」と言うのです(ebd., 110)。

ヴェーバーは、所与の歴史的状況において宗教にふさわしく、また有益でもある共同体化の形式や公の世界の影響力という点で、宗教はきわめて厳格な限定のもとにおかれていると言います。それゆえ、「信仰あるいはその他の神聖な状態」(ebd., 108) は、「固有の合理化と主知主義化」(ebd., 109f.) を伴う既存の世界において、不可避的に「公の世界から退き、神秘体験を行う隠れた世界か個人同士の直接的関係からなる友愛の世界のいずれかへ」逃げ込もうとすることを指摘します (ebd., 109)。「かつて預言の霊としていくつもの大きな信徒集団の間に広まり、嵐のような高揚感のなかでそれらを一体化させていたものに相当するものが、今ではきわめて小さな気のおけない仲間内でだけ、細々と息づいている」ことは、何ら偶然ではないというのです（ebd., 109)。

キリスト教信仰の最も当代風であり、また最もその時代に適した（教会と信者集団《セクト》の傍らに在り、かつ教会と信者集団《セクト》へと向かう）「古典的形態」、すなわち神秘主義《ミスティーク》と神霊主義《スピリチュアリスムス》の「社会学的（「社会的」という意味＝筆者、ヨハネス・ヴァイス）帰結」について、ヴェーバー以上にE・トレルチが考察を展開しています。トレルチは、神秘主義と神霊主義は、本来的に「歴史をもたず、確固たる基礎を欠き、共同体もない」（Troeltsch 1965, 864）とします。しかし、「教養人たちの隠れたる宗教」（ebd., 931）たる神霊主義にも「積極的な社会学的（「社会的」の意）性格」（ebd., 865）があり、それは「見えざる教会という理念」に表れていると。そして、それは「純粋な精神的共同体」であり、そこにおいてお互いが「心を開き、思いを伝え合う」と考えていました（ebd., 931）。

ヴェーバーにおいては、「科学化」と「主知主義化」の過程で、宗教的経験は「人に伝えることが困難で議論のしようもない神秘体験」へと後退してしまったという記述が見られます（Weber 1947, I, 566)。この記述には、ユルゲン・カウベがきわめて適切にも、理解社会学全般を（なかでも宗教社会学を）他から区別する特徴として強調したものが、とりわけ明確に表されています。すなわち、「本人の生にとってのもっともらしさ」（Kaube 2014, 345）です。ヴェーバーは、古代ユダヤ教の預言者や清教徒的な世俗内禁欲主義者に対して特別の親近感と好意を抱いているという指摘が、なされてきました。

彼自身、ある晩の妻との会話で彼女の質問（問い返し）に対して、自分は場合によっては神秘主義者で（さえ）あるかもしれないと述べています。また、「どれほど私が自分の人生において、人が本来可能とされる以上の多くの夢を見てこようが、いかなる場合にも自宅にいるときのように、完全に気を許すなどということはない。それは、あたかもあらゆることから完全に身を引くこともできる（また、そう欲してもいる）とでも言うかのようなものである」（Baumgarten 1964, 677）と。これに対してヴィルヘルム・ヘニス（Hennis 1987, 188）は、簡潔かつ的確に「これはヴェーバーの著作および私たちが『そのなかに投げ込まれている』世界の記述にふさわしい発言である」とコメントしています。マックス・ヴェーバーはすでに幼少期に、知的な冷静さと誠実性を、追求するに値する理想というよりは圧倒的に宿命であり責任であると受けとめていましたが、学問的にきわめて厳格であろうとする情熱と「解消できない孤独（unlösbare Einsamkeit）」（ディーター・ヘンリッヒ、Henrich 1988）の経験とは、結局のところいずれもこの知的な冷静さと誠実性からの帰結であり、表れでありました。

5　宗教の未来

以上が、知的に誠実であり、完全に個人的である宗教的存在というものが、現在および予見可能な未来において可能かどうか、可能であるとすればその前提は何か、といった問題について、まとめられてはいないものの、けっして偶発的になされたものではないヴェーバーの指摘です。これらは、この問題に関してヴェーバーから得られる唯一の手がかりであり、彼があれほど早く亡くならなかったとしても、（後のカール・ヤスパースのように）「時代の精神状況」に関する洗練された診断を私たちに残してくれたとは思えません。しかし、残された手がかりがこれだけだとしても、ヴェーバーが『職業としての学問』の最後ところで次のように言ったことを理解し、彼の考えは一貫していたと判定するためには十分でしょう。すなわち、「新しい預言者や救世主を待ちこがれている多くの人々のすべて」にとって、状況は「イザヤ書に記録されているバビロン捕囚時代のあの美しいエドム人の夜回りの歌が伝える」状況と同じです。いわく、「エドムのセイルより問いかける声がした。夜回りよ、夜はまだ長いのか。夜回りは答えた。朝は来る。だが今はまだ夜だ。また聞きたければ、もう一度来られよ」（イザヤ書二一章一一―一二節）。

禁欲的なプロテスタンティズムの研究（一九〇五年）の最後でも、ヴェーバーは将来の展望を述べています。「鋼鉄のように硬い殻」と化した「勝利をとげた資本主義」は、もはや宗教倫理的「支柱」を必要としなくなり、予想される「恐ろしい発展」が終わるとき何が現れるのかまったくわからない、というようにです。「まったく新しい預言者たちが現れるのか、あるいはかつての思想や理想の復活が起こるのか……それとも――そのどちらでもなくて――『機械化による石化』が生じるのか」。「機械化による石化」が生じれば、「末人たち」にとっては次の言葉が真実となるでしょう。「精神なき専門人、魂なき享楽人。このつまらぬ者どもが、人間性のかつて達したことのない段階にまで登りつめたと自惚れる」(Weber 1993, 154)[14] のです。

ヴェーバーによるこの二つの予想は一般的で漠然とはしていますが、それでも二つの点で一致しています。すなわち、宗教の復活は起こりえ、そして大いに望まれうるものであること、しかしそのためには新たな「真正の」預言と/または新たな救済と至福の約束、かつて救済宗教が与えていた約束に比肩しうる約束が必要なことの二点です。

預言的な救済宗教の復活と普及には、救済を必要とする経験の広がりが、したがってまったく新しいかたちの徹底した現世否定が先行されなければならないでしょう。そうしたことが生じる可能性について、確たる根拠をもって言えることは何もありません。けっして終わることなくますます広範に及んでいく進歩というイデオロギーは、引き続き支配的であるだけでなく、最近は――無条件に現世肯定的な――「トランスヒューマニズム」などという思想と結びついてあらためて強化されつつあります。しかし、ヴェーバーが「機械化による石化」や、また――ニーチェとともに――「末人たち」の世界と称した事態が生じるならば、現世拒否と現世逃避を呼びかける預言が大きな共鳴《レゾナンツ》を引き起こすこともありうるでしょう。

未来の宗教の存続可能性と真理とを考えるならば、いずれにせよ、ヴェーバーの観点からして、こうした要求の後ろへと退却することはできないのです[15]。

6 さらなる問い――世界は再び呪術化するか？

世界の脱呪術化は、まずは宗教的な脱呪術化が起こり、次に（それと並んで）学問的なそれが進行したとされます。しかし、この過程がもっともな理由に基づいて、少なくともしばらくの間、「再呪術化」によって中断されることはあるのか、あるいはこの過程が（宗教的に）「完了」した後で、少なくとも一時的にでも、逆行することがあるのか、といったことについて、私の知る限りヴェーバーは、どこでも検討していません。ヴォルフガング・シュルフター（Schluchter 2009, 14, n. 44）がピーター・バーガー[16]を批判する際、「すでに示したように」と断ったうえで、呪術化と再呪術化との相互の「連関」を主張していますが、私はそのように理解することはできません。たしかにシュルフターは、前の箇所で（ebd., 8）すでにこのことに言及し、ヴェーバーを引き合いに出していますが、そこでの指摘も確たるものとは思えません。

世界の再呪術化が、まさに文化革命的なプログラムとしてはっきり表明されたのは、ヨーロッパのロマン主義においてでありました。また、明らかに弱められたかたちにおいてではあれ、一九〇〇年頃とさらに今から数十年前に生じた新《ネオ》ロマン主義の試みにおいても、表明されました（Weiß 1986 / 2014参照[17]）。トレルチが伝えるところによれば（Troeltsch 1925, 673）、ヴェーバーはシュテファン・ゲオルゲの信奉者たち（George Jüngern）との論争で、「新しいロマン主義もかつてのロマン主義同様、絶えず硬い岩盤のような社会的・経済的諸関係にぶつかって粉々に砕けてしまう（だろう）」と言うのが常だったそうです。

「魔術的」あるいは「魔術的・秘蹟《サクラメント》的」思考の要素（カトリック信仰だけでなくプロテスタンティズムにも含まれています）は、トレルチにとってと同様ヴェーバーにとっても、過去から継承されてきたことの残滓であって、その到来が期待されるキリスト教の新たな復興《ルネサンス》の徴ではありえませんでした。将来の宗教の復活についてヴェーバーが想像をめぐらす際、それが「世界の再呪術化」というかたちで実現しうるかもしれないなどということは一顧だにされていません。ヴェーバーの「真の」預言に関する考えからすると、かつての預言者がそれ以前の魔術的な信仰心を完全に内面的で合理的な「心情倫理」へと昇華させてしまって以降、「世界の再呪術化」というかたちでの宗教の復活など、とんでもない知的後退としか思えなかったことが、その理由でしょう。加えて、将来においても確実に進んでいるであろう科学的・技術的な世界支配が、（それに対応する、自然の主人にして所有者 maître et possesseur de la nature という人間の自己経験とともに）「再呪術化」に必要な思考手段や余地を与えてくれるなどということも、相当考えにくいことです。

追記

ハンス・ヨアス（Joas 2017）は、現在急速に進んでいる世俗化（これについては Pollack / Rosta, 2015 その他を参照していただきたい）を、基本的に西洋社会に限られた現象だと考えています（アメリカ合衆国だけは別だと言います）。彼は、とりわけヴェーバーの世界の脱呪術化という定理によって、世俗化は機能的分化とともに生じた近代化の必然的産物であるという考えが、とくに社会学において定着してしまったと言います。しかし、ヴェーバーにとって真に宗教的な問いは、世界の意味についての問いであり、ヨアスの宗教的問いとはまったく異なるものです。しかも、この問いは「世界の動き《ガング》について驚くこと」（Weber 1947, III, 221）から生じます。近代の学問はこの驚きに対してそれなりの答えを出しましたが、それは世界の出来事の因果関係に関するものであって、その意味に関するものではありませんでした。ましてや、人間存在の意味に関するものではさらさらありません。学問による世界の脱呪術化とともに学問自身の自己－脱呪術化も進みましたが、それもまた宗教の助けとなることではありませんでした。宗教は、すべての人々を拘束するような世界の出来事の意味解釈を提供する能力を失うとともに、政治や法、経済や芸術といった社会の他の分野への確たる影響力も一切失ったのです。

注

（1）ヴェーバーは「計算」という概念を非常に広い意味で用いています。おそらくホッブズの「結果を考慮すること」という理性の定義に比肩しうるでしょう。たとえば論理的推論というかたちを取った計算それ自体も、すでに「制御」の一様式です。ヴェーバーは、理解社会学も属している人間諸科学の大部分を「徹底的に経験的な認識関心」をもつ学問と捉えていますが、そのようなことが可能だったのは、計算概念がこのように広い意味だったからです。

（2）脱道徳化とは、現実の計算と制御に対して現実それ自体から（または現実の認識から）原理的な限界が設けられることがない、つまりそこにタブーはないという意味です。したがって、脱道徳化によって真っ先に抹消される重要な意味とは、世界の出来事を規定する道徳的な意味と目標です。

（3） ニーチェは、「ニヒリズム」とは主として脱道徳化を意味するとも考えていました。かつて世界に「置き入れ」られていたが、いまや欠落しつつある意味とは、道徳的意味です。

（4） これに対して、ヴェーバーは次のように述べています。「このような要請は、世界のもろもろの現実と秩序およびさまざまな生き方の可能性との間に心的葛藤を引き起こす」が、そうした葛藤がさまざまな現象形態を取る「特殊な精神的遁世」を生み出した、と。

（5） 同所における「真の清教徒」のラディカリズムについてのヴェーバーの論述、および——注163aでの——それに対応する「古代イスラエルの倫理の特殊な地位」についての指摘も、参照のこと。

（6） 「ヨーロッパの合理主義の」ではないことに注意していただきたい。

（7） それゆえ、そのような世界像の克服は、「世界の脱呪術化」の達成を意味するわけではないにせよ、そのための最初の課題、いわゆる不可欠条件であると言うこともできるでしょう。少なくともシュルフターのヴェーバー理解によれば、奇跡を信じることはすでに呪術的思考の表れではありません（呪術的思考に比べれば、奇跡を信じることは「合理的」と見なすべきであるということからです）。もっとも、ヴェーバーは呪術的思考にも独自の「合理性」があることを認めるような言い方さえしています。

（8） ヴェーバーはここでも他のところでも、合理的な救済倫理は倫理的に秩序づけられた世界《コスモス》という観念を、したがって一種の世界倫理《コスモス》を必要としている、ということに対して説得的な理由を挙げていません。その点は、どちらかというと儒教的に考えているのではないでしょうか。

(9) ヴェーバー自身が引き起こし、もしかするとヴェーバーに関する文献において増幅されたかもしれない概念の混乱を示す一証拠として、古参の「ヴェーバー研究者」による新たなヴェーバーの伝記から引用させていただきたいと思います。同書によれば、「合理性」とは「彼(マックス・ヴェーバー＝引用者による)が代わる代わる官僚制化、産業化、資本主義への発展、専門化、世俗化、物象化、脱呪術化、非人間化と呼んでいるたくさんの部分的過程に対する共通表現」であるとされます(Käsler 2015, 855f.)。

(10) この手紙から間もない第一回ドイツ社会学会大会の開会講演で、テンニースは、宗教は一般的に「迷信的な諸観念」と「でっちあげられた存在」に関わらざるをえないと述べることになります(「ドイツ社会学会第一回大会議事録」Einleitung zu MWG I/12, 37 を参照)。

(11) 「なぜなら、非合理的なことを語る近代の主知主義的なロマン主義は、実際上、そこに陥っているからである」(Weber 1992, 92)。

(12) Weiß 1991, Die Entzauberung etc., 18-23 参照。

(13) 「古い教会が憐れみを誘うように大きく広げた腕のなかに」、信者は「理屈抜きにあっさりと」入っていくことができる(ebd., 110)。

（14）これに続けてヴェーバーは、引き続き研究すべきことを述べていますが、主要な事項として挙げているのは「禁欲的合理主義」の影響と、「社会-政治的倫理」と、「人文主義的合理主義」です（Weber 1993, Ergänzung, 443 参照）。

（15）『プロテスタンティズムの倫理と資本主義の精神』で、ヴェーバーは自分の未来予想を次のような理由で中断します。すなわち、そのような言明を行うことで「価値判断や信仰判断の領域に入り込むことになるが、歴史的叙述にそこまで求めるべきではない」（ebd., 172）というのが、その理由です。

（16）「ヴェーバーは世界の再呪術化の可能性をもっとよく考えてみることを怠ったと私が述べたとしても、それは彼を貶めることにはならない。……世界がこれほど冷酷で絶望的なのだからそうした可能性はある。……近代という時代はたしかに大規模な世俗化が進行する時代ではあるが、同時に強力な反動が起こる時代でもあるのだ」（Berger 1984, 14f.）。

（17）少なくとも、もともとのロマン主義は、本質的に宗教的動機（カトリック教徒へといざなう傾向あり）をもっていました。ただし、哲学的動機や美学的動機のほうが強かったということです。

文献

Baumgarten, Eduard, Max Weber: Werk und Person (Tübingen: Mohr, 1964)
［E・バウムガルテン『人と業績』（マックス・ヴェーバー　5）生松敬三訳、福村出版、一九七一年］

Berger, Peter, Sehnsucht nach Sinn: Glauben in einer Zeit der Leichtgläubigkeit (Frankfurt a.M./New York: Campus, 1994).

Gerdes, Hayo, Sören Kierkegaard (Berlin/New York: Walter de Gruyter, 1993)
［H・ゲルデス『キルケゴール――その生涯と著作』武村泰男訳、木鐸社、一九七六年。原著は Sören Kierkegaard: Leben und Werk, 1966］

Hennis, Wilhelm, Max Webers Fragestellung: Studien zur Biographie des Werks (Tübingen: J.C.B. Mohr (Paul Siebeck), 1987)
［ヴィルヘルム・ヘニス『マックス・ヴェーバーの問題設定』雀部幸隆ほか訳、恒星社厚生閣、一九九一年］

Henrich, Dieter, Denken im Blick auf Max Weber. Eine Einführung, in: Karl Jaspers, Max Weber: Gesammelte Schriften (München/Zürich: Piper, 1988), 7-33, 26ff.

Joas, Hans, Die Macht des Heiligen: Eine Alternative zur Geschichte von der Entzauberung der Welt (Berlin: Suhrkamp, 2017)

Käsler, Dirk, Max Weber: Preuße, Denker, Muttersohn: Eine Biographie (München: C.H. Beck, 2014)

Kaube, Jürgen, Max Weber: Ein Leben zwischen den Epochen, 2. Aufl. (Berlin: rowohlt, 2014)

Nietzsche, Friedrich, Der Wille zur Macht: : Versuch einer Umwertung aller Werte (Stuttgart: Alfred Kröner, 1964)

［ニーチェ『権力への意志』原佑訳、河出書房新社、一九七二年］

［フリードリッヒ・ニーチェ『権力への意志』原佑訳、吉沢伝三郎編、ニーチェ全集12・13、筑摩書房、一九九三年］

Pollack, Detlev / Rosta, Gergely, Religion in der Moderne: Ein internationaler Vergleich (Frankfurt a.M./New York: Campus, 2015)

Pollack, Detlev / Rosta, Gergely, Bedingungsfaktoren und Muster religiösen Wandels in der Moderne, in: Zeitschrift für Theoretische Soziologie, 5. Jg., Heft 2, 2016, 214-230

Pollack, Detlev / Rosta, Gergely, Auswege aus einer festgefahrenen Debatte, ebd., 296-314

Schluchter, Wolfgang, Die Entzauberung der Welt: Sechs Studien zu Max Weber (Tübingen: Mohr Siebeck, 2009)

Troeltsch, Ernst, Aufsätze zur Geistesgeschichte und Religionssoziologie, in: Gesammelte Schriften IV, herausgegeben von Hans Baron (Tübingen: J.C.B. Mohr, 1925)

Troeltsch, Ernst, Die Soziallehren der christlichen Kirchen und Gruppen (2. Neudruck der Ausgabe, Tübingen: J.C.B. Mohr, 1922) (Aalen: Scientia, 1965)
［E・トレルチ『中世キリスト教の社会教説』高野晃兆訳、教文館、二〇一四年］
Weber, Max, Gesammelte Aufsätze zur Religionssoziologie. Vierte, photomechanisch gedruckte Auflage, 3 Bände. (Tübingen: Mohr, 1947)
［マックス・ヴェーバー「中間考察」『宗教社会学論選』大塚久雄、生松敬三訳、みすず書房、一九七二年］
Weber, Max, Gesammelte Aufsätze zur Wissenschaftslehre. Dritte, erweiterte und verbesserte Auflage, herausgegeben von Johannes Winckelmann (Tübingen: J.C.B. Mohr, 1968)
Weber, Max, Wissenschaft als Beruf, in: MWG I/17, (Tübingen: J.C.B. Mohr, 1992)
［マックス・ウェーバー『職業としての政治　職業としての学問』中山元訳、日経ＢＰ社、二〇〇九年］
［マックス・ウェーバー『職業としての学問』新装版、三浦展訳、プレジデント社、二〇一七年］
［マックス・ウェーバー『職業としての学問』改訳、尾高邦雄訳、岩波書店、一九八〇年］
Weber, Max, Die protestantische Ethik und der „Geist" des Kapitalismus, Klaus Lichtblau und Johannes Weiß (Hrsg.) (Bodenheim: Beltz Athenäum, 1993) 一九〇四—〇五年の初版に二版（一九二〇年）にある重要な追加と変更箇所を補った版
［マックス・ヴェーバー『プロテスタンティズムの倫理と資本主義の精神』大塚久雄訳、岩波書店、一九

八八年］
［マックス・ウェーバー『プロテスタンティズムの倫理と資本主義の精神』中山元訳、日経ＢＰ社、二〇一〇年］

Weber, Max, Briefe 1909-1910, in: MWG II/6 (Tübingen: J.C.B. Mohr, 1994)

Weber, Max, Religiöse Gemeinschaften, Studienausgabe der Max Weber-Gesamtausgabe, Band I/22-2, herausgegeben von Hans G. Kippenberg, (Tübingen: J.C.B. Mohr, 2005)

Weber, Max, Verstehende Soziologie und Werturteilsfreiheit, in: MWG I/12, (Tübingen: J.C.B. Mohr, 2018)

Weiß, Johannes, Die Entzauberung der Welt, in: Josef Speck (Hrsg.), Grundprobleme der großen Philosophen, Philosophie der Gegenwart, Band IV, 2., durchgesehene Auflage, (Göttingen: Vandenhoeck & Ruprecht, 1991), 9-47

Weiß, Johannes, Wiederverzauberung der Welt? Bemerkungen zur Wiederkehr der Romantik in der gegenwärtigen Kulturkritik (zuerst 1986), in: Moebius, Stefan / Clemens Albrecht (Hrsg.), Kultur-Soziologie. Klassische Texte der neueren deutschen Kultursoziologie (Wiesbaden: Springer VS, 2014) 347-365

Weiß, Johannes, Besprechungsessay zu: Jürgen Kaube, Max Weber: Ein Leben zwischen den Epochen, 2. Aufl. (Berlin: rowohlt, 2014), in: Kölner Zeitschrift für Soziologie und Sozialpsychologie, 67. Jg., Heft 4, 2015, 799-805

第3章
脱宗教化という宗教と宗教が拓く未来——日本のパラドクス

土方　透

　宗教の機能喪失は、さまざまなかたちで指摘されています。では、そこで「喪失したもの」はどこにいってしまったのでしょうか。消えてしまったのか、あるいは形を変えてまだ働いているのか。本章では、宗教の機能喪失と、それと相まって生じている脱宗教化現象を、日本社会における宗教的な行動を例に検討していきます。

　日本の社会において「宗教」に言及する場合、そこに生起するイメージは、どちらかといえば否定的なものが多いと思われます。宗教への言及は、外在的に行われ、それと並行して、確たる信仰をもつ人、特定の宗教に帰属する人は、むしろ例外的であると考えられています。さらにある信仰を固持することは「時代遅れ」、「非合理的」、「非科学的」と言われ、場合によっては「危険」ないし「いかがわしい」という表現すら投げかけられることがあります。

　世界社会には、さまざまな宗教的コミュニケーションが存在します。当然そこには、差異と齟齬が、そして対立があります。そうしたなか、かつての社会統合を実現する中枢としての宗教という理解とは逆に、社会における宗教の機能低下、社会の脱宗教化傾向という自己理解のもとで行われる宗教に関わる一連のディスコースがあります。日本のそれは、その一例でしょう。

本章ではまず、日本における宗教的コミュニケーションの特異性を極端なかたちで際立たせます。それは、その特異性を見ることを目的とするのではなく、日本の宗教的コミュニケーションが、いま述べた自己理解のもと、自身以外のものとの接点で何を演じているかということを、より強いコントラストのもとで見たいからです。脱宗教化がどのような事態かということではなく、脱宗教化が日本の自己理解において所与のものとされているということが表す事態を描出してみたいと思います。すなわち、脱宗教化の内容の議論ではなく、その機能についての議論です。以下、そこで際立たされたものを与件に、宗教によって拓かれる領域の描出を試みていきます。

1　問題提起——日本人における宗教

一般に日本人は、そのほとんどが確たる信仰の自覚のもとに宗教的行動を行ってはいないと考えており、日本人が通例行う宗教的な行動は、ほとんど習俗ないしは習慣以上の機能を果たしていないというのが、日本における自己理解です(1)。さらに、世界で七割の人が神を信仰するなか、

日本の無神論者の割合を世界で二位とする報告もあります。(2)

その一方で、宗教に関するアンケートによると、(3)統計上およそ全人口の一・五倍に迫る信仰者の数が出てきます。つまり数字のうえでは、一人が複数の宗教に属しているということになります。さらに、日本で行われる宗教的な祭事、行事およびパフォーマンスの数は、特定の宗教、あるいは確たる信仰とそれとの密接な関係のもとに社会構造を築き上げてきた諸外国に比べ、地鎮祭は言うに及ばず、新車購入時の「お祓い」や、さまざま日用品の処分にあたっての「供養」など、実に膨大な数です。

以上のことから即座に、日本における「宗教」というものは、かなり特異な様相を呈していることがわかります。同時に、これを一括して「宗教」として語ってよいものか、疑問が生じます。当然ここで問題となってくるのは、「宗教」の定義です。「宗教」と「宗教性」、「宗教」と「習俗」、さらには人々のなかでの神概念や死生観の違い、信仰への傾注や参与の仕方の濃淡など、「宗教」を画定するにあたり、さまざまな論点が指摘され、より適合的な定義が模索されます。

そうしたなか、キリスト教を前提とするヨーロッパから、次第に米国というバリエーション(4)や、仏教、イスラムほか、非ヨーロッパへの議論の拡大、さらには現代の新宗教、新・新宗教(5)という対象の変化と拡大は、こうした定義をそのつど揺さぶります。

すでに述べたように（序章、2「世界社会におけるコミュニケーション」）、世界社会という領域《アリーナ》で生じているのは、他者が自己を（異質なものとして）見る違和感の相互交換であり、それがそれぞれの構成員《エージェンシー》（コミュニケーションへの参与主体）の視野に入ってくるという事態です。そこでは、宗教の自己理解は問題とはなりません。また、つまりそれぞれの宗教の内容の実体的な理解ではなく、諸宗教の間からそれぞれの宗教に接近する機能的な理解、すなわち差異の認識と処理が必要です。

そのため以下、宗教をめぐって「理解されがたい日本の文脈」（第2節）および「日本の文脈において理解しがたいもの」（第3節）の二点について検討します。そのことを通じて、日本の「特異性」を、その内容においてではなく、相互のコミュニケーションの組上の問題、すなわちコミュニケーション上の情報として理解します。何がわかるかではなく、何がわからないか、という観点からの整理です。

そのために以下、とりあえずヨーロッパ文化のなかで連綿と培われてきた「宗教」の一般的な理解との対比を念頭におきます。ここでは、もっぱらキリスト教に、さらにプロテスタンティズムに定位した理解に定位します。もちろん他の宗教との対比可能性もつねにありえますが、ここでの問題は、そのような個々の文化との（内容上の）差異ではなく、異なっているという事態（異質性）の抽出です。つまり、それぞれの宗教行動を対比して理解することが目的なのではなく、対比を通じた特異性の先鋭化が目的となります。

2　理解されがたい日本の文脈

（1）複数の宗教を状況に応じて使い分ける——宗教横断的行動

日本における宗教的諸活動では、子の成長、結婚、葬儀に伴う祭礼や、また四季折々のさまざまな催事などが、異なった宗教をまたがって、すなわち神道、仏教、そしてキリスト教を使い分けて行われます。そして、人々はそのつど臨機応変に宗教横断的に参加します。これは、先に挙げた日本人の統計上の信仰者の数が全人口数を上回っているということにも呼応します。一人の人間が複数の宗教にまたがって行動する事態によってもたらされる数字でしょう。他の選択肢を退け唯一の信仰を保持するという信仰の形は、ここではイメージされていません。

また神道について言えば、信仰の対象に応じてそれぞれの神が、日本古来の神話には、ヤオヨロズの神という語があり、それは言葉通りにとれば八百万の神ということを示しています。つまり数え切れないほどの神の数、ということです。日本人は、いくもの神を崇める、つまり一人の日本人のなかに複数の神が存在する、つまり別の神が存在する、つまり神が唯一でないことは、それを受け入れる／受け入れない以前に、日本人にとってきわめてイメージしやすいものです。

このような個人における複数の宗教の併存、および宗教における複数の神の存在が受け入れられている社会にあって、唯一絶対なる神という観念が存在する場所《トポス》を（特定の宗教施設を除けば）見いだすこと自体が困難です。ヨーロッパであれば、他宗教の施設を訪れるということに、ある緊張感を伴います。それを敬意と呼ぶこともできますが、その敬意は異質性に支えられています。それぞれの自己理解を超えた異質性であるがゆえに、敬意／敵意を示すことで対応するのです。また歴史的には、同じ宗教の宗派、キリスト教でいえばカトリックとプロテスタントの間では、さまざまな国で何度も全面的な戦いが行われてきました。ヨーロッパにおいて、この差異は宗教上の教義の差異にとどまらず、社会を構成するうえでの原理の差異として、現在でも議論されますし、ドイツでは少なくともそのことが社会生活に根付いています。たとえば初等教育の学校ではどちらに従って教育を行うか、教師と父兄との間で真剣な議論がなされる場面を目にします。たとえば殺人の禁止を、モーセの十戒から導くか、カントから導くか、というような二者択一です。(6) イスラムにおけるスンニ派とシーア派の間の軋轢は、現在でもアクチュアルな火種です。いずれにせよ、複数の宗教を平和裡に横断することが可能な日本の状況とは対照的です。

(2) 不信仰の表明――日本的信仰の規準

日本は、江戸時代の十七世紀前半から十九世紀後半まで、「踏み絵」という制度があり、キリストやマリアを描いた板を踏める／踏めないで判断を行う抽出の作業が行われました。当時クリスチャン（カトリック教徒）であることは、それ自体、反権力分子、謀反分子であるとされ、それゆえに刑に処されました。そこで当時の為政者たちは、それを確かめるために、キリストないしはマリアの像を踏ませました。

これはヨーロッパで行われた異端の抽出とは異なった光景です。もしそこにいるのがカトリック教徒ではなくプロテスタントだったら、あるいはまたユダヤ教徒、さらには無神論者、そしてマルクス主義者だったらどうでしょうか。江戸時代にそのような人々は存在しないでしょうが、時の支配者たちに対抗的ないし反逆的であるのは、カトリック教徒とは限らないはずです。ですが江戸幕府は、自らに服従するかどうかを見極める手段として、踏み絵を用いました。すなわち、カトリックでないならば服従的である、と判断したようです。

ヨーロッパであれば、信仰の内容と形式、場合によっては質が問われます。つまり、この体系に従うかどうか、服従するかどうかを突き詰めて問います。そして、それ以外のものはすべて有害と見なします。それに対し日本の支配者たちは、このような問いを行いませんでした。彼らが問うたのは、カトリックの信仰をもつかどうかということでした。それ以外は等しく無害なものと区分しました。ここに一つの特徴が見られます。つまり、「踏み絵」は原理的には、支配者に対する非服従者の抽出ではなく、カトリック信者の抽出として機能するものです。謀反を企む、また幕府に敵意や反感をもつ非カトリック教徒は、判断の場から除外されます。支配者を崇めるかどうかではなく、ターゲットとなる当のものを崇めないかどうかが、忠誠ないし服従を表す基準として問われているのです。鎖国という、基本的に異文化との接触がありえない状況下で生み出されたやり方（「これを信じていなければ問題はない」）です。これは、正統な信仰を問い、それ以外を誤ったものとして排斥した西洋の異端審問（「これを信じることが必要である」）とは、様相がだいぶ異なります。

　ここで用いられた規準は何を信じているかではなく、何を信じていないかです。時代を移して、現在の日本において自身を問うた場合、多くの人は、何を信じているか答えることは困難ではないでしょうか。逆に逐一根拠を示して、何も信じていない（「何も信じていないこと」を信じている）と断言することもできないでしょう。ただ、信じていないであろうもの、信じるという表明をする必要に至ってはいないものについては、挙げることができるでしょう。つまりそこで示されているのは、信仰の自覚や否定でも無神論でもなく、違和感の表明です。日本の文脈では、この表明をもって日本の「正統派」に属するものと判断されえます。逆から言えば、この違和感さえ共有できるのであれば、何を信じようと信じまいと、問題とはなりません。この「違和感」は、日本における宗教的行動を「習俗」とする理解（端的な例としては神道に対する裁判上の判断――序章注(16)を参照）につながります。「習俗」への帰属の存否は、（信仰の有無と種類という個人的属性を超えたところの）日本人としてのアイデンティティの問題として働きます。

（3）論証を必要としない無神論

関連して、日本の「無神論」も特徴的です。欧米では、無神論に拠って立とうとするとき、神の不在を証明することが求められます。神なくして、いかにしてこの世界の価値が、秩序が、存立しうるのか説明が必要です。それに対し日本では、神の存在は前提とはなっていません。日本人はこの前提で、神の非在証明を行うこともなく、自らの立場を「無神論」と呼びます。ですから、神ないし神に因るものごとの原理的な否定を必要とする生粋の（＝西洋の）無神論は、日本人の理解から見れば、あまりに敷居が高い議論です。西洋では「神のみぞ知る」という表現がありますが、日本ではそれを「人知の及ばない」と言います。神は前提ではありません。

したがって、日本の脈絡での無神論は、無-神論というより、神の存在の是非そのものが議論の対象となることを免れているという意味で、神-無意識論と言ったほうがよいかと思います。ヨーロッパの無神論は、神の非在性の議論であり、神の存在否定ですが、日本の無神論は、それとは異なり、ラディカルに言えば神の存在／非存在の議論の存在否定です。存在／非存在という二分法の議論の存在の否定ですから、神は存在しようと存在していなかろうと、そのことに頭をめぐらせること自体意味をもっていないということです。少なくとも、こうは言いうるでしょう。「神の領域に属す」という表現を用いたり、それに出会ったりしたとき、日本の文脈では、「神」のことは考えられていないと。そのうえで、前述のように、日本人はさまざまな神を崇め、また複数の宗教行事とともに生活をしています。明確な自己規定・自己理解をもつことなく、漫然と種々多様な神と共在することが可能となっています。

3　日本の文脈において理解しがたいもの

今度は逆に、私たち日本人がおそらく受け入れがたいであろう「宗教」の前提を見てみたいと思います。三点、指摘します。まず、「神」です。日本人は、「神」に疑念を向ける場合、その根拠として「科学」を挙げるのではないでしょうか。また日本人は、宗教を話題にするとき、それは呪術的なものとして（たとえば願掛けや占い、おまじないとして）、すなわち非合理的なものとして持ち出すのではないでしょうか。さらに日本では、神の存在を信じていないことが議論の出発点にあります。それは他の多くの国で行われる宗教的なディスコースとは異なる出発点です。

（1）自然科学は神を抜いては考えられていない

一般に最も「科学的」と考えられている自然科学の対象たる自然の秩序は、人の手によって作ることのできない秩序です。すなわち、「自然」とは、「人工」ないしは「人為」の反対語であり、それは神の手によるものです。それゆえ、神が創造したこの自然というテキストを一ページずつ読んで神の意志を知ろうしたのが、人間のそもそもの学問です。自然科学とは、まさに神の意志の解明を旨とする科学です。これは、たとえばニュートンが、人間の意志にかかわらず物体に等しく働く神の意志に基づく力を発見し、それに「万有引力」と名付けたことから見て取れるでしょう。こうした「自然科学」の根本からの理解、したがって科学の理解は、日本における宗教的ディスコースのなかで、すっかり抜け落ちているか、蔑ろにされています。現代にあっても、自然科学者のほうが人文科学者や社会科学者より宗教に傾倒する傾向がありますし、アインシュタインの例を待たずして、宇宙物理学の研究者にこそ、有神論者は多数存在しています。

つまり、神の意志および神が創った秩序という対象なくして、自然科学は生起しません。さらには、その意志と秩序の読解と解明という動機なくしては展開しえません。この対象に対する以上のアプローチをもって、自然科学は生起し、発展し、成果を残してきました。

（2）宗教は呪術・魔術を否定する合理的なものである

ヨーロッパの文脈では、社会におけるさまざまな呪術からの解放を展開し、合理化を促進していったのはまずもって宗教である、というのが学問に裏付けられた見解です(7)。宗教は、その限りで科学を展開する主導者です。もっと突き詰めて言えば、宗教こそ（魔術・呪術を駆逐する）合理的な営みであり、（その意味で）科学です。そのうえで宗教は、その自己進化として脱宗教化

（世俗化）を自己展開しています。日本のディスコースにおいては、宗教が呪術（魔術）から世界を解放していくものであること、したがって合理化を実現していくものとして働いてきたことが所与の知識として理解されていることは希有です。むしろ日本では、宗教と呪術とが有効に区別されておらず、むしろ宗教は科学に抗し、呪術に寄り添うものという位置づけがなされています。しかし、近代科学を発展させてきた欧米は宗教を背景にしてきましたし、占いや迷信、慣習や習俗という形態で呪術が蔓延する国は、概して宗教を蔑ろにしています。このような前提の根本的な相違は、架橋しがたい緊張を生みます。日本ではよく「この科学の時代に宗教なんて……」と言いますが、「この宗教の時代に呪術なんて……」という文脈が、原義的に正しい表現です。

（3）神の非存在を前提とすることは、神の存在を前提とすることより無理がある

先ほども述べたように、西洋の文化圏、ユダヤ・キリスト教や、イスラム等の文脈では、神の存在は否定しえない前提です。ということは、「無神論」を標榜するには、すべての事象を神を引き合いに出さずに説明しなくてはなりません。この世に存在するもののすべての発生と展開について、イメージしうるあらゆる観念について、想起しうるすべての概念について、この地球上に存在するいかなる秩序についても、神の非存在をもって論証しなければなりません。もちろん、

偶然、必然、因果律について、そして論証という所作それ自体の発生とその可能性についても同様です。「偶然」なるものが生成したのは偶然によるという説明と、人知を超えた超越的な「何ものか」によるという説明とでは、どちらがより受け入れがたくないでしょうか。偶然と必然の区別は、どうやって生起したのか。また人間が内角の和が一八〇度以外の三角形を作れないということは、いかにして説明できるのでしょうか。

論証は、神の存在／非存在のどちらに定位するのであれ、相当の力量を要する作業ですし、それを行いえたとして、その主張を相手方に押し通せるかどうかはわかりません。ただいずれにせよ、日本のコンテクストは神の非存在（神の存在を問わないこと）が、西洋のコンテクストでは、またイスラムの世界では、神の存在が初期設定《デフォルト》です。必要とされる論証の方向が、真逆なのです。

このことは、無宗教を宣言する人間と確たる宗教をもった人間とのどちらが社会的に正統と認められるかという点で、よりプラクティカルにはどちらとして生活することが安全か、社会的信用を得られるか、という点で、現実の社会生活上においても非常に大きな、場合によっては深刻ですらある相違を招きます。少なくとも、神の存在を前提としている国家や文化圏に赴くとき、何の論証もできずに安直に「無神論」「無宗教」を表明することは、リスクを伴う行為です。自ら依って立つものの正当性をそれなりに原理的・体系的に主張できないのであれば、正統性・正当性の欠如という点で質を問われます。したがって、「異教徒」であれ、それを表明したほうが、敵としての地位を与えられます。その意味で、宗教は、その人の属性を明らかにし、さらにその人の同一性を示す、そして場合によっては、ある水準を示す、不可欠のツールとなっています。

4　宗教の機能的等価物

宗教に対する日本固有のスタンスを強調しつつ、以上の対照化を行いました。もちろん、宗教は近代以降それぞれが特有な展開を行い、また現代においてはさらにさまざまな様相を呈しているので、上記のいわば古典的な議論が、そのまま当てはまるというわけではありません。しかしここでの目的は、この対比を例に、現在頻繁に喧伝される宗教の機能喪失のディスコースに、別の角度から切り込む可能性を見ることです。

先に示した対比から見るならば、一神教の強い伝統のなかで強固な信仰を社会の中心に据えてきたヨーロッパと比べ、日本人の宗教的な行動を引き起こす背景は、オウム事件のような犯罪例を除けば一般的に、きわめてソフトなものであり、けっして社会において強い存在感を示すようなものではありません。まして、それに基づき、他を排するようには見えません。そこでは、諸宗教が、臨機応変に、相互包摂的に、あるいは補完的に、互いに他に対して寛容に作用しており、そのような宗教が相互に織りなす空間において、人々はそれぞれの仕方で宗教的な振る舞いを行っています。ヨーロッパの宗教理解からすると、こうした宗教的態様は、もはや宗教のそれではない、ということになるでしょう。逆に日本的な感覚からすると、ヨーロッパのそれはあまりに偏狭である、ということになります。

そこで以下、こうした日本の宗教の態様について検討したいと思います。ただし、本書の序において前提として述べた理由から、この態様の内容を問うのではなく、その機能、それも自己に対してではなく他者に対して向けられた機能の検討を行いたいと思います。つまり、宗教が他の宗教に対して行ってきた機能と同等なものを、機能喪失が言われているところのコンテクストにおいて、働かせているものがあるのかないのか、つまり宗教は機能喪失したとされるその一方で、機能的等価物は依然として（宗教に代わって）当該の機能を有しているのか、という問題です。ここでは、複数の宗教という現実を前にした包摂と排除、およびその共存を例に考えます。

（1）寛容の宗教

先に概観した日本の宗教行動は、神の絶対性や唯一性にこだわらないこと、複数の宗教を横断することが可能なこと、それゆえ厳格な教義やメンバーシップに縛られる状況が少なく、厳格な自己正当化の主張や自己における論証を必要とする機会が少ないこともあり、宗教間の齟齬や相克を取り立てて強調する場面を、それ自体としては必要としていません。また、「異教」に対して積極的な排除を表明することはありません。それは、自身の立ち位置として、強固であるより柔らかく、排他的であるより包摂的であり、厳格であることより寛容であることを志向しているように見えます。こうした立ち位置は、その意味で、「共存」の達成に適合的なものであると指摘されます[8]。

このような宗教的振る舞いは、複数の宗教が同時に並立する事態を当然視し、さらには良きものとすらします。一方、ユダヤ教、キリスト教、イスラムなどのように、厳格に一つの神、一つの宗教を信仰する態度、あるいは無神論のように神を徹頭徹尾否定する態度、それらはある特定の極を厳格に措定し、その極への帰属を明確にする態度であり、それゆえ——それが信仰的なものであれ、無神論的なものであれ——頑なな態度です。この頑なさは、日本の宗教的振る舞いの対極にあるものと理解されています。しかし日本的寛容さは、多種多様な神々と共在するか否かを旨としていますから、日本的な寛容さを貫徹するのであれば、そうした頑なな態度に対して非寛容であることが必要となります。すなわち、宗教の多数性に対して寛容であることを理由に、日本特有のスタンスに優位性を認め、それを貫徹しなくてはなりません。つまり、寛容さに抗する頑なさは、厳格に排除しなくてはなりません。それはパラドクスです。そこでは寛容さの維持が、非寛容さに支えられています。その包摂は、排除によって成り立っています[9]。

したがって、この「寛容」および「包摂」は、正確には「排他的寛容」「排他的包摂」と呼ぶべきものでしょう。この日本的なあり方のみが「寛容」「包摂」の名に値する正しきあり方であるということです。このことは、即座に次のディスコースにつながります。すなわち、日本的な寛容さだけが「寛容」であり、その「寛容さ」に抗するものは、劣ったものであるというディスコースです。この日本的なあり方に属するという「同質性」とその「共有」が、日本的寛容の中身であり、その同質性に含まれないものは、それ以下ということです。

こうなると、最終的には、すべてが「日本」になるしか途がありえません。世界が多様であるとしたら、日本がその多様性を認め、その多様なるものの一部を構成するというのではなく、世界の多様性を日本という単一性に内包させることで、日本は多様性を有したと主張する構造です。であるとすれば、これこそはまさに「日本教」です。先に挙げた例で言えば、すべての人間が（日本人のように）複数の宗教をまたがって生きていくべきなのです。あるいは、すべての人間は（日本人のように）宗教に頓着せずに生きるべきなのです。これらは、こうしたあり方を旨とする日本人以外に対して、強靱な排他性をもつ、まさしく原理主義として作用します[10]。

(2) 宗教の名を冠さない宗教

このように考えるならば、日本で進展している脱宗教化は、機能的には、つまり他宗教に対するあり方としては、「宗教現象」として見ることができます。近代以降、各々の絶対性を相対化された宗教が機能喪失・弱体化した一方で、「日本的寛容」のもとに諸宗教を一元的に回収していくモメントは、宗教の異形としてなおも強力に機能していると言えるのではないでしょうか。その限りで、先にも挙げた宗教と習俗という区分けは、意味をなしません。自己以外に対して発せられたものは、コミュニケーションの場でそれが「宗教」の形を取ろうが「習俗」の形を取ろうが、つまり宗教の名を冠しようがしまいが、他者にとって機能的に等価です。逆に、脱-宗教の指摘ないし宗教批判は、それ自身すでに「宗教」となります。それが「宗教批判」というタイトルのもとで行われていたら、それは「宗教批判-教」という宗教です。人権であれ、民主主義であれ、世界平和であれ、エコロジーであれ、すべて同様の「○○-教」として働きえます。いま挙げた例で言えば、内側には「習俗」であるがゆえに政教分離に抵触しないとしても、外に対しては「習俗-教」にほかなりません。その教義に抗するものは、異端として審問にかけられ、改宗を迫られ、それに従わなければ排斥されます。その「宗教」の共同体からは放逐されます。

医術はどうでしょうか。医師の白衣と、宗教者の法衣とは機能的にどう異なるでしょうか。また同様に、裁判官の法服は。このように宗教という形を取らずに、場合によっては宗教を駆逐して、宗教と同様の機能を果たしているものが、いくつもありえましょう。このことを逆から言えば、コミュニケーションの場ではこれまで宗教という名のもとに一括りにされてきたもののなかに、かなり(現在の言い回しで言うところの)「宗教でないもの」が含まれていたということでしょう。さらにまた、脱宗教化の文脈で導かれているもののなかに、かなり「宗教であるもの」が含まれている可能性があるということでしょう。

もっとも、宗教が扱う主題には、その性質上宗教しか扱えない種類のものがあります。またそうした主題には、宗教をもってのみ可能となる独自のアプローチが存在します。この件についてここでは単純に、資本主義社会において「商品」によって代替できないもの（「かけがえなきもの」として高揚されるもの）を主題とするさまざまなコミュニケーティブな所作は、宗教ないしはその代替物（機能的等価物の対象）と言える、としておきたいと思います。つまり、「神」のタイトルを必要としない《宗教》です。その《宗教》の展開するアプローチが宗教のそれであるかどうかは、それを一般化するにはさらに詳細な検証が必要です。しかし、先に見たように、そうした《宗教》の矛先が宗教に向いたとき、《宗教》と宗教とを比較して見ることはより容易となります。日本の宗教的な寛容をはじめ、ここに示唆したものは、コミュニケーションの場で宗教と非常に似通った機能を果たしています。

5　宗教的コミュニケーションが拓く未来

(1) 断片化と特殊化

いくつもの極から成り、またそれぞれの極において機能的分化が展開されている世界社会において、宗教の機能的等価物は、さまざまなかたちで、また多様な領域で働いていると想定されます。それらをもはや宗教と呼びえないと判断することも可能ですが、むしろ、宗教的な要素があることを等閑視することで、事態を見誤ってしまうこともあるかもしれないということは留意されるべきです。

逆に、機能的に分化した社会では、かつて宗教が社会の統合的機能の中心を担っていた時代のように、すべての根本を宗教に求めていくことはできません。異なった領域にあるものは、分化という観点から理解すべきです。近現代の社会は、法、政治、経済、教育、科学など、宗教とは異なった、それぞれが独自の論理と働きをもった領域が存立し、それぞれが自律的に展開しています。

分けて論じます。まず、宗教的な要素の存在についてです。

目下私たちの社会は、たとえば科学技術、医療、地球環境、人間の生命および権利・義務について、社会や政治の問題、難しい法的判断などについて、それぞれの方法でアプローチしています。しかし、そうしたアプローチも、ある時点から宗教的に、場合によっては呪術の形を取ることを余儀なくされる分岐点の存在が、あちらこちらの場面で見て取れます。例を挙げます。

自分の家族や大切な人の治療に対し、医療の粋を尽くした治療のあげく、なおも医師の（技能を超えて）人格に頼り、その人格への全面的信奉を吐露する心境は、治療→延命→終末と進むどの段階で技術合理的判断・確率的選択的判断（確実性）から心情的宗教的判断（神話）へと転換するのでしょうか。さらにそれは、死後を弔う形の選択に、どのようにつながるのでしょうか。[11]

また、現在エコロジー問題とされているものは、かつては局所的な汚染であったものが、公害と呼ばれ、さらには環境破壊、そして地球環境問題として語られるまでその領域を拡大してきました。エコロジーというタイトルのもとで行われる議論は、この地球における、つまりこの世における人間のあり方に関する問い（環境に対する責任主体）、さらに未来の全存在への責任（何十万年も無害化されない放射性廃棄物の排出）、私たちに与えられたものすべてに対する畏敬の念（環境倫理）、つまり神の領域へとつながっています。技術的・物質的・領域的問題が、存在の問題へ、そして宗教的問題へと展開しているのです。[12] どちらも、此岸のコミュニケーションから発し、宗教的な、つまり彼岸のコミュニケーションへと展開していることが見て取れます。

かつてあまりに一辺倒な科学至上主義が「科学信仰」というタイトルによって批判されたとき、

この表現のもとに「科学」と「信仰」との結節が何を意味するか、という議論にはつながらなかったように思われます。しかし、科学信仰の諸帰結を、宗教が呈示する論点と合わせて考えることで、この問題は、科学自身の専一性や教条主義的性格、あるいは原理主義的性格だけでなく、同時に死生観、神秘的な領域について科学の与しうるディスコースとその限界をも含めたアプローチが、なされえたかもしれません。[13] どちらからしても、宗教的な視点の保持の必要性と有効性が確認されるでしょう。

次に、宗教の分化についてです。

たとえば、かつてとどまるところを知らない大量殺戮兵器開発や大規模な環境破壊を見て展開された「科学者の社会的責任[14]」を問う議論は、科学の発展に傾注する専門家にとっては、ある意味で異質な要求です。彼らは、科学とその開発に従事しているのです。ボタン一つで全人類の運命を操れるものに深く関わっているとしても、「責任」に関しては、とくにエキスパートではありません。あるいは政治家のスキャンダル、経済界や金融界でのモラルハザードも同様です。自然を神の領域とし、政治をマツリゴトとし、また市場メカニズムを「神の見えざる手」から説明し、その問題を宗教的な見地から問うていくという議論の方向は、現代のような機能的に分化した社会におけるやり方として、もはや適合的ではありません。

その意味で、宗教はその機能を喪失しています。それでもあえてこれを宗教の問題として論じることは可能ではありますが、そのことによって見えなくなるものがあるでしょう。社会が機能的に分化し、そのなかで問題が生じているならば、（そのようなものがあるかどうかは別として）対応策も分化したそれぞれの機能から考えられるべきでしょう。逆に特化された宗教の機能が、この問題に突き刺さることはできるでしょう。その科学者、その政治家、その経済人の個人の信仰上の決断ないしは信条の問題として、あるいは所属する（宗教）共同体における（教義の）自己理解と規範遵守の問題として。

どの例からも、宗教がかつて占めていた領域に収まることのない問題が自律的に展開し、またその作用を及ぼす位相がより複雑になったことが示されます。すなわち問題は、拡がり・しかし散らばり、かつ宗教は、薄まり・しかし特化されたのです。前者を宗教の断片化と呼び、後者を宗教の特殊化と呼ぶことができます。そして、どちらをも脱宗教化として理解することが可能ですし、その限りでこの断片化と特殊化を脱宗教化の延長としての再宗教化と言うこともできるかもしれません。

すなわちこの変化は、宗教の機能的等価物によってのみなおも遂行されている事態を、再度「宗教の機能喪失」という視点から判断しうるかどうかという議論を導きます。つまり、宗教の機能喪失は声高に叫ばれているが、そこで喪失を指摘された機能は、そもそも宗教のそれであったかどうか（これは同時に、いま宗教の名のもとに行われている出来事が宗教の問題であるのかどうかという問題にもつながります）、あるいはその峻別を経て先鋭化された宗教から、宗教こそがなしうることの展開を見ることができるか、という議論です。これが、宗教の現在を際立たせます。目下、宗教の研究には、この問題にさまざまな角度で切り込んでいくものを確認できます[15]。

(2) 潜勢力《ポテンシャル》

ここで、私たちの社会が具備するに至った多くの文化的獲得物や共有しうる価値を生み出してきた宗教の潜勢力《ポテンシャル》を、確認しておきたいと思います。潜勢力《ポテンシャル》と言ったのは、私たちの社会は、そこから、得がたい、きわめて達成困難な、進化的成果を引き出してきたからです。欧米の著名な大学が、その創設において神学と直接に関わっていたことが、この成果を導いています。すなわち大学は、宗教を学問の言葉をもって読み込む作業を展開してきた過程で、さまざまな獲得物をもたらしてきました。宗教の反省理論たる神学による成果です。「正義」「理性」「責任」「尊厳」など——今日これらを哲学や倫理学が主題化し、法や政治が用い、あるいはエコロジーにおいて論じることが行われていますが——、これらはそもそも宗教の潜勢力《ポテンシャル》において練り上げられ、広められてきた、私たちの社会の獲得物です。より根源的には、宗教の如何を問わず、また信仰の有無にかかわらず、宗教の文脈でこそ主題化されうる、絶対、完全、永遠、彼岸ないし黄泉の世界、無償の愛、罪とその赦し、死と甦り、奇跡、そして何よりも神ないし超越などといったもろもろの表象があります。私たちのコミュニケーションには、そうした諸表象を通してイメージされるフィクショナルな世界《コスモス》が展開しています。もしこのような諸表象がなければ、したがって宗教によって拓かれるコミュニケーションがなければ、私たちが思い描くことのできる世界《コスモス》は、いかに狭く限界づけられたものとなるでしょうか。この豊饒たるフィクショナルな世界《コスモス》が、現世にのみ係留されたコミュニケーションから拓かれることは、けっしてありません。

もっとも、もはやこうした獲得物が、今日の世界社会で絶対的なるものとして統一的ないし一元的にその有効性を発揮しないことは、すでに指摘してきたとおりです。しかしこの指摘は、それだけでは何も示しえません。不可能性を表明するだけです。さらにその表明は、えてして「何ごとか」が占めていた位置を空位にし、任意の埋め込みを行います。たとえば、先に述べたように宗教を否定して、宗教の位置に座り込みます。それは、批判ないし否定を装う是認であり、解放を装う支配です。そして、これが宗教否定という「宗教」であることは、繰り返すまでもありません。これは脱宗教化ではありません。むしろ、反-脱宗教化です。否定する当のものに成り代わる、欺瞞です。

この欺瞞を避ける代替案を提示できないのであれば、とりあえず私たちは宗教の潜勢力《ポテンシャル》に向き合い、そこから「次のもの」を獲得することに傾注すべきでしょう。まずはそれしかありません。

そのうえで確認しておくべきは、この「次のもの」が、複数の極から成る、すなわち統一的に頂点をもたない世界社会では、超越から降ってくることは期待できないということです。また、それが世界社会のこの世的なものから鍛造されることを、前提とすることもできないでしょう。その残余の部分、それが狭義の、そして最も特化された「世界社会の宗教的コミュニケーション」の領域《アリーナ》となります。別のコンテクストに置き換えて表すならば、そこが「超越の内在」を可能にする領域《アリーナ》であると言えるかもしれません。これは、「次のもの」であり、「今のもの」でない、そしてましてや「過去にあったもの」でもない以上、そのものそれ自体を語ることも、もちろん見ることもできません。できることは、せいぜいその領域《アリーナ》におけるコミュニケーションを際立たせることです。すなわち、そのコミュニケーションを妨げるであろうものを取り除くことです。

結びます。脱宗教化という社会の自己理解は、宗教の果たしてきた一つの機能、すなわち、自己以外のものを境界づける、さらには排斥することにより、自身を際立たせるという働きを演じます。すなわち、脱宗教化そのものが宗教です。この脱宗教という宗教、包摂であるという自己確信のもとで遂行される排除、すなわち寛容を標榜して行われる偏狭さ、これらは、自己の保全を目的として他を排除する行為、原理主義的な排他性に立脚しそれを徹底する行為以上に、世界社会における水面下でのコミュニケーション妨害要因となります。批判を通じて、批判の対象が座していた位置に、自己を入れ替えるからです。宗教の問題点を指摘し、自らがその問題点を隠しもっという成り代わりの欺瞞です。

まずもって、その妨害要因を取り除くこと、「脱宗教化」に定位するというのであれば自身を脱宗教化すること、そのことが、翻って宗教を先鋭化します。そこで宗教は、脱宗教化されざるものとして際立たされ、宗教的コミュニケーションとして鈍化されます。否定を通じた残余として表すならば、社会の脱宗教化が——本章で論じた日本の例に見られるように、またそれを越えてさらに一般的に——素朴に叫ばれるなかで、宗教しかなしえないことではないもの、宗教だけがなしうるかたちとは別のかたちを取るものが削ぎ落とされ、そのあとになおも存するもの、それが宗教の領分《テリトリー》を示します。そこに宗教の社会的重要性《レレバンツ》と、社会における宗教の自己進化の現在があるはずです。

注

（1） Toru Hijikata, Das religiöse Verhalten im heutigen Japan, in: Informationes Theologiae Europae 1. Jahrgang 1992, (Frankfurt a.M.: Peter Lang, 1992), 333-338 を参照。

（2）「世界の7割「神を信じる」 日本は無神論者の割合で世界2位 ギャラップ国際調査」、クリスチャントゥデイ（二〇一八年六月一日）<https://www.christiantoday.co.jp/articles/25615/

20180601/religion-prevails-in-the-world-gallup-international.htm>（二〇一九年一一月二五日アクセス確認）

（3） 文化庁『宗教年鑑　平成30年版』。<http://www.bunka.go.jp/tokei_hakusho_shuppan/hakusho_nenjihokokusho/shukyo_nenkan/pdf/h30nenkan.pdf#search＝%27%E6%96%87%E5%8C%96%E5%BA%81%E7%B7%A8%E3%80%8E%E5%AE%97%E6%95%99%E5%B9%B4%E9%91%91%E3%80%8F%27>（二〇一九年一一月二五日アクセス確認）

（4） R・ベラーは、「アメリカの市民宗教」で、アメリカの社会文化に共通する市民宗教（civil religion）という概念を掲げました。ユダヤ教、カトリック、プロテスタントの枠を超えて、広くアメリカ人に共有されているものとされます。Cf. Robert N. Bellah, Civil Religion in America, in: William G. Mclonghlin and Robert N. Bellah (ed.), Religion in America (Boston: Beacon Press, 1968).

（5） たとえば、島田裕巳『日本の新宗教』（KADOKAWA、二〇一七年）、島薗進『新新宗教と宗教ブーム』（岩波書店、一九九二年）、などを参照。

（6） 言うまでもなく、宗教改革から始まり、アウグスブルクの宗教和議、ナントの勅令、三十年戦争、ウェストファリア条約が挙げられます。そして現在でも、このプロテンタントとカトリックとの対立は、一致の方向へ向いているとはいえ存続しています。たとえば二〇一七年、宗教改革五〇〇周年を迎えるにあたり、ルーテル世界連盟とバチカンは、足かけ五年をかけてまとめられた「対決から交わりへ――一致に関するルーテル＝ローマ・カトリック委員会の報告書」という文書を発表しています。From conflict to communion: Lutheran-Catholic Common Commemoration of the Reformation in 2017, Report of the Lutheran-Roman Catholic Commition on Unity (Leibzig: Evangelische Verlagsanstalt / Bonifatius 2013).

この報告書冒頭では、どちらも「相手ではなく、まずもって自らに批判的な眼差しを向けることによって」ルターの命題を受け取り、ヨハネ二十三世教皇の「われわれを結び付けているものは、われわれを分離するものよりも大きい」という言葉を引き、その意義が述べられています。しかし、まだ「ゴール」には達していないことが、報告書冒頭で述べられています。鈴木浩「ルーテル世界連盟とバチカンが宗教改革500周年を前に歴史的文書を公表」<http://www.jelc.or.jp/archive/fromCtoC.html>（二〇一九年一一月二五日アクセス確認）に、同氏による訳と原文英語へのリンクがあります。

(7) M・ヴェーバーの「脱呪術化」ないしは「呪術からの解放」の議論です（本書、序章注(2)とそれに該当する本文も参照）。もっとも宗教は、経験科学の合理主義の増大とともに、合理的なものの領域から非合理的なものの領域へと追い込まれていきます。マックス・ヴェーバー「世界宗教の経済倫理　中間考察――宗教的現世拒否の段階と方向に関する理論」、『宗教

社会学論選』大塚久雄、生松敬三訳（みすず書房、一九七二年）、一四七―一四八頁参照。

（8）宗教をめぐる日本のこのような態様をもって「多神教」とし、それをキリスト教やイスラムのような一神教との対比で、より平和的であるとする素朴な（著名な研究者や言論人による）言明は、あちこちで目にすることができます。ここではその主張の正否云々より、その言明が大方の日本人にとって親和的であるということをここで問題として挙げておきます。本書、第6章注（7）を参照。またたとえば、「日本における動向」として、小原克博『宗教のポリティクス――日本社会と一神教世界の邂逅』（晃洋書房、二〇一〇年）、九〇―九八頁にその一部が整理されています。

（9）この点については、日本の例だけでなく、あらゆる共存の議論が内包する問題です。たとえば、共存のための国家原理である共和国（フランス）理念の排他性について、最近のものとして、原岡蓉子「フランスの移民教育における『多様性』と共和国理念」（『日仏社会学会年報』29、二〇一八年）が挙げられます。また、ここでまず重要なことは、こうした共存に関する議論がこのパラドクスを自覚しているかしていないかの点にあります。Toru Hijikata, Die Logik interreligiösen Dialog nach der Theorie des geschlossenen Systems, in: G. Wegner (Hrsg.), Gott oder die Gesellschaft?: Das Spannungsfeld von Theologie und Soziologie (Religion in der Gesellschaft, Band 32) (Würzburg: Ergon Verlag, 2012), insb. 53-54. 本書、第4章「他の宗教に語りかけることはできるか」2―(1)、一二九―一三四頁を参照。

(10) このことは、当時最も民主的と言われたワイマール憲法を擁していたドイツが、さまざまな状況が付加されたとはいえ、法的にナチズムを生み、その法のもとでナチがあのような暴虐な行為を法的に遂行したことを憶えておく必要があります。当時の法哲学者G・ラートブルフは、ナチ以前は価値相対主義の論者でしたが、ナチ後、自然法論者に変貌します。このことをここでの脈絡に落とし込むと、徹底した寛容は寛容を排除するものに対してまでも寛容に振る舞うこととなり、結果、寛容さは排斥される、ということです。ここで挙げた日本の例は逆に、寛容さを徹底するには、その寛容以外のものを徹頭徹尾排斥しなくてはその貫徹ができない、ということです。要するに、どちらの寛容さも、そのあとに残るのは強靭な排他性ということになります。それでもなお「寛容」を主張するのであれば、この二つとは別の途を考える必要があります。それについては、第4章で扱います。なお、世界社会を統括ないしは包括する「自然法」、すなわち唯一の価値は思念されえないこと、したがって現今の世界状況を見て、それを思念しえないことを前提に議論を組み立てる、というものがここでの前提となります。

(11) たとえば、「最も効果ある治療を確実に」(確実性)、「すべてお任せします」(完全信頼と自己放棄)、「無事に三途の川を渡れるように」(神話)と、定位するもの(科学/呪術)が変化します。また、重病の患者ないし家族が治療費の不払い(踏み倒し)を行う比率は、治療に成功したときのほうが失敗したときより高いということです。これらは理性的な、あるいは経済合理的な判断というよりは、心情的な、あるいは死後の境遇（縁起）に定位した呪術志向的な判断と言えます。土方透「リスク社会における医療――社会学から見た医療リスク」、『安全医学』第2巻1号（日本予防医学リスクマネージメント学会、二〇〇五年）、二九頁を参照。

（12）まさに典型的なものとして、ハンス・ヨナスの『責任という原理』が挙げられます（本書、序章注（20）を参照）。また、エコロジーの議論をめぐっては、カトリックとプロテスタントで異なる、二つのアプローチがあると思われます。前者にあっては、いわば秩序あるコスモスとしての世界が想定されています。すなわち、達成すべき目標《テロス》というものが想定されています。後者にあっては、リスクの議論です。すなわち、つねに漸進的に問題の解決を積み上げていくというプロセスによるエコロジー問題への対応です。この二者のコントラストを先鋭化させて言うならば、前者は神の創った世界の毀損に対する人間の責任を説き、後者は罪人としての人間の贖罪の連続、すなわち常なる悔い改めというように整理できると思われます。この点について、Toru Hijikata und Armin Nassehi (Hrsg.), Riskante Strategien: Beiträge zur Soziologie des Risikos (Opladen: Westdeutscher Verlag, 1997) および土方透、アルミン・ナセヒ編著『リスク――制御のパラドクス』（新泉社、二〇〇二年）に収められた諸論稿を参照のこと。

（13）ドイツの社会学者F・テンブルックによると、基本的にはデュルケームもヴェーバーも、宗教の非合理性を暴き出す脱呪術化の力を科学の内に見ていたと言います。しかし、この「科学と宗教の戦争」に対し、両者はまったく異なった態度で臨むとされます。デュルケームは、宗教を純粋に社会的産物としたうえで、それに一個別問題以上の意義を認めない。対するヴェーバーは、宗教の課題を「世界および自己の意味を理解すること」とし、宗教それ自体に「生の現実の組織的合理化」を見る。したがって、ヴェーバーにとっては、宗教社会学が彼の出発点となるというわけです。こうした差異が形成される背景に、テンブルックは、両者の「科学観」の相違を指摘します。両者とも科学に絶対の信頼をおいているものの、デュルケームは、科学に限界を見ることをせず、現実は合理的に秩序づけられた科学によって合理的に説明可能であるとし、ヴェーバーは、科学の限界とその前提とを指摘したと言います。つまり、デュルケームは、科学を知識人の「宗教」に仕立て上げたという説明です。フリードリッヒ・H・テンブルック「マックス・ヴェーバーの宗教社会学」小林純訳、『聖学院大学総合研究所紀要』第二号（聖学院大学総合研究所、一九九一年）、参照。

（14）一九七〇年代後半から八〇年代にかけて、地球規模のエコロジー問題に先駆けて議論されました。三・一一フクシマ以降、再び議論が活発になっています。最近のものとして、藤垣裕子『科学者の社会的責任』（岩波書店、二〇一八年）を挙げておきます。

（15）序章注（8）—（12）で挙げた一連の研究書のなかにも、そうした流れを見ることができるでしょう。そしてとりわけ、ニクラス・ルーマン『社会の宗教』（法政大学出版局、二〇一六年）をこの視座から読み、知見を得ることが可能でしょう。

文献

Bellah, Robert N., Civil Religion in America, in: William G. Mclonghlin and Robert N. Bellah (eds.), Religion in America (Boston: Beacon Press, 1968)

藤垣裕子『科学者の社会的責任』岩波書店、二〇一八年

Hijikata, Toru, Das religiöse Verhalten im heutigen Japan, in: Informationes Theologiae Europae 1. Jahrgang 1992, (Frankfurt a.M.: Peter Lang, 1992)

Hijikata, Toru und Nassehi, Armin (Hrsg.), Riskante Strategien: Beiträge zur Soziologie des Risikos (Opladen: Westdeutscher Verlag, 1997)

Hijikata, Toru, Die Logik interreligiösen Dialog nach der Theorie des geschlossenen Systems, in: G. Wegner (Hrsg.), Gott oder die Gesellschaft?: Das Spannungsfeld von Theologie und Soziologie (Religion in der Gesellschaft, Band 32) (Würzburg: Ergon Verlag, 2012)

土方透、アルミン・ナセヒ編著『リスク――制御のパラドクス』新泉社、二〇〇二年

土方透「リスク社会における医療——社会学から見た医療リスク」、『安全医学』第2巻1号、日本予防医学リスクマネージメント学会、二〇〇五年

ルーマン、ニクラス『社会の宗教』土方透、森川剛光、渡會知子、畠中茉莉子訳、法政大学出版局、二〇一六年

Lutheran-Roman Catholic Commission on Unity, From Conflict to Communion: Lutheran-Catholic Common Commemoration of the Reformation in 2017: Report of the Lutheran-Roman Catholic Commission on Unity (Leibzig: Evangelische Verlagsanstalt / Bonifatius, 2013)
〔一致に関するルーテル＝ローマ・カトリック委員会『争いから交わりへ——２０１７年に宗教改革を共同で記念するルーテル教会とカトリック教会』ルーテル／ローマ・カトリック共同委員会訳、教文館、二〇一五年〕

小原克博『宗教のポリティクス——日本社会と一神教世界の邂逅』晃洋書房、二〇一〇年

島薗進『新新宗教と宗教ブーム』岩波書店、一九九二年

島田裕巳『日本の新宗教』ＫＡＤＯＫＡＷＡ、二〇一七年

テンブルック、フリードリッヒ・Ｈ「マックス・ヴェーバーの宗教社会学」小林純訳、『聖学院大学総合研究所紀要』第二号、聖学院大学総合研究所、一九九一年

第Ⅱ部　宗教から語る

この世界社会は、いくつもの極が、それぞれそれ自身において自律的であり、かつ、他との相互作用のなかで他律的でもある「多なるものの統一体（unitas multiplex）」である。そのなかで人々は、もはや唯一の原理や主張に、したがって一つの宗教によって秩序づけられる「普遍的統一（unitasuniversalis）」へ定位することはできない。

とはいえ、どの宗教の、またどの文化の構成員《エージェンシー》も、否が応でも何かしらある一つの立場に基づいている。複数の立場を鳥瞰するものも、所詮、その鳥瞰を可能にする一位置に係留されている。この世界社会のなかで、多数性・複数性の自覚のもと一なるものに定位するということ、また逆に一から多ないし他を語るということ、そもそもそこには矛盾がある。しかし、相対性への埋没や諦観に陥るべきではない。問題は、そこから拓かれるものを抽出することである。

第4章 他の宗教に語りかけることはできるか

土方 透

1 序――多数性・相対性を語る虚構

いくつもの極から成る世界社会では、文化や宗教の複数性は当然の前提であり、その意味において、それぞれ諸文化として、諸宗教として、複数形で論じられます。すでに第三章で述べたように、この多数性・相対性という理にかなったかのように見える前提も、次の指摘によって、たちまちそのアポリアが露呈します。すなわち、そうした単一的理解を覆す多数的・相対的視点は、「多数性」ないしは「相対性」という名称をもつ、単一的・絶対的理解ではないか、というアポリアです。これは、さまざまなバリエーションを導きます。

本章では、宗教間の「対話」に焦点を当てて論じていきます。宗教は、その宗教自身の

「神」＝最高位をもっています。それは最高であるがゆえに、唯一絶対です。いかなる宗教も、自分以外の宗教が存在しているということ、そしてそれらがやはり同様に唯一絶対なる表象を信じていること、さらに少なくとも自己の立場だけが正しいという確信を素朴に保持しえないということは、好むと好まざるとにかかわらず、この世界社会において避けて通ることのできない前提です。自らの定位するものが唯一性や絶対性を標榜するものでないとしても、堅固な信仰という形を取らないものであっても、それに定位するという点で、他者から見て事態は変わりません。他者が、自身の定位するものを堅持している限り、「それ以外」はその他者にとって雑音《ノイズ》です。寛容を説く真摯な主張も、頑なな信仰と機能的に等価であることはすでに述べたとおりです（第3章、4—(1)）。

そもそも宗教戦争は、自己の属する正統なる宗教とそれ以外の邪教との戦いでした。相手を従属させ、支配し、あるいは殲滅することが、自己の正統性の完遂でした。唯一絶対なるものが複数あるという様態を相互に前提とする今日の事態、すなわち世界社会における「諸宗教」という事態のもとでは、そのような一方的かつ全面的な単一価値化、あるいは統一的な統合は無理です。可能なのは、せいぜい互いに侵害し合わないこと、それぞれの領域《テリトリー》からはみ出ないことです。

この「諸宗教」という事態にあって、諸宗教の共存はどのように考えられうるのでしょうか。本章では、この問題に対し、一つの提案を行いたいと思います。その提案は、およそ共存に対して行われてきた議論とは、逆方向を示すものです。それに先立ち、まずは諸宗教の共存をめぐって行われてきた議論を見ていきたいと思います。

2　宗教を見る

(1)　諸宗教の対話——対話モデルのアポリアとトリレンマ

二十世紀は、宗教対話について、さまざまな議論がなされた世紀でした。エルンスト・トレルチは、一九〇二年の「キリスト教の絶対」(Troeltsch 1902)において、キリスト教が、絶対であり、唯一であり、決定的、規範的、究極的であることを主張しました。ただし、後のオックスフォードでの講演原稿において、キリスト教がキリスト教徒にとって「絶対」であること、また他の(世界)宗教も、その信者にとっては「絶対」であることを認めるに至ります(1)。それは、何よりも、キリスト教中心主義における非-キリスト教の発見であり、かつまた社会の複雑かつ多様な宗教状況に対する必要不可欠な対応でありました。こうした宗教の複数状況を前にして、その後、さまざまな「対話」を実現しようとする神学が登場します。以下、三つの象徴的なモデルを挙げます。

まず、カトリック教会においては、宗教対話の公的な運動が「宣言」されます。第二バチカン公会議（一九六二―一九六五）として非常にモニュメンタルなもので、そこでは「キリスト教以外の諸宗教に対する教会の態度についての宣言」が採択されます。この流れのなかで、宗教対話に関する議論と、それを支える理論の指導的な役割を担ったのが、カール・ラーナーの「無名の（匿名の）クリスチャン」という考え方です。それによると、神から人間へ向かう関係は、根本的に人間にとって、すべて同じものであり、そこでは、「異教」はキリスト教との出会いを欠いてきた宗教とされます。したがって、キリスト者以外は、無自覚なキリスト者（無名《アノニム》のクリスチャン）、つまり自分がキリスト教徒であることを気づいていない人間として、自覚的なキリスト者へ目覚めさせられるべき存在であるということになります（ラーナー 一九七四：一六五以下。また、高柳 一九九三：一八）。アリストテレスに発し、トマス・アクィナスによって体系化される唯一の頂点をもつキリスト教位階秩序の伝統のなかで、キリスト教徒以外をもすべて包括する体系の呈示です。まさに多宗教の普遍（catholicus）的包括であり統合です。

第二のものは、英国の神学者、ジョン・ヒックが提唱する「多元主義神学」です。ヒックは、「教会以外に救いなし」とするカトリックと、「キリスト教以外に救いなし」とするプロテスタント両者に批判を投げかけ、コペルニクス的転回を説きます。すなわち、「宗教の宇宙は、キリスト教でも、その他の宗教でもなく、神を中心にまわっている」と。宗教は、諸宗教として、太陽である神の光を、それぞれにおいて反射しているにすぎないと言います（たとえば、ヒック 一九九〇、ヒック一九九三：五四ほか）。

第三のものは、アメリカのジョン・カブによる「プロセス神学」と呼ばれるもので、ホワイトヘッドの哲学を継承したものです。彼は、いま述べたこのヒックの立場に比して、自らの立場を「より原理的（根本的）な多元主義（more fundamental pluralism）」と呼びます。ヒックの議論が、宗教の本質なるものを前提とし、その普遍性・一般性から、諸宗教との関係を説明する多元主義であるのに対し、カブのそれは、宗教の「本質」ではなく、「プロセス」に重点をおいています。すなわち、諸宗教は、もともとそれぞれの宗教において、絶対的主張をもっている。相互理解は、複数の視点を相対化することによってのみ可能になる幻想にすぎない。したがって諸宗教にとって重要なことは、「対話」を通じての相互理解ではない。相互に自己変革するというプロセスにこそ、その重要性が認められる、というのです[2]。

そもそも宗教の複数性を認める視点は、もっぱら自らを多数あるなかの一宗教として相対化することで可能となります。しかし、その相対化がもたらすいかなる視点であれ、その視点そのものは、自己のみを絶対とする（各）宗教から見て、異物です。以上のどのモデルであれ、諸宗教を俯瞰して相対化する（超越的立場を取りうる）という意味で自己の絶対性を隠しもつか、あるいは／かつ、自らが相対性を謳う以上、自ら自身が相対化されうるという点で、（それぞれに自己の絶対性に定位する）各宗教からの排他的要求に屈してしまうという、自己破壊的要素をもっています。相対性を謳う自己が、自身の絶対性を隠しもつことを自らに認めることは、自己矛盾です。相対性を掲げるがゆえに、自己が絶対性に屈し、自己アイデンティティを破壊されてしまうというのは、パラドクスにほかなりません。したがって、この三つのモデルは、それぞれのやり方で、この困難を避けています。

第一の議論は、結局、キリスト教を位階秩序《ヒエラルヒー》性の頂点においています。これは他宗教への慢心でなく、神への畏敬の念として説明されますが、その神が頂点であり、他の宗教が下位にあることは揺るぎません。第二の議論は、多元主義神学をどこの宗教にも与せず、どの宗教も排除しないもの多元的なもの、すべてに通約するものとして特権化しています。頂点ではないかもしれませんが、多元主義の名を関する超《スーパー》神学です。先にも述べたように、多元の主張は、自己を維持・存続させるならば、それ自身を絶対とする一元的主張に対しては排他的に、つまり非多元的に、振る舞わざるをえません。第三の議論のもとでは、「対話」を議論のはじめにおきますが、教義と信仰に支えられた帰属意識を伴った宗教のアイデンティティは、プロセスのなかで、どのように、またどこに棚上げされていくのでしょうか。

三者三様のこの困難は、根拠づけの困難さとしてよく引き合いに出されるハンス・アルバートの「ミュンヒハウゼンのトリレンマ」に呼応します。それは、愛馬もろとも沼に落ちたミュンヒハウゼン伯爵（多くの邦訳書では、「ほら吹き男爵」とされています）が、自ら自分の頭髪をつかみ、その沼から脱出するというドイツの寓話に由来するもので、受け入れがたい三つの困難を端的に表しています（アルバート 一九八五：一九―二九）。

a．ある無限遡行を行うこと

根拠を求める際、「根拠」の根拠、「根拠の根拠」の根拠、「根拠の根拠の根拠」の根拠……へと無限に尋ねていかなければならない。

↓実際に無限遡行は不可能であり、根拠の基礎は示されない。

b．根拠を演繹する際に論理的循環論法を行うこと

知識の基礎づけを行う過程で、それ自体基礎づけを必要としていることがすべて知られている言明に、人は訴えざるをえない。

↓循環論法は論理的欠陥をもっており、それによって根拠の基礎が得られることはない。

c．一定の時点で、探求の手続きを中断すること

↓この中断は、原理的に可能であるが、その探求の中断は根拠の効力が、その時点で恣意的に中断されることを意味する。

これは知識の基礎づけに関する議論であり、信仰によって支えられる宗教の議論にそのまま重

ね合わせることはできませんが、そこにはある類似性が認められます。すなわち、ラーナーのいう「大いなるもの」は、手続きの中断ないしは判断中止を逆方向に働かせることによる前提を用いたもの、すなわち「ドグマへの訴えかけ[3]」ではないか。ヒックの多元主義は、それ自体が、多元↓単一↓多元↓単一として働くことから、循環に陥らざるをえないのではないか。そしてカブは、対話という無限のプロセスによる無限の進展を前提としていないか、というものです。つまり、このいずれもが、知識の基礎づけと同様、避けがたい原理的な困難のうちにあると言えます。

(2) 諸宗教(複数形の宗教)を主題にするということ

宗教と宗教

ここで出発点に戻り、宗教間の対話とその可能性を問うために「宗教間」ということを論じていきたいと思います。まず、「宗教間」ということで問題を立てる場合、いかなるやり方で「宗教と宗教」を論じているか、それは、ある「宗教それ自体」および/ないしもう一つの「宗教それ自体」を論じているのかどうか、という点を押さえておく必要があります。結論を先取りすれば、問われうるのは、「宗教と宗教」ではなく、「宗教と宗教」であるということです。

次のことが重要です。すなわち、この「と」は、どちらの宗教からしても、原理的には見ることができません[4]。単純化して言えば、自分は自己と他者が並んで立っている姿を、そのものとして（鏡像はともかく実物は）見ることはできません。この「と」が見えるのは、双方を鳥瞰する位置からのみです。この視座は、「宗教と宗教」というテーマについての議論を行う何ものかが、両者（両宗教）を比較対照しうる位置に立つことで、初めて獲得されます。こうした位置からの観察は、複数の宗教を論じる、学問、政治、あるいは市井の社会的コミュニケーションが行いうるでしょう。それらはいずれも、諸宗教に対する（宗教以外の）第三項からのアクセスです。

第三項からの観察

したがって、自らがある宗教に属しながら、他の宗教との関係について語ることがあたかも可能であるかのような判断がなされた場合、そこには第三項が隠されています。それは、どちらの宗教にも属していません。付け加えるならば、宗教以外のものに定位して宗教ないし諸宗教、さらには宗教間を主題化する場合、それはもはや宗教の議論ではありません。たとえば、人権という視点から諸宗教を論じるのであれば、諸宗教は人権を論じるあらゆるディスコースからなる論理体系のもとに組み入れられることとなり、人権という観点から見て適合的／非適合的、利用可能／不可能、さらには良い／悪い宗教として評価が行われることとなります。その場合、諸宗教は人権の軍門に下ります。あるいは人権の支配下におかれます。人権にかなった宗教／人権に背く宗教、そしてそこから適切な宗教／不適切な宗教（すなわち邪教）という区別が導かれます。

こうした第三項に定位した議論が、宗教そのものと原理的に相容れないことは明らかでしょう。すなわち、それは「第三項‐教」という、新たな宗教のもとに配置されてしまうことを意味するからです。人権でいえば、「人権‐教」という上位宗教のもとに、諸宗教が配置されます。したがってこの類いの議論は、宗教を論じるという作業を、宗教と何ら関係のない次元で行っていることがわかります。テーマは宗教かもしれませんが、それは宗教の議論ではありません。

自己特権化のパラドクス

先にミュンヒハウゼンのトリレンマを用い、知識の根拠づけをめぐるアポリアと同様の問題が、宗教対話の諸理論に内在することを確認しました。また、いま見たように、諸宗教ないしは宗教と宗教の間というものの主題化そのものが、第三項からの観察であることを確認しました。では一つの宗教は、その宗教固有の作動のなかで、いかにして他宗教について語りうる立場を取ることができるのでしょうか。

信者にとって、自身の信仰を相対化することは不可能です。このことからすれば、宗教は、それ自体として、そもそも他の宗教との比較に供されえません。(5) 宗教は、別の宗教のコンテクストに置き換えることのできない、つまり他には共約不可能な信仰を共にする信者集団により、その固有のゼマンティク（使用され、培われてきた意味の集積とその体系）を維持・再生産していきます。それは、宗教内部の複雑な構成（教義《ドグマティク》の彫琢、教会組織など）を用いて、そうした宗教以外のものとの接触ないし連携を通し、自らにおいて予測し、さらにその予測を新たに予測するといった仕方で、自己展開していきます。そのなかで、その宗教における真理のこの世における具現の解釈に伴う誤りとその修正を連続させていきます。こうして、宗教それ自身は進化していきます。

したがって、その宗教にとっては、その宗教以外の宗教は、（それをどのような名で呼ぶかは別にして）本来的に存在しません。つまり「宗教」という言葉は、その宗教を指し示す限りで可能であることになります。当然この議論は、自己以外を宗教として認めないという閉鎖性に、ひいては原理主義へつながります。このことは、宗教内在的には、けっして避けることができないものです。であるならば、この脈絡で言う閉鎖的な原理主義――すなわち自身の宗教にのみ定位して議論を展開すること――は、問題の解決にあたって遺棄されるべきではなく、むしろその問題の解決に向かう出発点に据えられて然るべきものです。逆は、ありえません。

3　キリスト教からの展開――パラドクスの突破

したがって、ここからは一つの宗教に定位します。すなわち、キリスト教に限定した閉鎖的な議論を進めたいと思います。その限定からいかに議論を開いていくか、むしろその限定ゆえに拓くことのできる道筋を示していきます。ここではまず、その原理主義的な性格から他宗教に対して排他的ともされる、K・バルトの神学に定位して論じます。

(1) 有限と無限

「もし人間がこの泥沼から救い出されるとしたら、それは他者からのばされた手が、われわれの頭髪をつかんで引き上げるという可能性以外にない。人間の不可能性の極限で、向こうからもたらされている可能性である」。バルトは先のトリレンマの言及に際しても用いられていた、このミュンヒハウゼンの話を引き、「不可能性の可能性」を、神学の扱うべき問題としています（バルト 一九六八b：二四六）。これは、まさに有限と無限の問題であり、有限なるものと無限なるものとの接点の不可能性の可能性の問題です。

「宗教と宗教」という対置図式は、当該の宗教にとって、まずもって観察不能なものでした。それを観察可能にする超越的立場・特権的立場に、いずれかの宗教が到達することはなく、この「と」をあたかも観察可能としたとき、人は先に挙げたように、たとえば宗教的に、また政治的に、問題あるかたちで振る舞うことになります。有名な改革派教会のテーゼ「有限は無限を容れえず（finitum infiniti non capax est）」は、ここから理解されるべきでしょう。「有限と無限」という「と」を可能にする視点、両者を比較する視点は、人間の側には存在しえません。

ここではキリスト教の、とくに一つの、それも最も中心的な特徴に絞って論じていきます。それは、キリストが人の子であると同時に神の子であるという出発点です。それは、およそ信じがたいことであり、そしてそれを根幹にこの宗教は、その名称に「キリスト」の名を冠しています。

キリスト教において、有限なるものと無限なるものの接点は、「イエス・キリスト」そのものです。人の子であり神の子であるキリストの降誕と復活にこそ、この「接点」がいかんなく象徴されています。「時間と永遠、人間の義と神の義、此岸と彼岸は、イエスによって明確に分け隔てられている」（バルト 一九六七：一三四）のです。それは、イエス・キリストという具体的な出来事によるものです。すなわち、「われわれキリスト者は、もろもろの神秘主義のように、力としてわれわれの上に立ち・われわれを支配している・何か定義しがたい、そして結局は知られない、神秘的ななにものかのことを考えているのではなくて、この具体的な姿を、人間イエス・キリストのことを考えている」（バルト 一九六八a：一〇九）とされます。

このように、バルト神学は、徹底したキリスト中心主義、啓示中心主義です。神の啓示である「キリストの出来事」だけが、神と人間との、無限と有限との接点として、すべてを開く鍵となっています。この接点は、イエス・キリストにおいて観察されるのではなく、イエス・キリストにおいて可能になります。つまり、これは結果としての接点、観察される接点ではなく、すべての原点であり、すべての始点ということを意味します。

この啓示がすべての原点であり、すべての始点である以上、キリスト教も含め、あらゆる宗教は「不信仰としての宗教（Religion als Unglaube）[6]」とされ、神の啓示によって止揚されるべきものとされます。なぜなら、「宗教」は、人間の視点から神を論じるものだからです。向かうベクトルの方向が逆なのです。このようなことから、バルトにおいてはキリスト教の絶対性は存在しません。ただ、神の啓示であるところのイエス・キリストの絶対性のみが言われることとなります。「イエス・キリストの存在は、一人一人の人間の存在に対する主権的な決断である……この決断は、人間の運命というようなものとは、無関係である。すなわち、局外的・中立的・客観的な人間規定とは、無関係である。……この一人一人の人間の存在に対する決断は、人間イエス・キリストの存在の中にある。イエスが存在すること、存在したこと、存在するであろうこと、によって、そのような主権的決断が、すべての人間にたいしてなされている」（バルト 一九六八a：一〇八―一〇九）というのです。

ここで、「すべて」とは誰を指すでしょうか。聖書から引きましょう。「そこにはなんらの差別もない。すなわち、すべての人は罪を犯したため、神の栄光を受けられなくなっており、彼らは、価なしに、神の恵みにより、キリスト・イエスによるあがないによって義とされる」（ローマ人への手紙三章二二―二四節、口語訳）。ただし、この二二節前段には、次のようにあります。「それはイエス・キリストを信じる信仰の神の義であって、すべて信じる人に与えられるのである」と。さらに、「それとも、神はユダヤ人だけの神であろうか。また、異邦人の神であるのではないか。確かに、異邦人の神でもある。まことに、神は唯一であって、割礼のある者を信仰によって義とし、また、無割礼の者をも信仰のゆえに義とされるのである」(同、二九―三〇節)。

またバルトは、次のように言っています。

「私は、ここでついでながら、この数週間来私に向かって何度か語られた一つの質問にも答えておきたいと思う。それは『この講義には、キリスト者でない人も大勢出席しているのを、御存知ないのですか』という質問である。この質問を聞いたとき、いつも私は笑って、『一向に構いません』と答えて来た。キリスト者の信仰が、人間を他の人々から区別し分離しようとするのは、恐るべきことであろう。キリスト教の信仰が、人間を結びつけうる最も強力な動機《モチーフ》であることは、言うまでもないからである」と(バルト一九六八a：一一五)。

(2) 不可能なるものの可能性

ここから、次の二点が導かれます。まず、このバルトの神学は、排他的ですらないということです。すべてをイエス・キリストに因っている以上、それ以外に準拠することそのものが不可能とされ、したがって排他の対象からこぼれ落ちてしまいます。より正確に言えば、そもそも排他そのものが不可能なのです。また、啓示としてのイエス・キリストである以上、人間の視点からそれについて論評することは不可能であり、したがって、人間からの視点というスタンスそのものが破棄されることとなります。前述したように、多元性の主張から、これをキリスト教の傲慢と理解することも、また唯一性の主張から、これをキリスト教の優越性と理解することも、どちらも同様な理由で、いわば無効と言えるでしょう。多元性の指摘のもつパラドクス、および隠された第三項を持ち出す自己特権化のパラドクス、これらからなされる判定は、このバルトの議論を俎上に載せる権限を有していないように思われます。つまり、バルトがそれを議論するために用意したいくつかの前提に到達していないと思われます。

このことを先ほどから議論している、宗教と宗教との間に関する議論に重ねた場合、次のことが即座に理解されます。すなわち、まず――これは繰り返しになりますが――、異なった宗教を論じる場合、ある宗教と他の宗教とを観察することは不可能である、ということ。この「と」を観察する立場は、どちらの宗教にも存在しません。いま述べたキリスト教の例で言えば、キリスト教徒とそれ以外とを論じうる立場は、キリスト教には本来的に存在しません。有限と無限を語ることもできません。もしできるとすれば、人間は「有限」と「無限」の両者を鳥瞰する第三の位置に座することになります。それは、神自身および神の作業とその結果をも観察する視座、まさに「超神《スーパー》」の視座です。人間の視点は、そうではなくて、有限と無限との間に生じた出来事によって可能にされるのであり、人間の視点がこの出来事を観察するのではありません。ミュンヒハウゼンの寓話が示す、不可能なるものの可能性に関する超越からの働きかけが、それを可能にします。

その意味でキリストは、差異を始動させる区別点であり、盲点です。人間は、盲点それ自身を見ることができず、かつ（それが視神経が束ねられて結節されていることから）盲点を欠いては、何も見ることができません。人は、キリストを語ることはできず、キリストをもってすべてを語ることができます。あるいは、梃の支点、アルキメデスの（支）点です。その支点があって初めて、人はいかなるものをも動かすことができます。つまり、キリストはその存在において問われるものではありません。そうではなく、キリストは、差異を差異としてあらしめる原的点であり、および区別の起点です。人の子として、神の子として、この世に顕現したこと、そのことがすべての差異を起動させます。紀元前／紀元後という歴史の基点がその一例でしょう。基点を与えられ、私たちは、それ以前／それ以降、という尺度をもつことができます。聖書において示され、そして展開を見るさまざまな二分法の展開、光と闇、天と地、存在と非存在、有と無、可能性と現実性、平等性と相違性、同一性と差異性等など、その端緒は、このイエス・キリストという点に先鋭化されたかたちで表されています。

（3） 区別の展開

では、以上の述べてきた理解から、何が導かれるでしょうか。世界社会の宗教的コミュニケーションということを考えたとき、ここから何を言えるでしょうか。

まず、神は無限であり、人間は有限です。そこにおいて、無限／有限-差異は、神／人-差異ではありません。神は、この差異を差異として観察するのではなく、この差異を一つの統一として観察します。なぜなら神の観察はすべてを含むからです。それに対し人間の観察は、この差異の片側（有限）に定位して行われます。したがって、無限なるものそのものを観察することはできず、観察できるのはあくまでも有限の側から見た無限です。つまり、無限／有限-差異は、その差異を統一として観察できる神、つまりあらゆる差異の統一を観察できる神と、観察できない人間という、神／人-差異とパラレルです。神においては、無限／有限-差異は統一であり、この統一において区別する（差異を与える）ことが可能です。すなわち、区別の両面が統一として扱われ、それが区別されます。

キリスト教のディスコースで言えば、神における区別の統一の区別は、神の自己啓示です。それは、父・子・聖霊という三位一体の神の言葉の受肉（成就・具体化）として、イエス・キリストにおいて表されます。[7] すなわち、神は、イエス・キリストにおいて人間という肉に向かいます。したがって、イエス・キリストから始まります。それ以外の出発はありえません。キリスト以前とキリスト以後、紀元前と紀元後しかありえず、そうではない第三の尺度は存在しないように、その出発は、あらゆる区別の出発であり、したがって区別の統一の出発です。生と死の区別は、統一をもって復活と区別されるように、神と人、無限と有限、超越と内在は区別され、統一として、さらに区別されます。すなわち、神の子であり人の子であるイエス・キリストの降誕と十字架上の死、そして復活、この出来事は、神の子がこの世（有限界）に現れ、さらし者にされ、無限（超越）と有限（内在）の差異（つまり両者の接点）を十字架上で表し、その差異を止揚したということになります。不可能性の可能性が、観察不可能なものの観察というかたちで、すなわち有限（内在）における無限（超越）の出現というかたちで、つまりイエス・キリストにおいて突破されるのです(8)。

これが、キリストを「点」として理解することによって得られる一つの道筋です。システムという語を用いて説明するならば、あるシステムのなかに差異が内蔵され、さらに差異が統一として、そのシステムの内部において処理され、さらに差異関係におかれていく、システムの内部作動の議論です。問題は、神の統一ではなく、神の区別です。こうした神は、偶発《コンティンジェンツ》性定式と表現されます(9)。

諸宗教（唯一絶対を標榜する宗教の併存）というパラドキシカルな事態を、宗教と宗教ないしは多くの宗教という視点で問おうとするならば、それはさまざまな困難に突き当たります。バルトに端緒を得てここに示した理解は、問題へのそれとは異なったアプローチを導くものではないでしょうか。それは、宗教を問うことではなく（そのようにすると問題が繰り返されます）、宗教から問う、それも徹底して一つの宗教に定位して問うことによって、自身の原理主義的な閉鎖性を自ら開いていく途を示唆するものではないでしょうか。議論をさらに続けます。

(4) すべての民の喜び

世界宗教は、特定の民族のみを対象とする民族宗教（ユダヤ教、神道など）と異なり、すべての人間を対象にします。その唯一性ゆえに、すべての人間がその宗教に属することを、基本的には旨としています。世界社会という、そもそも異なった別の極の存在を前提とする社会にあって、この「すべて」は、どのようにして示されうるでしょうか。この点を、クリスマスを例に考えていきます。

キリスト教では、毎年、世界中でクリスマスが祝われます。これは聖書において「すべての民」「全体に与えられる喜び」とされています。しかし、イエス・キリストが生まれたのは二千年も前の、しかもベツレヘムという、いうなれば僻地です。そこでの出来事を、時間と空間を超えて、しかも毎年祝うということは、どのようなことなのでしょうか。

まず、空間的広がりです。世界社会という文脈で言えば、「すべて」ないし「全体」とは、人種、国籍、そして宗教の違いすら超えたすべての人ということになります。当然、キリスト教を信じる者という限定もありません。そもそもクリスマスという出来事は、キリストの誕生を祝っているのですから、その段階でキリスト教徒はまだ存在していません。

さらに時間的な広がりを考えると、この「すべて」ないし「全体」は、キリストと同時代の人のみを指しているわけではありません。クリスマスは、それ以降の人にも、そして現在ここに生きている人たちにも、さらに未来において生きる人たちにとっても、祝われるべき出来事としてイメージされています。そうすることで初めて、「すべて」と言えます。

しかし、ヒロシマ・ナガサキはもとより、三・一一の記憶すら風化が進んでいることが嘆かれている今日、当時クリスマスがいかに印象の強いものであったとしても、それが今も祝われる理由にはなりえません。つまり、それは過去に生じた歴史上の出来事として理解されているわけではない、ということが推測されます。

クリスマスは、この世に人の子として生まれたイエスが十字架にかけられ復活するという「事実」の起点です。クリスマスは、この「事実」が、人において生じうるということを示すものです。逆から（人の側から）言えば、クリスマスは、キリストによって示されるこうした一連の事実が、人において理解されることを可能にする、基点となる日を意味します。つまり、クリスマスは過去の出来事ではありません。それぞれの人に分け隔てなく、つねに・いま・ここに・示される事実です。そこから出発するならば、神を信じる／信じない、降誕と復活を信じる／信じない、は後から生じた議論です。

「すべて」ないし「全体」において祝われるクリスマスというものは、ここにあらゆる民に対する可能性を開示する出来事として理解されます。つまり、この「すべて」「全体」は、キリスト教の覇権主義や拡張主義を表すものとはなりません。そして、すべての人に単に門戸を開く、すなわち寛大に振る舞うといったこと以上のものであることが導かれます。これを理解するのであれば、クリスマスをすべての人の喜びとするキリスト教が、世界社会の宗教的コミュニケーションへと自らを拓いていく途を、自身の唯一性の内に有していることが見て取れます。

(5) 利他と超越

基本的に宗教は、絶対なるものに対する徹底的な志向、完全なるものに対する絶対的な信仰をもって成り立っています。しかし、人間は不完全であり、相対的なものです。この不完全で相対的な人間が、いかにして神の完全性および絶対性を確信できるのでしょうか。一つの回答は、神の完全さは、人間の不完全さをも包み込むほど完全である、それほどに神は偉大なり、というものです。

では、仮にそうであるとして、その完全さを不完全な人間はどのようにして認識しうるのでしょうか。それは、うまく説明できないのではないでしょうか。デカルトの「神の存在証明」は、人間は不完全である。ゆえにその対極に完全なるものの存在がある。それが神である。として、神を論じています。これは神の完全性の認識ではありません。自分の対極の存在という存在者の位置をもって、存在者の存在を可能とするやり方です。存在者の内容は説明されません。神／人差異が、不完全な人間から完全な神への説き及びを可能にしています。（この点は、終章注（6）を参照）。

ここで、キリスト教におけるイエスの位置に注目します。イエス・キリストは神の子であり、人間の子でした。神と人間の区別を、そのどちらか一方からのみ見るのではなく、どちらの視点からも見ることができ、そして神としても人としても見られることができる存在者です。その意味で、完全さと不完全さとの双方をもち合わせています。神という完全さから言えば、命が断たれるなどということはありえません。神は永遠の相に属するからです。しかし、人の子であるがゆえに、十字架上で絶命しました。そして復活します。死がなければ復活の意味はありません。つまり、神を形容する言葉として「復活」はふさわしくありません。「神が復活」したとは言わないでしょう。人の子だからこそ、復活に意味があります。復活は、有限な存在、つまり不完全で相対的な存在である人間にこそ適合する言葉です。

ここには、パラドクスはありません。神と人間との区別がイエスにおいては、区別の問題として生じえないからです。イエスは、完全／不完全の区別を超えた区別の統一としての存在です。それは、区別の両翼に対しての第三項という意味合いではなく、この区別がイエス・キリストにおいて棄却《アウフヘーベン》されています。人の子でも神の子でもないのではなく、人の子であり神の子であるのです。イエスは、完全であり、不完全でありました。「信じることによって救われる」と説き、十字架上で絶命する直前に、「なぜ」の言葉を天に投げかけます。神の子であり人の子であるからです。

いま述べたことは、この節の冒頭で提起した「不完全なる人間による完全なる神の認識」という問題について、何らかの新たなパースペクティブを開くといったものではありません。キリストが区別の上位にあるのではないかという、先に指摘した点を繰り返しただけです。そこで二つ目のポイントに移ります。

この問題は、結論を先取りすれば、イエスがすべてを知りうる存在として十字架にかかったという自己犠牲の出来事おいて、解消されると考えられます。キリストが、神でも人間でもありうる超存在として人間に君臨するだけであれば、先に述べた人間の不完全さをも包括する上位の存在という説明と何も変わるところはありません。しかし、イエスは、何か超越的な価値について、崇高な理念について、いわば上から目線で述べたのではなく、むしろ、最も逆に、つまり最も人間に近いところで、しかも根本的なかたちで、すなわち自らの命を差し出すという行為をもって示しました。それが根本的だというのは、私たち人間は、未来のことは何ひとつ知りえないにもかかわらず、必ずや死ぬことを確信しており、かつそこから逃れることはできないからです。

この世における死と、その後の復活という出来事は、神の子であるイエスが、神の子であるがゆえの完全性を捨て、人の子としての不完全性を示すことによってのみ、人間に示されます。それ以外に方法はありません。神が死を迎えることはありません。人の復活は、神の導きなしには起こりえないでしょう。だから、神の子であり、人の子であるイエス・キリストという存在なくしては、復活がそのようなものとして示されることはないのです。

キリストが人間としての肉体をもつことで、わたしたちに死と復活を示した。この受肉化＝具体化（embody）が、有限と無限、不完全と完全とを、上からではなく、人間の目の高さで示したというパースペクティブがここで導かれます。

したがって、ここには単なる絶対性の標榜や、すべてを包括するという視点はありません。また一切の隠された視点や立ち位置も存在しません。己をどこかに隠しもつのではなく、己自身を差し出す、ただそうした行為だけが示されています。その行為は、最も高くかつ最も低く、彼岸的かつ此岸的、つまりあの世的でありかつこの世的であります。このキリストの行為と出来事は、不完全な人間が、完全なるものに具体的に触れる、その可能性を開くものです。

ここから導かれる答えは一つです。超越との出会いを可能にする唯一の道は、ただ神を賛える言葉を述べるというようなものではないということ、そうではなく利他に働く、このことこそがそれを可能にするというキリスト教からの解答です。この道とその行く先は、すべての人に開かれています。その道に入るには、何ら制約もありません。そのことから排除されるものは、それこそ他の宗教であれ何であれ、まさにこの原理からして、存在しえません。

以上のことが示すのは、キリスト教が利他を導くということではなく、利他的であることがキリストの示すものに与る道を拓くということです。だとすると、少なくともキリスト教の文脈からすれば、世界社会という領域《アリーナ》における宗教的コミュニケーションを考えた場合、利他的でないものは、そのコミュニケーションの空間から退場すべきではないでしょうか。なぜなら、利他的でないものは、自身を超越として偽装するしかないからです。

4 結——宗教から語る

世界社会においては、もはや宇宙論的ヒエラルヒーの頂点たる神の樹（arbor divinalis）を前提としえない以上、あるものに定位することは、そのこと自体、別のものに定位する可能性を際立たせます。それが世界社会です。以上の議論は、従来の自己が頂点に定位することを巧みに隠しもつ理論（相対的絶対主義・寛容的排他主義）とは異なり、徹底的な自己反省と自己の差異化を展開します。その展開のなかで、排他する自己を排他し、区別する自己を区別します。自己以外のもの（他の宗教）との接点は、自己内部の所作においてのみ処理されます。こうした宗教の自己反省と自己差異化の無限累進を通して、宗教は自らの潜勢力《ポテンシャル》すなわち包摂力《キャパシティ》と自身の含蓄を高めていきます[10]。

　どの宗教も、こうした自己の記述と再定式化を、自ら展開してみることはできるのではないでしょうか。すなわち、自己の唯一性の根拠を、自己差異化の運動のなかに備えるのです。たとえば、もしキリスト教において、こうした自己展開がさらにラディカルに自覚されるならば、存在の類比（analogia entis）は関係の類比（analogia relationis）へ、存在の連鎖は関係の連鎖へ転換させられるかもしれません。「普遍的統一（unitas universalis）」は、「多からなる統一（unitas multiplex）」の自己展開へと転換させられるのではないでしょうか。一極の頂点に向かうのではなく、分化しゆく統一体であるような構造体としての宗教です。諸関係の関係化（relatio relationis）が、こうした自己言及の無限累進を可能にし、したがって、自己進化し、普遍性をさらに獲得していきます。その過程で、新たな融合、併存、混交、折衷が創発されるかもしれません。新しい教義が展開されるかもしれません。それは、自己の絶対性ゆえに、したがってその排他性ゆえに、そうなるのです。その意味で、もはや正統なるものは、かつてのように、絶対性や唯一性ではありえません。あるいは、それゆえここで批判的に検討したように、相対性や多元性でもありません。あくまでも自己に定位することです。そして他者を自己において処理することであり、自己以外を自己の内部にもつことです。

　以上のように、どの宗教も、自身の位置するところを隠し、自他を共に鳥瞰する位置に立つという自己特権化から生じるパラドクスを自覚し、異なるものを自らの内側で主題化していくのであれば、それは、おそらく他のいかなる包括的な主張や多元的な主張よりも、他に対するよりコミュニケーティブな関係化を拓くのではないでしょうか。それは、従来「寛容」とされてきたものをよりラディカルに展開することとなるでしょう。

　ここで結びましょう。以上をもって示したかったことは、他宗教へ語りかける可能性というものが、いかなる多元性や相対性の議論、そして従来の寛容さの議論から導かれるものではないということです。そして同時に、多元性、相対性、はたまた寛容さの議論は、他宗教への語りかけということからすると、むしろまったく逆の方向に作用しているということです。それゆえ、転換が必要です。それは、宗教を語るという視座を逆転させ、それぞれがその宗教の主体《エージェンシー》として、すなわちそこに定位し、そこでコミュニケートするために、このように宗教から語る視座、その視座の提案です。本章では、以上のことをキリスト教から導き出してみました。

注

※本章は、土方透「閉鎖系システムの理論による宗教対話の論理」、土方透編著『宗教システム／政治システム――正統性のパラドクス』（新泉社、二〇〇四年）、およびそれを発展させたドイツ語版 Toru Hijikata, Die Logik interreligösen Dialog nach der Theorie des geschlossenen Systems, in: G. Wegner (Hrsg.), Gott oder die Gesellschaft?: Das Spannungsfeld von Theologie und Soziologie (Religion in der Gesellschaft, Band 32) (Würzburg: Ergon Verlag, 2012) をもとに、その後の学問的展開を反映し、本書のテーマに即して加筆・修正したものです。

（1） トレルチ『キリスト教の絶対性と宗教史（Die Absolutheit des Christentums und die Religionsgeschichte）』および一九二三年の「世界宗教におけるキリスト教の位置（The Place of Christianity Among the World Religions）」を参照。以下、一連の宗教対話に関する諸説をめぐる詳細な検討として、古屋安雄『宗教の神学――その形成と課題』（ヨルダン社、一九八七年）、岸根敏幸『宗教多元主義とは何か――宗教理解への探求』（晃洋書房、二〇〇一年）などがあります。一般的には、本稿で扱うバルトの神学をもって、排他主義の雄とし、そこを出発点に宗教の多元性ないし宗教対話への途へと展開させていくのが、常道でしょう。しかし、本稿は、それらの通常の理解とは逆のベクトルを取ります。

（2）ゆえに、主著の表題は『対話を超えて』とされています。「対話を超えて横たわっているものは、相互変革の志である」（カブ 一九八五：九七）ということです。

（3）「それにもかかわらず、ある確信や命題が、それ自身、基礎づけられる必要はないが、他のすべてのものを基礎づける際に協働するものであり、確かなものであると申し立てられているのである、そうしたものを確実に真理である、したがって基礎づけを必要としない主張、すなわちドグマと呼ぶならば、［第三の基礎づけは］……ドグマへの訴えかけによる基礎づけであることが明らかになる」（アルバート 一九八五：二一〇―二一一）。

（4）もっとも、宗教と宗教との関係点、すなわち「と」は、当該のいずれの宗教からも観察できないというのは、「一次的」な観察です。この観察を観察する「二次的な（セカンド・オーダーの）観察」というものが、ここで考えられます。「宗教が行っている観察」の観察です。ここでは、簡単に触れるにとどめておきます。

宗教はそれ自体、何らかの観察を行っています。その宗教を取り巻くさまざまな社会的事象に対し、その宗教として認知し、その宗教の基準に照らし合わせ、そのコンテクストで再構成し、場合によってはその内容を発信します。そのとき、そうした宗教の作動の対象となったものが、他の宗教であった場合も同様です。そのようなやりとり（コミュニケーション）のなかで、宗教は自己自身を展開していきます。その展開過程は、宗教そのものの経験であり、またその蓄積は宗教の歴史の一部です。したがって宗教は、そうした他宗教に対する自己自身のやりとりを反省的に主題化できます。そのとき、その宗教は、他の宗教との間の関係点、すなわち「と」を観察することができます。その場合は、自ら両宗教のコミュニケーションを観察する位置に立ちますが、それ自身が行うコミュニケーションは、その宗教自身のもつ独自の構造と論理において、いうなれば自己制約のもとで展開されます。つまり、その宗教側のバイアスのもとで描写しうるものの内にとどまり、その宗教を超えて出ることはありません。宗教は、他宗教も含め、自己自身以外に対しては認知的に開いていますが、規範的に、すなわち教義的には閉じています。この点については、土方（二〇〇七）、一一四―一一五頁を参照。

（5）この指摘は、すでに何度か行ってきましたが、ここであらためて、「いずれにせよ文化を比較する際には、……比較の観点を中立的に選択しなくてはならず、それを比較されるもう一方の宗教に合わせて調整するということをしてはならない。そうしなければ、他の宗教が概念の本来の意味や最高の意味で宗教とみなされることは、まったくなくなる」というルーマンの指摘を挙げておきます（ルーマン 二〇一六：三五三参照）。

（6）「不信仰としての宗教（Religion als Unglaube）」とは、カール・バルト『教会教義学』第一巻第二分冊第一七節の表題です。宗教は神を知らない不敬虔な人間のなすべき業、とされています。

（7）ルーマンは、この「自己啓示」という概念を「進化上の獲得物」とし、その「歴史的爆発力」を指摘します。そして、「啓示のための特別の概念は、それゆえに神による発意と自己論理的契機を含んでいる限りにおいてのみ意味をもつ」と言っています（ルーマン二〇一六：一八九参照）。

（8）このことは、超越／内在-コードによって、より先鋭化されたかたちで説明されます。ルーマンの「神の区別」と題された論文においては、「ナザレのイエスの生涯の描写は、……このコードの基準にしたがう規範的な生涯――つまり父／子-メタファーから処女からの誕生に至るまで、また三位一体に至るまで、受肉の考えから復活まで――として、社会学的に読み取ることができるであろう」とされます（ルーマン一九九四：四六）。さらにより神学的には、オーバードルファーが論じる「偶発性定式（Kontingenzformel）としての神」の議論から、さまざまなことが読み取れます。ベルント・オーバードルファー『「愛の神はすべてを見通す」――その神をわれわれは傍らで眺める」（土方二〇〇四）を参照。

（9）ニクラス・ルーマンの定式化。ルーマン（二〇一六）第四章で、集中的に論じられています。この定式化のもと、厳密な一神教は、偶発性定式を固定化する「大胆さ」（一七五頁）をもつものとされ、多神教は「たやすく、神々を他の神々との差異で規定し、さらなる問いを排除する傾向に陥りやすい」（一七四頁）とされます。

（10）従来の、いうなれば静的な定式化に対して、以上の考察が示唆するものは、自己進化的な動的定式化の提案です。この点については、法の教義学としての属性を題材に同様の再定式化を行ってみました（土方二〇〇七、Hijikata 2013 を参照）。

文献

アルバート、ハンス『批判的理性論考』萩原能久訳、御茶の水書房、一九八五年
バルト、カール『教会教義学』（第一巻第二分冊）、吉永正義訳、『神の言葉Ⅱ―2（神の啓示 下）』新教出版社、一九九六年、第2版
バルト、カール『ローマ書』吉村善夫訳、『カール・バルト著作集14』第2版、新教出版社、一九六七年
バルト、カール（a）『教義学要綱』井上良雄、加藤常昭訳、『カール・バルト著作集10』新教出版社、一九六八年
バルト、カール（b）『福音主義神学入門』（第五講）、加藤常昭訳、『カール・バルト著作集10』新教出版社、一九六八年
古屋安雄『宗教の神学――その形成と課題』ヨルダン社、一九八五年
カブ・Jr.、ジョン・B『対話を超えて――キリスト教と仏教の相互変革の展望』延原時行訳、行路社、

一九八五年

ヒック、J『宗教多元主義——宗教理解のパラダイム変換』間瀬啓允訳、法蔵館、一九九〇年

ヒック、J「キリスト教の絶対性の克服」、ジョン・ヒック、ポール・F・ニッター編『キリスト教の絶対性を超えて——宗教的多元主義の神学』八木誠一、樋口恵訳、春秋社、一九九三年

Hijikata, Toru und Armin Nassehi (Hrsg.), Riskante Strategien: Beitraege zur Soziologie des Risikos (Opladen: Westdeutscher Verlag, 1997)

Hijikata, Toru, Das positive Recht als soziales Phänomen (Berlin: Duncker & Humblot, 2013)

土方透、アルミン・ナセヒ編著『リスク——制御のパラドクス』新泉社、二〇〇二年

土方透編著『宗教システム／政治システム——正統性のパラドクス』新泉社、二〇〇四年

土方透『法という現象——実定法の社会学的解明』ミネルヴァ書房、二〇〇七年

岸根敏幸『宗教多元主義とは何か——宗教理解への探求』晃洋書房、二〇〇一年

Luhmann, Niklas, Die Gesellschaft der Gesellschaft (Frankfurt am Main: Suhrkamp, 1997)

Luhmann, Niklas, Die Religion der Gesellschaft (Frankfurt am Main: Suhrkamp, 2000)

ルーマン、ニクラス「神の区別」土方昭、土方透訳、『宗教論』第2章、法政大学出版局、一九九四年

ルーマン、ニクラス『社会の社会1』・『社会の社会2』馬場靖雄、赤堀三郎、菅原謙、高橋徹訳、法政大学出版局、二〇〇九年

ルーマン、ニクラス『社会の宗教』土方透、森川剛光、渡曾知子、畠中茉莉子訳、法政大学出版局、二〇一六年
ラーナー、カール『自由としての恩寵』武藤一雄、片柳栄一訳、白水社、一九七四年
高柳俊一『カール・ラーナー研究——根底化と希望の思想形成』南窓社、一九九三年
Troeltsch, Ernst, Die Absolutheit des Christentums und die Religionsgeschichte (Tübingen: J.C.B. Mohr (Paul Siebeck), 1902)
[エルンスト・トレルチ『キリスト教の絶対性と宗教史』森田雄三郎、高野晃兆訳、白水社、一九七四年]
ウィトゲンシュタイン、L（一九七五）『確実性の問題』黒田亘訳、『ウィトゲンシュタイン全集9』大修館書店

Kann Luthers Freiheitsverständnis die Barrieren zwischen Kulturen überwinden?

第5章 ルターの自由理解は文化の壁を超えられるか[1]

ゲルハルト ヴェグナー
森 涼子 訳

1 序

マルティン・ルターが一五二〇年に発表した『キリスト者の自由[2]』は、よく引き合いに出されます。この本ほど、とくに二十世紀において、頻繁に引用され支持される書はないように思えます。ここで論じられる「キリスト者の自由」は、文化間の壁を乗り越える理念となるでしょうか。以下、このテーマを今日的な視点から取り上げ、この自由のもつ諸問題をあらためて自覚したいと思います。ルターは大胆にも、神のみが特別にもつ自由が、人間にもあると主張しました。ルターの自由に関するパラドクスはとても有名です。「キリスト者はすべてのものの上に立つ自由な主人であって、だれにも服しない。キリスト者はすべてのものに仕える僕であって、だれにでも服する」。私は、他者のために存在するとき、初めて自由になりうるということになり、現代の、ポストモダンの時代の発想とはまったく違うことは言うまでもありません。

ルターの考える「自由」とは、自己責任による、自力での解放というかたちでの自由ではなく、明らかに逆の機能をもつものです。この書の逆説的命題は、これをきわめて鮮明に表現しています。それゆえ「キリスト者の自由の特性は、キリストが獲得してキリスト者に与えることにある」(Korsch 2016)[3]と。キリスト者が「キリストに倣う」ときにはいつも、キリスト自身がその行為に先立っています。それどころか共に行動するのです。それゆえ「キリストに倣う」とは、キリスト者にとって、完全に受動的に生じる行動であり、それに最善を尽くすべく引き渡されている、言い換えればキリストに従属しているということです。このようにして、キリストと同一の人格構造をもつに至ったキリスト者は内的人間である、とルターは考えます。

多極化する社会とキリスト教との関わりでとくに魅力的に思えるのは、ルターの考え方です。すなわち「信仰と自由」「愛と奉仕」は結びついている、おのずと継続して生じるという考え方です。「他者への共感」「利他の行為」は――これが社会奉仕、社会資本と信頼関係の形成をもたらすのですが――人間がキリストと結びつくときに自動的に生じるというのです。キリスト教信仰とは、それ自体が隣人愛の実践へと至るものである、という考えです。非常に素晴らしい教えです。好意的読者は、ルターの驚くべきテーゼには何の濁りもないと感嘆して、今こそこのテーゼを全世界にもたらすべき時であると考えるでしょう。そして、これが起こりうるとするならば、このような自由理念こそが、文化間の壁を前向きに生産的に乗り越えます。――自己利害とエゴイズムから解き放たれ自由になった人間は、異文化に対して不安なく心を開くことができるでしょう。無私になり、隣人に仕えることができるでしょう。[4]「キリスト者」とは、原則的に《へりくだる》存在であり、犠牲をはらう用意がある存在なのです。いずれにせよ、攻撃的に自己貫徹を図る存在ではないことは、言うまでもありません。

2 信仰と共感

ルターの命題「キリスト教信仰に組み込まれた《自動的社会性》」で重要なことは何でしょう。まず第一に、ルターはこう書きます。「見よ、このようにして、信仰から、神への愛と喜びとが流れ出、愛から、報いを考えずに隣人に仕える自由で自発的で喜ばしい生活が流れ出るのである。なぜなら、私たちの隣人が（今）困窮し、私たちが余分に持っているものを必要としているように、私たちも（かつては）神の前で困窮して、神の恵みを必要としていたのだったからである。それゆえ、神がキリストをとおして無代価で私たちを助けてくださったように、私たちも身体とその行いとによって隣人を助けることのみを務めるべきである」(Luther 2016, 61)。他の個所では、もっと明白です。「他の人々に必要なこと以外は考えない……これがキリスト者の真実の生活で[ある]。……各人が、自分や自分のことを省みないで、他人と他人に必要なことを顧みてほしい。……すべての行いが隣人の益となることを目指すべきである……すべての行いと生活とは、自由な愛をもって隣人に仕えるために残されている」(Luther 2016, 57)。後にさらに先鋭化していきます。「神が信仰においてあなたにすべてのものを与えてくださったので、……あなたにとって余分なものである財貨やよい行いが、あなたの身体を支配し、養うのに、どんな役に立つのだろうか。見よ、このようにして神の宝は一人の人から他の人へと流れて行き、共有されねばならない。また、各自は、その隣人を、あたかも自分自身であるかのように受け入れねばならない。この宝は、……キリストから、私たちの中へと流れ込んで来、私たちから、これを必要とする人々の中へと流れ込んでいく」(Luther 2016, 65)。すでに述べたように、この命題は文面どおりに理解するならば、宗教的だけでなく社会哲学的にも社会科学的にも、とてつもない挑発です。ルターによれば、宗教には、社会を統合する可能性、より良い人間を作り出す可能性がある、これは人間の努力の結果ではなく、神からの無償の賜物であるというのです。これはキリスト者の実践をまったく新たに意味づけるものであり、驚異的です。

この結びつきは、日常会話のなかでは、ルターと比べ、かなり月並みなかたちで広まっています。すなわち神への信仰により、日々の思い煩いから解き放たれ、愛の実践が可能になるというものです。(自分のことをそれほど考えない人間は、他人のことも考えられるだろう、といった感じでしょうか)。これはたしかに納得がいくように思われますが、そもそも人間は「思い煩い」からいかにして自由になれるのでしょうか。その答えにはなっていません。「自己貫徹の放棄」を可能にするのは何でしょうか。まず問われるのは、人間は「思い煩い」「エゴイズム」「自己利害」から、いかにして自由になるのか、ということです。今日支配的な経済的・社会生物学的パラダイムは、かなり前からこの問いに答えようとしなくなっていて、「自己利害」をまずもって生産性を高める要因であると見なしています[5]。世界社会の共同成長、閉鎖空間の解消は、(少なくとも最近までは)資本主義の世界拡散のダイナミズムによってなされてきたのであり、宗教的努力によるものではありませんでした。われわれはこのことを認めざるをえませんが、宗教者としては、あまり良い気持ちはしません。《世界はひとつ》、「異文化交流」を生み出しているのは、物質的利害の総合物であり、相互理解を目指す利他主義の広まりではないのです。

この理由だけで、「共感」と「利他」を優先すべきという宗教的主張に強力な世俗ライバルもいるわけではありません。哲学者アクセル・ホネットは、(自由が)社会的に現実となりうるのは「周囲の《承認》」であるとし、宗教的な超越神による承認が、唯一ではないと主張しています。ホネットは精力的に理論構築しており、氏の著書『民主主義的人倫綱領』(Honneth 2011)

のなかで、とくに印象的に表現されています。ここで中心となるのは次のことです。「そのような《実社会の》自由とは、個々の主体が互いに認め合い、相手の行動成就を理解するようなかたちで出会うときに、初めて存在しうる。なぜならこうした条件下においてのみ、自分の意図というのは、社会で他者もまた望み求める限りにおいてのみ、完全に無理なく《自由に》実現する、と個々人は経験するからである」(Honneth 2011, 222)。こうした「人間同士の完全な相互関係」「互いへの共感」が、道徳の基盤であるといいます。ルターならば、そうしたことは人間の力では不可能であると、キリストへの信仰からのみ生じうると、主張することでしょう。もし人間が自力で目指すならば、荷が重すぎて、最終的には逆の状態へ、すなわち道徳テロリズムへと至ってしまうでしょう。

3　無私の行動はいかにして可能か

『キリスト者の自由』はその中心において、「無私の社会行動は、キリスト教信仰の帰結として生まれる」(6)というビジョンに基づいています。このテーマに関して、この書に勝るものはほぼありません。ルターは、組織神学者E・ユンゲルが名づけるところの《余剰の規則》を次のように表現しています。「見よ、このようにして神の宝はひとりの人から他の人へと流れて行き、共有されねばならない。また、各自は、その隣人を、あたかも自分自身であるかのように受け入れねばならない」(Luther 2016, 65: These 29)。「それだから、この宝は、私たちの姿がご自身の姿であるかのようにそのいのちの中へと私たちを受け入れてくださったキリストから、私たちの中へと流れ込んで来、私たちから、これを必要とする人々の中へと流れ込んでいく」。外的人間が内面に見合って行動するとき、他者に《必要かつ役立つ》ことを実践するとき、霊的富は現世的富へと入れ替わる。人間は、自分の内的人間に目を開くならば、「他者に」何が必要なのかがわかる。それだから、「私もまた、私の隣人に対して一人のキリスト者になりたい。そして、隣人にとって必要であり益となり救いに役立つと思えること以外にはなにもするまい」[7]。ユンゲルは、《キリストにあって》人間に与えられた神の霊的富と、人間が隣人と分かち合う現世的富とを類比させています。霊的再分配は、社会的再分配をもたらすという理論です。

したがって、ここでは「ラディカルに親社会的な行動」が確約されています。これは他者の、困難に遭遇している人たちの、あるいは《見知らぬ》人たち全般の立場に立とうとする利他主義として明言されています。自己利害、自己アイデンティティ固持、自己保存は克服されるのです。だとしたら、これらは否定的で《罪深い》役割を果たすだけなのでしょうか。ヨーロッパ史の文脈[8]で考えると不思議なことです。一体このようなことが可能なのだろうか、と思います。よく考えると、ここで視野に入るのは共産主義的な財産共有をはるかに超えたものです。事実、これは

「自己外化」の一形態と言えます。ただし、宗教体験の結果として、キリスト者の現実の生き方として体験されるという意味での「自己外化」です。

西欧的な観点から見ると、誰もがすぐ同意すると思いますが、こうした行動はきわめて稀であり、ほぼ期待することはできません。こうした役割のモデルになれるのはせいぜい聖人くらいなものです。しかしルターが、こうした聖人たちのことをそれほど考えていなかったこと、言及らしていない、というのは周知のことです。ルターはそれでも、キリスト者誰もが日常生活において聖人のように行動すると期待していたのでしょうか。なぜキリスト者はこのように行動するはずであると考えたのでしょうか。答えはこうです。神はわれわれに、キリストを通して、霊的・内的にすべてを無償で与えた。だからわれわれも、引き継いですべてを与えることができるのです。これは具体的には何を意味するのでしょう。ここで問題となるのは、人畜無害で魅力的なだけで、社会的には何のリスクもないようなビジョンではありません。そうです。ここで可能（かつ必要だ）とされている行動は、個々人にとって、集団にとって、制度にとって、組織にとって、大きな危険を伴うものです。この行動を為す者は、無防備に自分を他者と同一視することにより、アイデンティティ的にも、社会的にも、経済的にも、自らを危険にさらす可能性があるからです。キリスト者は、異文化に、異質なるものに対して、完全にオープンになるべきであるというのでしょうか。キリスト者は、自己防衛してはならないのでしょうか。ルターは、大きなリスクを冒していることになります。[9]

4　自由のパラドクス

こうした「自由がもたらしうる結果／危険」は、この書の「自由のパラドクス」テーゼによって回避されています。この書の中心テーマは、「最大の自由は最大の隷属」であるということです。私は意図して、自らを不自由にする。私は他者の支配に同意する。私は、神から賜った自由を隷属によって実現する、という考えです。ある人が、自分は天国に生きていると思うとします。しかしこの人は現実には世の中に生きているのであり、また、現世的な支配制度のなかに組み込まれています。自由は、反対の状態、「不自由」のなかで、すなわち隷従のうちに可視化するというのであれば、この自由は「内面的な自由」にとどまります。その結果、「自由」は、現実を耐え忍ぶという条件のもとで、実証されるということになります。[10]「自由」は、逆説的なことに「自由の放棄」によって成り立つことになるのです。自分は現世を原則的に変革はしない。そうではなく、現世の状況を耐え忍ぶことによって、自分が自由であることを実証する。[11]こうした「内面」と「外面」を区別する論理――それが可能であるとは考えにくいことですが――が、異文化への寛容をもたらすのでしょうか。自分は異文化のなかで生きていくことができる、内面的には隔たっているが、という考えです。しかしこうした態度は、異文化に最終的な妥当性を与えることの拒否を意味します。異文化は自分にとって「相対的な価値」があるにすぎない、それ以上の何ものでもない、ということになるからです。

このようなルターの「自由」理解の特殊な性格は、これが現世秩序の重要度の引き下げを含意することに注目するとき、より明らかになります。「自由」は、たしかに神の前においては重要な意味をもちます。しかし「自由」はその後、世俗の利用に委ねられ、手を加えられ、いわば《利用》されうるのです。「商工業の道徳化」「新たな職業倫理」「労働再評価」は——たとえばヘーゲルは称揚していましたが——、疑いもなく宗教エネルギーの投入であり、社会を転覆する機能をもっていました。これに対して「[ルターの」自由」は、いかに現世秩序へ関わるのか、その方法と、すなわち「気持ちの持ちよう」と結びついています。この「気持ちの持ちよう」の裏側で、「実践理性」が独り歩きをするようになり、最終的には、どのような宗教的影響からも分離してしまうのです[12]。現世をどのように形づくるのかという点に注目するならば、「作用史」的観点からは、最終的に「無関心」が忍び込んでくる可能性があります。なぜなら自由は、真に本質的なること、すなわち神の救済にとっては、何の機能も果たさないことになるからです。こうした「ルター的」自由は内面において成就するのであり、《外的に》すなわち「社会形成」として展開する必要はなく、《現実に》生産的である必要もありません。それゆえ、人間はまさに

（この論によれば）自由とは反対の状態で、不自由な状態において愛を実践する、ということになります。こうして「愛」とは、奇妙なことに「非社会的行為」になってしまいます。言い換えて、カント的にパラフレーズするならば、「真の愛とは、愛そうという『意図』のこと、すなわち愛とは気持ちの持ちようである」、ということになります。[13]しかし、これはきわめて問題です。このように現世の重要性を相対化することは、異文化への寛容な態度になりうるでしょうか。

5　人格の変容

それではルターは、人間の「自己であろうとする意志」が「他者を愛する能力」へと、どう変容すると考えたのでしょう。容易に想像できるように、両者の関わりはイエス・キリストの姿を考えるとき、とりわけ十字架と復活の出来事を考えるときに、明らかになりますし、また納得できます。「イエスは神の子、万物の主」であり、何人にも従属しません。しかしイエスは、自分の生命をすべての人に与えることにより「完璧なる奉仕」をその身で示し、自らをすべての人に仕えるものとしたのでした。[14]救い主の人となりのなかで「自由と献身」が統合されており、ここに古典的なキリスト教理念が具現化しています。ルターは「人間が、キリストのように隣人奉仕をするようになる」ことを「キリストに倣う」ことであると理解しています。ルターにとって重要だったのはこのことだと思うのですが、これは誤りでしょうか。こういう言い方をするのは、ルターにとって神秘主義的伝統が本質的に重要な神学上の背景だったということを、指摘したいからです。これがルターの決定的変容体験を描写し分析する際に中心的に重要であり、ここに注目することによって、ルターと近現代の理解との相違が明らかに説明できます。

この「人間変容」を、ルターはどのように構想しているのでしょうか。この変容は、人間がキリストとの交わりへと入り込むことにより、厳密に言うと、人間の魂／内面が超越者との合一へと引き込まれることにより、起こります。「信仰により、キリストにおいて神と神の言葉とに人格的に結ばれた者は、自らの内に行動規範を獲得し、その結果、良き業、神に嘉される業が可能となる。これはいかなる自力の行為、『業による義認』とも異なっている」(Maurer 1949, 62)。このキリスト体験が「個々の人間をキリストの領域へと引き込み、この者を受動的に捕らえるだけでなく、キリスト自身の道具とするのである」(Maurer 1949, 63)。したがって「キリスト者であること」とは、《キリストの内にあること》を意味し、それゆえこの者には「超越者の力」と同一の力が具わります。この力が、具体的な社会・文化から、一線を画すようにさせるのです。

同一性の論理では、この状況は明白に描写できます。「これらすべてのことから、次の結論が出てくる。すなわち、キリスト者は自分自身においては生きないで、キリストと隣人とにおいて生きる。キリストにおいては信仰によって、隣人においては愛によって生きるのである」

(Luther 2016, 67: These 30)。「愛の実践を自己実現として体験する」ことは、この論法からすると、愛の実践は、「自らの内に宿るキリストの顕現」であり、とりもなおさず自己実現だ、ということになります。これは、たしかに狭い意味では「キリストに倣う」ではありませんが、「ルターは」キリストに従うことであると理解しています。しかしまた特殊な自己否定として、自己とキリストとの入れ替わりとして構想しています。「生きているのは、もはやわたしではありません。キリストがわたしの内に生きておられるのです（ガラテア人への手紙二章二〇節）。「人間変容」は人間が自己活動を《中止すること》である、というのです。組織神学者D・コーシュの解釈に従えば、キリストとの関わりにより、信仰により、自己への直接の関わりが中断されます。端的に言うと、「キリストにあって神とひとつになった者は、神の欲することを行う、しかも自立して自発的にそれを為す(15)」のです。

これは、文化状況に関しても当てはまるでしょうか。使徒パウロがガラテアの信徒へこう書いています。「そこではもはや、ユダヤ人もギリシャ人もなく、奴隷も自由な身分の者もなく、男も女もありません。あなた方は皆、キリスト・イエスにおいて一つだからです」（ガラテヤの信徒への手紙三章二八節(16)）。パウロは、自分の基礎をキリストにおくことによって、文化的には、すべての人々に同じ態度を取りえました。当時の宗教的徴《しるし》、たとえばユダヤ人の宗教的アイデンティティの徴《しるし》であった割礼は、相対的にのみ重要性のある、純粋に《文化的な》徴《しるし》へと価値が引き下げられ、そのことによって［原始キリスト教の］教会内で続行してよいことになりました。それゆえにユダヤ人的キリスト教が存在しうることになりました。今日では、イスラム的キリスト教、仏教的キリスト教がありうる、ということになるでしょうか。キリストは多様な姿を取るということです。もちろんこうした考えは、ルターの考えをはるかに超えるものです。

6　キリスト‐神秘主義

したがって、ルターの「変容体験」の中核を分析する際に重要なのは、「神秘主義的思考」です。「キリストとの合一」が、魂に「新たな自己決定の可能性」を開く、この自己決定は「神によって決定されていることを知る」ことであると、ルターは考えます[17]。その際、解放とは、新たなる《内的》次元の自己決定を体験すること、すなわち「愛への自己決定」であり、これは「変容」なしにはありえない、というのです。われわれはここで、壮大なる神秘主義的イメージがあることに気づきます。このイメージでもって、ルターは古き人間から新たな人間への変容を描いています。これは、キリストとの神秘的婚礼というイメージです。「婚礼において［……］花婿が、キリスト［神］の栄光を花嫁に分け与え、同時に花嫁の恥を自ら引き受ける」（Jüngel 2000, 139）。ルターによると「ここに今や喜ばしい交換と取り合いとが始まる」、「新婦が新郎とひとつにされるように、魂をキリストとひとつにする。この結合から、聖パウロも言っているとおり、キリストと魂とはひとつのからだとなり、両者の所有、すなわち、幸も不幸もあらゆるものも共有となり、キリストが所有なさるものは信仰ある魂のものとなり、魂が所有するものはキリストのものとなる、という結果が生じる。ところでキリストは一切の宝と祝福とをもっておられるが、これらは魂のものとなり、魂は一切の不徳と罪とを負っているが、これらはキリストのものとなる」(Luther 2016, 29: These 12) のです。まさにこのように起こる《喜ばしい交換》を、ルターは「解放する現実として」「キリスト者を義認する」ものとして捉えます。[キリスト者は] こうした交わりによりキリストと合一するときに、自分もまたキリストのように、他者に献身することができるようになるというのです[18]。この「花嫁神秘主義」的な考えは、中世神秘主義にさかのぼります。おそらく師シュタウピッツ [Johann von Staupitz ca. 1469-1524] から継承していると思われますが、これはクレルヴォーのベルナルドゥス [Bernard von Clairvaux 1090-1153] にまでさかのぼるものです[19]。

ここでルターが描いていることは、キリスト教の救済物語そのものです。それが感性的にわかりやすいかたちで凝縮されています。古典的解釈によれば、人間が愛へと自由になるのは、人間のためにキリストが十字架において自らを犠牲にしたからであり、人間がそのことを信じるからです。このことが自由の真の理由であり、[この自由は]「キリストに倣う」行為として、少なくとも擬態的にキリスト者の生のなかで繰り返され、キリスト者をキリストのようにさせます。この神秘を想定しない限り、これが引き起こす変容作用を信じない限り、あるいはこの神秘を会得しない限り、人間の変容はありえません。ルターの理念が現実化する条件、自発的愛が実現する条件はきわめて多様です。十字架と復活が「義認の出来事」であり、人間を解放します。このことは、けっしてどこか別のところで起こりうるようなことではありませんし、素早く履行できるようなことでもありません。この点を考慮に入れないのであれば、今日往々にして起こることなのですが、ルターの約束というのは、すぐに崩れます。

この観点から、ルターは日常世界を宗教的に変革しようとしたのでした。これは、一見するととてつもない無理難題のように思えます（Leppin 2016, 83）。しかしここで再び、変革は日常生活、実践レベルへと押し下げられるのです。ここから「距離を取る態度」が生じます。日常生活での「内面化」「慎重」「個別化」です。これらの行動特性は、マックス・ヴェーバーの論じる「ピューリタニズムの労働倫理」に対応するものです。ただし、ルターは貨幣の獲得と結びつけて考えてはいないので、資本主義の開始とは結節しません。しかし少なくとも、神秘主義的な「教養理念」が、何よりも「教養」という意識が、市民的アイデンティティ形成の始まりにあったことは確かです。しかし、現実に作用するには至りませんでした。

ルターがここで目指したのは――部分的かつ表面的な理解にすぎませんが――、人格変容という普遍的な体験、何らかの《光》への《回心》（konversio）体験、今日的意味での神秘体験であったと解釈できます。決定的なのは、変容の中核をキリスト体験との関わりで表現していることです。ここで問題となるのは、基本的には一度限りの出来事です。人間はキリストに身を委ね、自由とは反対の状態「服従」を体験します。肯定的な点は、この出来事が感動の一形態として、すなわち《強いることなく強いる》かたちで起こるということです。

社会学者H・ヨアスは、同様のプロセスを納得のいくかたちで表現しています。すなわち、人間は感動から生じる価値連帯を自由の至高形態として体験する。たとえそれが連帯へと強い、他の可能性を除外するとしてもである、と論じます。この「価値連帯は自覚的に意図して生まれるのではない。『私はこれ以外ではありえない』という強い価値連帯を、制約としてではなく自由意志の至高形態だと、われわれは感じるのである」（Joas 1999, 16 u.ö.）。このような体験があるのは疑いもないことですし、宗教的行動を解明する手がかりにもなります。さらにこれは、行為の動機としては捉えられず、人間内部で境界設定をする何かとして理解されます。[20] ルターが思い描いたのは、このことなのでしょうか。ルターの《イエス・キリスト体験》は、そうした現象だったのでしょうか、あるいは彼独自の体験（donum et exemplum）だったのでしょうか。

7　結

これまでの話から、どのような結論が導けるでしょうか。ルターの「キリスト者」論から、何らかの現実的かつ自発的な「愛他の理念」が導き出せるでしょうか。すぐに生じる疑問は、「寛大さ［惜しみなく与える態度］」が「キリスト者」の決定的な徴《しるし》でなければならないのか、ということです。作用史的観点からは、どちらかというと逆であるように思われます。すなわち、自己規律および他者規律といった風潮が主調となり、その結果、社会関係資本［人々がもつ信頼関係・人間関係など］の形成などに関して、大きな成果が生まれました。しかし全体的に見ると一方で、カトリックのほうがより感性的であり、また自然に生じていて、はるかに人間に優しいと言うことができます。まさにルターの神秘主義に注目するならば、これはカトリックにあるようなきわめて高度に醸成された感性的「宗教的出会い」、「感性的に体験されるキリストとの出会い」と同じ作用をもつと、言えるかもしれません。「惜しみない寛大さ」「気前の良さ」「《生活》全般」に関して、プロテスタントのほうが優位にあると言うことは、まずできません。経験的には、たしかにカトリック教会のほうがプロテスタントよりも、多様な間文化的構造をもっています。

しかしいずれにせよ、ルターの理論構造はきわめて高度なものであり、今日往々にして短絡的に語られるものとは異なります。求められている社会的自動作用《創意《インヴェンティオナル》的な倫理》というものは、現実には宗教的にのみ存在し、内面の出来事、心情と関わるもので、きわめて特殊な条件下にのみ、《キリストの姿》へと没入するという条件下でのみ、起こります。まさにここから「芳しいキリスト者の生き方が、しかるべきものを喜ぶような生き方が、生まれる（Stock 1995, 166）」とルターは言います。さらに、自分ひとりに起こった出来事が普遍的になります。十字架により、《人間の生の抑圧的な恐怖と不安と動揺が、無条件に真っ向から》受けとめられるからであり、それにより《信仰の希望が満ちあふれ、灯となる》」（Stock 1995, 167）のです。この驚異的書物を書くにあたって、また書くに至るまでの経験のなかで、ルターが身につけていた動力はこれでした。実に、キリストが中心に立つことなしには、何も起こりません。

これはここでのテーマ、ルターの自由理念は「異文化対応力」をもつかという問いに対し、どのような意味をもつでしょうか。ルターの「利他」概念は神秘主義的で、「キリストの神秘」と密接に結びつき、けっして文化的・宗教的に普遍化できるものではありません。いわば、十字架はエルサレムの町の外に立っているのです。しかし、そうした普遍化が「異文化対応力」の条件でなければならないというわけではありません。まさに、逆です。十字架と復活の出来事は歴史的には、場所的にも時間的にも限定される一回限りの出来事でした。それゆえに普遍性があり、この普遍性がすべての部分的諸条件・構造を完璧《ラディカル》に相対化するのです。ある意味では、その結果すべての文化（および宗教）は、キリストから流れ出でる愛と自由の装置へと降格する、と言えるかもしれません。神の受肉という具体的出来事が、根底的に文化を超越する普遍主義を拓くのです。言い換えれば、「キリストに囚われる神秘」により、人は他者との境界線を乗り越え、そこに他者という姿をまとったキリストを見いだすのです。このプロセスから新たな分類「個人や集団の区別の仕方」が生まれ、躍動が始まります。異文化との出会いほど心躍るものはありません[21]。キリストが解放し、それを要求しているからです。

本稿を終える前に、細かな点を区別しておきたいと思います。キリストの文化的・民族的独自性により、他者［異文化］との出会いに関して限界があるのは確かです。たとえば日本生まれのアメリカ神学者コウスケ・コヤマ（小山晃佑）はこう記しています。「北部タイの寺院でのこと、ある静かな午後だった。私は仏教僧侶と、ヨハネによる福音書第一章について話し合っていた。『初めに言葉があった。言葉は神とともにあった。言葉は神であった』。すると僧侶が言った。『友よ、これは本当に言葉宗教だね。解脱の歓喜と静寂とは違う。私たちはまったくかけ離れているのではないかと思う。［仏教では］まず最初にニルヴァーナの沈黙、深い平静、何物にも囚われない心がないといけないのだから』。小山は同意した。『キリスト教信仰というのは言葉の信仰、キリストにおける神との絶対的絆を信じる信仰』であると」（Koyama 1991, 225f.）。このように宗教の間には、感覚的にもわかる基本的相違があります。[22]コミュニケーションは、この区別を通してこそ生起するのであり、違いを度外視することによってではありません。「言葉」と「沈黙」の間には、共通の第三者というものは存在しません。東洋的信仰と西洋的信仰の関係も、同様です。

最後に、二十一世紀へと話を移しましょう。偉大なるルターの途方もないレトリックは、現代人の憧れと理想にも訴えかけます。だからこの理論は魅力的なのです。キリスト教信仰とは「自発的寛容」、「利他行為」、「無条件の愛」と関わるものであり、さらには、見知らぬ他者すべてに対して心を開くことへとつながる、そうしたものです。このような人間の「質《クヴァリリート》」はしかし、第三の、超越的な、ことによると仮想の、偉大なるものとの絆が結ばれる結果として生じるのです。すなわちキリストとの結びつきに依るのです。「他者への」「共感」とは、神‐私‐あなた」という三者関係のなかで初めて生じるのであって、「私」と「あなた」という二者だけの関係からは、けっして生まれないものです。[23]「キリストの神秘」こそが、歴史上最も偉大なる異文化理解「文化の壁を突破する」ビジョンなのです。

注

（1） H・ゴルスキ氏とG・シェンデル氏には本稿の草稿をご講評いただきました。ここに心からの謝辞を表明します。もちろん本最終稿に共同責任があるわけでないことは言うまでもありません。〔なお、著者によるコーテーションマーク付きの語句は《 》に入れて記してあります。その他の語句の「 」は、訳者が付したものです。〕

（2） 本稿における引用は次によっています。Luther, 2016. WA 7, 20-38. コーシュのルター解釈は、間違いなく現在最も優れたテキスト解釈ですが、テキスト解釈に限定しており、ルターの受容および理論の影響について論じてはいません。本稿のテーゼはコーシュの解釈に決定的に負うものです。〔マルティン・ルター『ルター著作選集』徳善義和ほか訳、キリスト教古典叢書、教文館、二〇一二年を参照〕

（3） Korsch, Kommentar Christenmenschen. Luther, 2016, 76.

（4） 異文化対応力の問題に関し、本稿では一五二〇年のルターの革命的自由理論を中心に論じます。後期の著作およびルター派一般は取り上げません。なぜなら私見によれば、この書が異文化間のコミュニケーションの可能性をもっているのに対して、ルター派は歴史的にドイツおよびスカンジナビア諸国における、キリスト教信仰の特殊ゲルマン的形態だからです。キリスト教の世界的広がりの背景には宗教と文化との結びつきがあります（たとえば、チリ、ブラジル、合衆国におけるドイツ移民により、あるいは元ドイツ植民地において重要な意味を有しています）。ただしこの間キリスト教は、とくにアフリカにおいて、文化性、北ヨーロッパ的特徴が、決定的に削減されてきています。またルター派宣教師たちが現地人文化と出会った際の驚異的な文化学習体験があります（注(21)参照）。プロテスタンティズム全体のなかには非常に異なったダイナミズムが見られます。

(5) これが解き放たれることにより、歴史的に比類のない成功を達成しました。最近では中国の経済改革が当てはまります。

(6) とくにThese 26以降。Luther, 2016, 55ff. 注(2)、前掲書参照。

(7) Jüngel, 2000, 84-160, hier 156. ルターの引用は注(2)、前掲書より。Luther, 2013, 59, These 27.

(8) アジア的文脈において、これはけっして驚くことではないでしょう。仏教とキリスト教神秘主義の関係に関して、さらなる研究が望まれます。

(9) ルターの後の著作において、自己防衛ないし他者庇護の義務に関わる論考は減っていきます。

(10) キリスト教の苦難を引き受ける用意のある態度の描写に関して、日本に関するものとしては壮大な映画『沈黙』（マーティン・スコセッシ、二〇一六年）があります。これはイエズス会宣教師二人の一六三八年の日本への旅を描くものです。これはルターにとっても、パラダイムでありえたのではないでしょうか。

(11) 当然のことながら、福利と教育という意味に関する国家の良き秩序を維持することを、その力がある限りにおいてですが、妨げるものではありません。

(12) この論考に関しては Wegner, 2017, 67-98 を参照。

(13) プロテスタンティズム信仰中核における非社会的内面性は、関わる人々への無関心として表現されますが、驚くべきことに今日に至るまで牧師たち、他の教会関連の職業グループに検出できます。Wegner, 2014, 123-150 を参照。

(14) Korsch, Kommentar Christenmenschen. Luther, 2016, 82.

(15) Korsch, Kommentar Christenmenschen. Luther, 2016, 111.

(16) Ahrens und Wegner, 2013、とくに Teil 3: Neuschöpfung durch das Evangelium. Theologische Überlegungen zum Verhältnis von Mission und Milieu, 117 ff. 参照。

(17) Korsch, Kommentar Christenmenschen. Luther, 2016, 96.

(18) このイメージの作用に関しては、明らかに性愛の暗示があることを指摘できるにとどまります。宗教と性愛の融合はきわめて強大な可能性をもちます。ヴェーバーが、愛する者たちの体験を言葉で表現したのは、神秘主義の言葉であり、確かではありますが伝達不可能な感情です。(Joas, 2017, 404.)

(19) Leppin, 2016, 135 参照。Korsch, Kommentar Christenmenschen. Luther, 2016, 115 u.ö.

（20）ルターもまた以下のように論じています。「信仰を単に行動の動機としてのみ見るのは、まったく誤りである」。Korsch, Kommentar Christenmenschen. Luther, 2016, 144.

（21）ルター派の世界宣教史のなかで、これに関する優れた例としては中央オーストラリア原住民へのヘルマンスブルク・ミッション、人物としてはフリードリッヒ・ヴィルヘルム・アルブレヒト（一九八四年没）があります。十九世紀の終わりに、一夫一婦制や労働倫理などに関する改宗の試みが始まります。この動きは、二十世紀終わりに《文化的に》独自のルター派アボリジニ教会でもって《終わる》ことになります。興味深いのは相互《回心》です。この宣教師は、自分に託された人々を父性主義的にのみ愛していたのではありません。Henson, 1994 を参照。手短な叙述としては Lüdemann, 2000, 454 ff.

（22）Wegner, 1997, 106-123, hier 110 参照。

（23）F・ブライトハウプトの結論も同様です。Breithaupt, 2009, 89. A・ホネットも同様です。「神」は用いないものの、古典的第三者の役割を指摘しています。

文献

Ahrens, Petra-Angela und Wegner, Gerhard, Soziokulturelle Milieus und Kirche: Lebensstile – Sozialstrukturen – Kirchliche Angebote (Stuttgart: Kohlhammer Verlag, 2013)

Breithaupt, Fritz, Kulturen der Empathie (Frankfurt a.M.: Suhrkamp, 2009)

Henson, Barbara, A Straight-out Man: F.W. Albrecht and Central Australian Aborigines (Melbourne: Melbourne University Press, 1994)

Honneth, Axel, Das Recht der Freiheit: Grundriß einer demokratischen Sittlichkeit (Berlin: Suhrkamp, 2011)

Joas, Hans, Die Entstehung der Werte (Frankfurt a. M.: Suhrkamp, 1999)

Joas, Hans, Die Macht des Heiligen: Eine Alternative zur Geschichte von der Entzauberung (Berlin: Suhrkamp, 2017)

Jüngel, Eberhard, Zur Freiheit eines Christenmenschen: Eine Erinnerung an Luthers Schrift, in: Ders., Indikative der Gnade – Imperative der Freiheit: Theologische Erörterungen IV (Tübingen: Mohr Siebeck, 2000), 84-160

Koyama, Kosuke, Waterbuffalo Theology (New York: Orbis Books, 1991), 7. Aufl.

Leppin, Volker, Die fremde Reformation: Luthers mystische Wurzeln (München: C.H. Beck Verlag, 2016)

Lüdemann, Ernst-August (Hrsg.), Vision: Gemeinde weltweit. 150 Jahre Hermannsburger Mission und Ev.-luth. Missionswerk in Niedersachsen (Hermannsburg: Verlag der Missionshandlung, 2000)

Luther, Martin, Von der Freiheit eines Christenmenschen, Herausgegeben und kommentiert von Dietrich

Korsch, Große Texte der Christenheit 1 (Leipzig: Evangelische Verlagsanstalt, 2016)

Maurer, Wilhelm, Von der Freiheit eines Christenmenschen: Zwei Untersuchungen zu Luthers Reformationsschriften 1520/21 (Göttingen: Vandenhoeck & Ruprecht., 1949)

Stock, Konrad, Grundlegung der protestantischer Tugendlehre (Gütersloh: Chr. Kaiser / Gütersloher Verlagshaus, 1995)

Wegner, Gerhard, Fremde Gestalt Christi: Interreligiöser Dialog als Form der Mission, in: Werner Brändle / Gerhard Wegner (Hrsg.), Unverfügbare Gewissheit: Protestantische Wege zum Dialog der Religionen (Hannover: LVH, 1997), 106-123

Wegner, Gerhard, Religiöse Kreativität oder pastorale Pathologie? in: Ders., Religiöse Kommunikation und Kirchenbindung: Ende des liberalen Paradigmas? (Leipzig: Evangelische Verlagsanstalt, 2014), 123-150

Wegner, Gerhard, Das Ende der Großzügigkeit? Paradoxe Folgen der Rechtfertigungslehre, in: Rechtfertigung - folgenlos? Jahrbuch Sozialer Protestantismus Band 10 (Leipzig: Evangelische Verlagsanstalt, 2017), 67-98

第6章 日本のキリスト教に見る世俗と超越

清水正之

1 はじめに

この論考では、日本のキリスト教をめぐる思想的現状とキリスト教の自己認識について、倫理学・哲学という神学の「外部」から、ささやかな知見・仮説を提示するというかたちで、共通の主題に答えたいと思います。

本論での関心は解釈学的倫理学[1]をその方法として、すなわち日本の思想史に材をとり倫理学の立場から考察することです。ここでいう「日本の思想」は、日本という場での思想を対象化し相対化し、それを基に別の次元に――どのような次元であるからは別問題として――立つということを意味します[2]。日本の文化、そして思想史の領域もまた、古来、大陸、半島と深い関わりをもって展開してきたものであり、東アジアの思想史と無縁なものではないことは言うまでもありません。哲学・倫理学の議論も、日中、日韓、あるいは日中韓の哲学的対話としてなされつつあります。そこで重ねられている知的経験は、相互の思想的伝統の理解に多くの示唆と寄与を与えてくれています[3]。対話の中心は主として儒教的な伝統に立つ研究者であり、またその伝統のなかで育った西洋哲学・倫理学の研究者でありました。

本書の論者たちがそれぞれにキリスト教的価値の普遍性を主張されるとともに、異なる文化圏の宗教的価値への顧慮を多様なかたちで表されていることを知ることができます。本論では非キリスト教的日常世界にまた文化圏にその生活をおくものとして、その生活空間を踏まえての論を立てたいと思います。日本の精神的状況は、西欧またドイツのそれとは多くの点で異なりますが、「現代」という社会的状況を共に生きるものとしては、必ずやそこに通底するものはあるでしょう。

本書第5章のヴェグナー論稿はルターの自由の概念に言及しています。ルターの「キリスト教的人間の自由」をめぐるパラドクスは、二つの命題の間に生起するものです。「キリスト者はすべてのものの上に立つ自由な主人であって、だれにも服しない。キリスト者はすべてのものに仕える僕であって、だれにでも服する」（ルター 二〇一二：二六九）。

このルターの「自由」は、「キリストに倣う」という受動的行為においてこそ人間は「他者のために存在する」自由を得る、というものです。このパラドクスこそが「信仰と自由」、「愛と奉仕」を結びつけるものであり、信仰は隣人愛の実践と結びつくものであると説かれます。「キリストに倣う」ことで自己利害とエゴイズムから解き放たれ自由となった人間こそ、文化間の壁をも越えるものとなりうるというのです。

東アジア・日本の大乗仏教に由来する「自力と他力」、「慈悲」、「利他行」という問題設定に関連させることで身近な問いとなるかもしれません。しかしそこには容易に同一視できない質の差もあります。そのうえでこの問題提起を正面から受けとめてみたいと思います。まさに現代の課題として意味があるからです。

ヴェグナー論稿が示しているように、今日の支配的な経済・社会生物的パラダイムが、正しい回答を与えるとは到底考えられないでしょう。現代のグローバリズムのもとで、世界社会の共同成長、閉鎖空間の解消、資本主義の世界拡散のダイナミズムが至るところで起きていますが、それらが、かつてマックス・ヴェーバーが資本主義の成立をプロテスタンティズムに求めたように、宗教的要因こそそうしたことの原動力であったとは言うことはできないと見えます。異文化の他者との人間的交流は、結局は物質的利害の総合物として生み出されたものにすぎず、利他主義とは言い難いものと言えます。

ルターのパラドクスにおいてこそ信仰は隣人愛の実践と結びつくと、ヴェグナー論稿では論じられており、ルターの自由概念こそ、文化の壁をも越えるものであるというこの議論が、さらに人格の変容、神秘主義へと広がり、超越と世俗の関わりに触れているところは、大いに関心をそそられます。
ルターの言葉から「宗教には、社会を統合する可能性、より良い人間を作り出す可能性がある」とするその議論を受けとめ、世俗と超越的なものとの関わりについて、以下、現代の東アジアに生の場所をもつものとして思うところを述べることとします。

2 転換点にある日本

まずは外的な現代の状況とも言うべき事象から始めます。現在の日本は、大きな転換点に立っています。社会的状況という視点から言えば、戦後の日本が一貫して目指してきた「福祉国家型民主主義」(The welfare states democracies)の政治形態が大きな転換点にあるということです。もちろん一九四五年から八〇年代がその実現を十分に果たしてきたとは言えません。理念として維持されつつ、他方で政治の特定社会集団への利益配分という生々しい現実は、その都度、大きな社会的軋轢を生んできました。その大きな転換すなわち福祉国家型民主主義の理念の弱体化は、哲学や倫理学、そして神学が岐路に立つことになったことと決して無縁ではないと考えます。

国家の目標の転換は、社会の隅々まで大きな影響を与えています。政治的社会的状況と哲学的、倫理学的、宗教哲学的ないし思想的な状況とに関わる一つの現象は、日本社会における「公共」ないし「公共性」という問題をめぐる、思想的・理念的なせめぎ合いであり、変質の可能性です。ここでは広義の「宗教性」と「公共」「公共性」との連関、公共性における宗教の位置に目を向けてみましょう。

公共性をめぐる議論は、ほぼ二つの側面があります。

まずは、公共性の捉え方の変移です。第二次世界大戦前の日本では「滅私奉公的」精神が強調されていました。戦後、個人主義の尊重とその法的表現である人権思想の尊重に移行し、すでにある程度は定着したと見えました。しかし、ポストモダンの社会的傾向のなかから、その脱中心的な拡散（個人主義的拡散）に耐えられず、個人主義自体への反省や攻撃という言論が見られるようになりました。このことは、他方で、経済合理主義を推進する側からの、より安価で集約的な労働力の創出をねらいとして、近年さらにその傾向を強めています。そしてそれは、戦後の個人主義的傾向とその上に築かれた福祉型民主政治の精算ないし克服という主張が力をもつようになったことと連関していると言えるでしょう。とくに後者は、ひとつの社会的政治的な傾向と結びつき、行き過ぎた自由や個人主義を是正すること、共同体の意味を再定義しようとする動向と結びつきます。国による「道徳教育」の必修化と教科化というようなかたちで表面化しています[4]。高校社会科の「公共」という科目の新設にも、その意図は象徴的に表れていると言えるでしょう。

第二に、他方で、上記の国家からの公共性の再定義とは方向が異なりますが、社会のなかにある傾向と密接に関わった公共性の問題があります。それは社会の一層の世俗化、脱宗教の傾向という社会的心性のあり方に関わっています。社会の公共的水面では、脱宗教さらには反宗教的傾向が一般市民のなかからも出てきています。もちろん脱宗教化は、日本固有とは言えません。脱宗教と世俗化は現代欧米文化圏の傾向でもあり、そのなかでもいわゆる先進国は、その社会の多様性構築の要請からも、本来その社会で主流であった宗教性を、他の宗教性にも寛容であるべきだという理念を通じて、社会および公共性からできるだけ排除していく傾向をもっています。

日本ではそれは、宗教が関わったと見える国際的紛争を目の当たりにして、自らの文化のあり方をそれらの現象とは無縁なものと見る傾向とも結びつきました。日本では宗教対立、宗教的内乱は起きないというある意味での安心感とがない交ぜになったものとなっているのです。社会的現象としては、もともとは仏教式が優勢であった葬式儀礼の非宗教化が広く見られ[5]、葬儀という儀礼に関わる祖先崇拝を基軸とした家族的紐帯の希薄化、伝統的家族関係の大きな変動ということが顕著に現れています。

そうしたなかで、日本でのキリスト教の現状はどうでしょう。キリスト教徒が大きな比重を占める韓国と比べ、日本においては、クリスチャン信者数は人口全体の一%にも足りません[6]。他方、現在もなお、キリスト教に関心を寄せる者はなお少なくはありません。キリスト教教育を標榜する中学校・高校・大学がなお一定の支持を集めていることも確かです。同時にキリスト教へのかつてあった熱気、明治の開国後の、そして前大戦終了後の一時の熱気は、知識層だけでなく広く大衆においても、確実に減じていると言えるでしょう。多くの宗教的紛争と結びついて捉えられるなかでは、キリスト教等の一神教のあり方に対する嫌悪の感情というべきものが生じていることを指摘できるでしょう。

後半の主題となりますが、いわば伝統的な自然宗教ないしその哲学的把握の一つである汎神論的世界観への回帰的あこがれは広く見られる現象と思われます。一部言論に見られるようにキリスト教やイスラムへの嫌悪から、一神教よりは多神教のほうがいいのだ、というように、あらためて伝統的なる宗教への回帰が、とくに自己閉鎖的な語調で語られることともなります[7]。

3 日本の世俗と宗教

公共性をめぐる議論の混迷は、「世俗化」が超越的価値との緊張関係が希薄となった現代日本の思想的傾向のなかで語られることと関わっています。福祉国家型民主政治・政体の変質という転換点の一方の表現であったことはすでに触れました。日本でも関心がもたれた『公共圏に挑戦する宗教』の議論（ハーバーマスほか 二〇一四）を一つの手がかりにするなら、その転換は、次のように言えるでしょう。福祉国家型民主主義体制は二十世紀後半ではなお、「ばらばらになろうとするサブシステム」を「制御する力を政治はまだ持っており、社会が解体に向かう動きを何とか押しとどめていた」が、グローバル資本主義のもとで、変質解体し始めたことによって、その社会的統合図式がほころび、そのほころびが社会の諸様相に具現化してきたということができるでしょう（ハーバーマス「政治的なもの」、ハーバーマス二〇一四：一五）。

日本での、この本に寄せた多くの読者の関心は、宗教と公共性をめぐる、出自を異にする論者たちの見解の多様性でもあったでしょう。日本の読者の関心は、近代欧米社会の「政教分離」の理念と、その国ないし文化の違いによる具体的な差異はどのようなものかという知的関心であったろうかと思われます。非キリスト教的社会である日本ではどうかということには多様な意見があります。私自身は、公共と宗教性との関係は、フランス的な政教分離以上に潔癖に捉えられているると同時に、他方でいわゆる知識層主導の議論が、民衆的宗教的心性とやや乖離した観念性をもっているのではと感じています。すこし思想史的に事柄を整理しておきましょう。

近代日本の採用した文教政策として、キリスト教なるものの公共圏からの排除ということがありました。明治開国後もしばらくキリスト教を「邪教」としていましたが、その後自由化されました。しかし、形成された明治の政治体制は、なお信仰の自由に一定の束縛をかけるものでした。教育勅語、明治憲法と具体的な政策面から論証できるところですが、ここでは時間的に先行する哲学倫理学の領域での事柄を取り上げます。

明治期の教育政策、文教政策に深い影響を与えた一哲学者として西村茂樹が挙げられます。西村は徂徠学派を学んだ後に洋学に転じた人物です。幕末では藩の家老を務めていた上層の武士階級の出身です。西村は、明治初期の道徳の衰弱を危機と見てその啓蒙活動を始めます。彼は、日本の宗教的教説を、世教《せいきょう》と世外教《せいがいきょう》に分け、世教に儒教と西洋哲学を挙げ、世外教に仏教とキリスト教を挙げます。世教はこの世のことに価値をおく教説であり、世外教は、死後の世界に価値を見いだし、魂の行方に価値をおく教説と西村は規定します。西村は世外教を退け、世教すなわち西洋哲学と儒教から、その優れた点を採用し、ふさわしくないものは排除して世俗の国民道徳をたてるべきと、主張しました。この主張は実際、文教政策としてほぼ西村の説くとおりに採用されました。明治憲法・教育勅語に深く関わり、「教育と宗教の衝突」事件では反キリスト教の論陣を張った井上毅の動向に先んじて思想的な意図と方向を示したのが西村茂樹でした。日本の社会において「超越的な宗教価値」を採る仏教、そしてとりわけキリスト教の排除につながっていきます(8)。

戦前日本の宗教政策は、西村の主張にも含まれますが、神道を宗教と見なさず、日本の固有の「習俗」さらには「国体」と見なします。その「国体」に反しない限り、キリスト教や仏教さらに民間宗教は、限定された信教の自由のなかにおかれました。マルクス主義への国家の応対とキリスト教への国家的反感は、ほぼ同程度であったと言うことができます。

固有信仰である神道が、実際的には宗教として機能しながらも、国家によって宗教でなく習俗ないし儀礼として捉えられてきたこと、その体制のもとで、自覚的なキリスト教をはじめとする信仰が、広義の神道的公共性のなかで、抑圧され、神道と自らの信じる信仰との間で、一種の二重帰属を強いられてきたことの影響は、戦後に至ってもなお続いてきたと言えるでしょう。神道の宗教性は、世俗の心性と対立するものとは捉えられず、多数の人々が依拠する習俗そのものとして捉えられました。意識的な信仰、選択的な自覚的信仰は、きわめて少数者による特異なものとされました。

日本での世俗化の一層の進行は、一部を除いて、超越的な価値、あるいは宗教的価値と世俗との緊張関係を保ちつつ両者の間で進むものとはなりませんでした。このことは今も影響をもっているし、広く日本の知識層の知的姿勢に関わってきたと言えます。

二重帰属の意識は、敗戦後の新しい憲法のもとで解放され、一挙に信教の自由へと拡大されました。しかしまた信教の自由は、他方で、無神論的傾向ないし、無宗教的であることと同義となっているとも言えます。より具体的に言うなら、自然主義的な世俗主義、自然主義的な世俗化の容認であるとともに、その世俗化は宗教性を含んではならないという暗黙の同意を含む、日本独自の世俗化であると言うことができます。そこでは、世俗化は「現実」のそのままの受容的容認となる傾向をもつと言ってよいでしょう。

4　東アジアの宗教と世俗

西村茂樹のねらいは、明治初期から中期に至るまでの時期に、少し誇張的に言うならば、新たに近代日本にふさわしい「世俗」を、「意志的」あるいは明確な目的をもって創り出す思想の運動であり動向であったと言えるでしょう。世俗のありさまをそこにあるものとして捉えがちな日本では奇異に映る言い回しかもしれませんが、こうした精神指導の原理性を区分けする西村の日本の思想史・歴史の認識は興味深いものがあります。以下『日本道徳論』（一九八六年、明治十九年講演稿本）により概観しましょう。西村によれば、日本の歴史を振り返り、「世外教世教相次いで到来し、仏道は上下共に一般に行はれ、儒道は独り上等社会にのみ行はれ」、「仏教に及ばず」という仏教優位の状況が続いたが、徳川期に入って、すなわち「三百年以前より儒道大《おおい》に武門の家に行はれ」教育政治法律ともに「儒道に根拠」をもつこととなったと言います。一方仏道は「下等人民の信仰するに止まりて」儒道に及ばず幕末を迎えたというのです（西村茂樹 一九八六：四）。

では明治維新以降の現状の認識はどうか。それは道徳的な空白期です。その現実を西村は儒道の「廃棄」により、「日本の中等以上の人士は道徳の根拠を失ひ、人心の固結力を弛緩し、民の道徳漸く頽敗の兆を萌せり」という状況と捉えました。その間、西洋から「耶蘇教・道徳学の流入」はあったが、それらも「全国公共の教」とはなりえないし、そもそも農工商の三民については、道徳の高下を論じる意味がないとします。士族以上には、「儒学の薫陶・本邦一種固有の武道があった」が「固有の教法」はないとします。ちなみに幕末に上位の武士であった西村は、武士道にほとんど意味を見いだしていないことがわかります（同：六―七）。少し後の世代であり、士族出身の内村鑑三や新渡戸稲造が武士道を新たに「発見」しますが、その認識の違いは興味深いものがあります。明治初年の道徳的空白感は内村や新渡戸に共通している面がありますが、その受け取り方は異なっています。

しかしだからこそ、「国の風俗人心を維持する」には「道徳」は是非とも必要だと西村は言います。ではどうするか、と西村は問います（同：一八）。ここであらためて世教と世外教の区別に意味が出てきます。その道徳は世教によるべきか、世外教によるべきか。

西村の結論は、世教である儒教・哲学の二教から「精粋を採りて其《その》粗雑を棄」て、「精神を取りて其形迹《そのけいせき》を棄」て、「一致に帰する所を採りて」「一致に帰せざる所を棄」て採用すべきだ（同：二八）、というものでした。

ここで対照的に、キリスト教に依って立つ同時期の哲学者大西祝《はじめ》の所説を見ておきたいと思います。大西は西洋哲学を学び『良心起源論』（一八九〇年［明治二十三年］頃）で近代日本哲学史に大きな足跡を残しました。後には井上らとの教育と宗教の論争の渦中でも反国家主義の立場で内村鑑三を擁護しました。

先ほど、明治初期中期の「世俗」の形成に西村茂樹は力をもったと言いました。現実に対比させ西村を浮き彫りにする他の思想家として、あえて言えば、異なる世俗の形成を考えていた一人として大西を挙げることができるでしょう。

その後、いわゆる教育と宗教の論争にキリスト教的価値に立ち闘った大西ですが、その現状の認識と、明治近代の直前の近世の宗教性については、西村茂樹とそれほど違いがないことを注意しておきたいと思います。ちなみに私は、今に至る日本キリスト教が宗派を問わず、少数者を除いて、「世俗」ないし「俗」の形成というある種冒険的な試みをなしえず[9]、霊的精神的な内面性の形成・重視に向かったと見ています。二人の関心は状況は異なりますが、多数の宗教的価値や教説にあふれた、いわばシンクレティズムの思想風土に積極的に関わっていくときに、両者の試みた見取り図は是非とも必要なことと思えます。ここでの相対的な俯瞰は、相対主義を超えようとする場合でも日本の哲学的思索に課された課題であると思うのです。

さて、他方、キリスト教という世外教に立つ大西の見方と立場はどうでしょうか。大西は『良心起源論』において、「普通の心識」（大西 二〇一三：二一〇）に立つという立場を明らかにしています。近代以前の宗教状況の俯瞰でもその「日常の心識」という視点は維持されていると言えます。大西は、儒教に相応の実際的道徳としての価値を認めるとともに、「仁」等の道徳説に、なお曖昧な点があることを儒教教説の歴史を丁寧に追いながら批判しています。またその「現世に限る（「鬼神を語らず」）教説を、懐疑主義、また「メタフィジカル」の問題を避けた「ポジチヴィズム」と見ています。大西は、「宗教的若しくは神学的若しくはメタフィジカル」なものを「道徳説の真相」と喝破しますが、その大西から見れば（「儒教と実際道徳」、大西二〇一四：一二三―一四一）、儒教道徳の「男女の差別」や「上等社会」と「下等社会」を分けたこと、儒教道徳が「君父の命」に従うことは批判されるところです。仏教については、風紀道徳への影響は儒教に及ばないこと、「仏教の力のあづからざるにはあらねども」「功績は之を儒教に帰せざるべからず」と、その働きは少ないと見なしますが、他方、「成程下等社会の者共には一般に神仏を信じ極楽浄土を祈るのこころありしならん」と見ており、実際上は仏教徒も、風儀徳行は「宗教的であるよりも」「孝悌忠信を根本とする」（同）と、儒教に依拠すると見ています。そのほか、武士道に「快楽主義」とは異なる禁欲的道徳に意味があるとして一定の評価をしています。

このように大西なりに、伝統思想、そして直近の近世社会の一般道徳を見ていました。西村と大西はその依って立つ立場が対照的ですが、近世以降の日本の宗教状況についても差異があります。西村は近世の宗教事情を、基本的には儒教に依ること、他方仏教は無知な大衆に浸透していたが論ずるには足りないと言います。武士道についてはそれほど評価していません。他方、大西は、西村が道徳的に意味がないとした平民を重視します。

ですが、宗派的立場を離れて、伝統思想を通底する一般道徳のあり方、あるべきあり方に向けるまなざしには、共通点があることがわかるでしょう。大西の平民的視点は、あえてキリスト教を意志的に選択したもののそれであって、支配者の側に立つ視線をもつ西村茂樹と大いに異なると言ってよいでしょう。

近代キリスト教が、旧武士層に浸透したことは確かですが、武士との連続性を意識した内村や新渡戸にはある種の選民的意識はあるとはいえ、そのキリスト教の受容は、平民の宗教として受容されたと言えるのではないでしょうか。世俗とは何なのでしょう。俗ないし世俗を見る視線になお近世の名残があったと言えます。こうして西村と大西を挙げて比較して明らかになる注意すべきことは、近代社会の形成期から安定期に向け、世俗を見る視線が一面化したことであります。大西が一方で保持していた形而上ないし超越的なものの感覚に対して、西村の視線すなわち超越的志向を廃し、まなざしを現世に局限する見方が広く共有されるようになります。北村透谷の内面への沈潜、内面の自由の主張は、こうした傾向への抵抗であるとはいえ、局限された世界にとどまりました。

問題をシンプルにするために、東アジアという局面で以上のことを別の視点から見ておきましょう。マックス・ヴェーバーの東アジア宗教論を引きます。現代から見れば資料的制約等からヴェーバーの誤りはいくつか指摘されますが、にもかかわらず東アジア宗教の思想史的な意味づけと性格づけには、なお学ぶ点があります。東アジアの共通の学問的思想的教養となった儒教についての議論を振り返ります。ヴェーバーは呪術を排除するピューリタニズムの倫理が「『世俗』に対する強烈で激情的な緊張対立の関係に押しやった」のに対して、儒教合理主義は「呪術の園を維持していく」ことをいとわず、それによって「とらわれのない地上の事物に対する態度」を維持し、「現世に対する緊張対立——現世の宗教的減価をも、現世の実際的拒絶をも含めた——を絶対的な最小限にまで縮小したところの、（意図からみて）合理的な倫理が、すでに考察してきたように、儒教であった」（以上、ウェーバー 一九七一：三七八—三七九）と評します。

ここにも示される世俗への二義的姿勢を注意しましょう。上述の呪術の維持をヴェーバーは「儒教倫理の内奥の傾向に属していた」としますが、儒教の本旨に戻ってみた場合、それは「鬼神」の問題です。たしかに孔子は鬼神を語らないとし、しかしまた統治論ではつねに鬼神を祀ることをその本旨としています。であるとすれば、支配層の儒教的教養人は、その装置としての超越性を統治にあたってつねに意識することとなります。その上で、ヴェーバーが道教のもつ補完的意味について周到に触れていることを念頭においておきたいと思います。

近世日本の場合、近年の研究では、個々の儒教の思想家たちが、一見宗教性と無縁に見える思想家とその思想が、いかに宗教的超越性を中核に措いているか、思想的に接近しているかが問題となってきました。宗教性に感受性をもつ研究者には以前から自明であったことではありますが、研究者の視線自体がながらく近代の超越性忌避の狭隘さと結びついていたことを示しているように思われます。狭隘さとは言うまでもなく、西村茂樹の「世教」観に規定され規制され育まれてきた心性であり傾向だと言えます。

現代の世俗化のただなかで、この狭隘さを抜け出る道を探ることが求められるでしょう。世俗の平板な肯定とは異なりながら、世俗のもつ意味を十分に意味づけられるような宗教の側からのコミュニケーションの必要性とも言うべきでしょう。

5　多神教の文化の克服——西田哲学と和辻倫理学

自覚的な学である哲学や神学もそうした傾向と無縁とは言えません。しかしながら、もちろん日本の哲学や神学の課題は、まさにその世俗化自体の意味を問い、そこからの価値的な精神的な旅立ちを遠望するものであることは言うまでもありません。

日本の宗教性を端的に表現するものとして、「多神教の国」というものがあります。その初めての表現は、起源は正確にはわかりませんが、その一つが中曽根康弘元首相の発言にあったことは記憶されているところです。中曽根元首相の政策は、日本を「普通の国」にするということで、現代の日本の政策の淵源ともなったものでもあります。こうした趣旨の発言は、戦前の日本でもきわめて稀な表現でした。天皇制はひとつの擬似的一神教であったからと言えます。「惟神《かむながら》の道」という主張があっても、多神性自体は問題にはなりませんでした。現代あらためて宗教的価値の多元性という問題と結びついた、ある意味で安易な思想的解決と言えます。

キリスト教および神学がなすべき方向を考えておきたいと思います。西洋的なるものの導入をのみ哲学や神学が目的としているだけの時代ではない今、いかなる哲学的課題を背負っているかに触れておきたいと思います。

キリスト教から影響を深く受けている近代日本の哲学の、宗教性とくに神観をめぐる二つの方向を挙げておきます。日本近代の哲学・宗教哲学の大きな山脈として、「京都学派」という学派の名前はご存じのことと思います。その哲学が、戦前の日本の東亜政策の政治哲学であったのか、とりわけ西田幾多郎の哲学の役割をどう評価するかが、この十数年の日本の哲学界の一つの議論でありました。この点に関わって、その西田幾多郎と、もう一人の倫理学者、和辻哲郎を挙げておきましょう。

よく並び称せられる哲学者ですが、両者の大量の著作は、宗教哲学的考察を多く含んでいます。他の多くの近代日本の哲学者と同じく、キリスト教へ深い関心を向けてもいました。

まず西田ですが、西田は、キリスト教の神秘主義とその思索を結びつけています。人は内面の主観と客観の分裂に悩みますが、その統一的状態を想定し「純粋経験」という概念を思索の出発点としました。西田は、さらに視野を広げ、内面の主観と客観の矛盾と相克を哲学的に解消したと言えます。「絶対矛盾的自己同一」が彼の最終到達点です。その立場は、その禅仏教の影響とされますが、その初期の著作より、独自の神観を述べています（『善の研究』[10]）。すなわち、自己を神と見ること、自己を神の反照、宇宙の原理と通底する場と見る西田の見解の形成にあたっては、ヤコブ・ベーメやマイスター・エックハルトのようなキリスト教神秘主義を参照しているのです。日本の神々を具体的に語ることは西田にはありませんでした。しかし人がそれぞれにおいて神につながると受けとめられる思想は、現在ではきわめて「汎神論的」であると解釈されています。多神性を、そして多神性の問題点を、西田は、汎神論的に捉えることで、自らの仏教的背景と日本の神道的宗教性を結合させたと言ってよいでしょう。西田はそのように人間と世界を捉えたうえで、世界と万物の基盤に「無」を見て取ります。要約すると、キリスト教的な神のあり方を他方で捉えつつ、仏教的無をもって、世界の根底、「世界と他者」と「自己」をつなぐものと見ていたと言ってよいかと思われます。

それに対して、広い意味では、西田を創始者とする京都学派の一人と言える和辻哲郎は、多神性自体を問うたと言ってよいでしょう。日本の神々の位階性に注目しつつ、皇祖神アマテラスを最上位とする神々のヒエラルヒーとそれに付随する神話を解釈し、日本の神々は、自ら決断をなしえず、神話にのなかで至高の存在と見なされる神でさえ、時に「占い」によって、さらに奥にある何者かの意志をはかり、忖度すると捉えました。神々のさらに上位に「神聖なる『無』」（和辻一九六二：六七）を配置するという仕方で、多神性を理解したのです。その再奥のものに一神教的な絶対他者を想定したとも見えますが、それを和辻は「無」と名づけています。両者ともその哲学は「無」に帰したと言えます（この無と和辻が人倫の根拠を「空が空ずる」とすることとの関係はなお問題として残りますが）。両者とも高い無との親和性をもっていることは否定できません（『日本倫理思想史』[11]等）。

とくに西田は、多くの弟子を育て、その弟子の活躍もあって、戦前日本の政治神学であったと言えます。両者の周辺には、またクリスチャンが多くいました。和辻は、その思考においてキリスト教の一神性へのあこがれとも言うべきものを蔵していました。西田が初期に「愛」をその体系のなかに位置づけようとし、和辻の倫理学的思索の中心に「間柄」「自他の関係」をおいたのも無関係ではありません。その傾向は、弁証法的に高次の哲学的議論とならないまま、対米批判、欧米近代の批判として、ひるがえって日本の独自性の主張として、とどまってしまったと言えます。またその哲学は、他方で、多文化主義的傾向をもっているとはいえ、民族や文化の差異を無視したアジア、そして東亜主義と受け取られるものであったことは否定できません。

他方、両者にあった、それなりの相対化と多元性への着目を十分咀嚼することは今に至るまで、できていません。現今の哲学の対応は、多神性の優位、奪宗教化されたと見える現代日本の世俗の絶対化に十分対応できないのではないでしょうか。日本キリスト教の神学的課題にもつながる問題であります。

戦後のキリスト教思想家は、戦前の政治神学の批判をもってその思索を始めました。ただ本稿で触れたような、「世俗」ないし「俗」の形成を、そこに生きる人間の変容、人格の変容という深さにおいて、論じた思想家は多くはありません。ここではその一人として森有正を挙げておきましょう。森有正は、戦前のキリスト教に哲学的思索が眼を向けていた「関係」（自己と他者の関係）の問題をさらに深めたと言えます。森を近代日本の哲学史のなかに記述することは、一九八〇年代から西洋の世界哲学史を描こうとする試みや、日本哲学の試みで見られるようになりました。[12]森の意味は、日本の人間関係を二項関係に入り込みそれが言語にも嵌入して、第三項的な相互的な客観性がさまざまな領域で成立しないことを的確に指摘し、かつそこからの変容を説いたことでしょう。[13]「革命の不在」を指摘する森の念頭には、当然に「世俗」自体の宗教的（かつ個人主義的）超脱があったことがわかります。彼の「社会的」といってはその可能性を狭くしかねない視点とそのキリスト教信仰との関係は、なお考察に値します。同時に長いフランス体験のなかで、逆に日本という経験に立ち返るその思想的軌跡に、明治開国以来のいわば自己言及的な言説の堆積をただの堆積とせず、正しく自己言及を他者に、世界に拓いていく着実な道筋のヒントがあると私には思えます。森もまた、「関係」を、また「他者への愛」をそれぞれにたどった近代の思想史哲学史を背負いかつ超脱しようとした存在の一人でした。

6　おわりに

福祉国家型民主主義の変質ないし危機は、グローバル化によるとはいえ、解決は現在のところ、一国の制度による対応が最短の有効な手段であるようになお見えます。解決を誤ると、一国的専制への道、文化的には自文化絶対主義を帰結しかねないと言えるでしょう。

世界宗教であるキリスト教の思想的課題は、自文化絶対主義の超克にあるでしょう。日本の思想は、まずはアジア大陸からの文明の受容によってその核心を作ったこと、アジア大陸からの、そしてのちには欧米からの文明、思想を「選択」的に受容しつつ、それを深めた歴史でありました。日本の思想史は、多かれ少なかれ、ある種の「相対主義」[14]を特質としています。他者との比較、他者同士の比較を必然的に遂行するからです。しかし、また、相対主義的な態度のうちに、もう一つ高次の信念体系に高めることをなしてきました。近代に入ってからは、少数者といえども、日本の思想風土のなかで、西洋の諸思想を、なかんずくその根底にあるキリスト教を「選択」してきました。

今後は、認識レベルの相対主義を、実践的に克服すること、同時に、相対主義がもつ多元的価値への容認を、即自的レベルから対自的レベルに引き上げること、それこそが課題となるでしょう。国境を越えて、現代の私たちが同時的な生活的課題に直面している世俗の現実に（環境問題、貧困化、等等）、どう向き合うか、解決を模索していくか、人々の情意のあり方を含んだ「生活」での共通の課題とは何かを共に考えること、そこにこそ、連帯や共棲への手がかりはあるのではないか、多元性を認めた連帯への手がかりはあるのではないかと、私は考えております。

注

（1）明治以来日本では、ディルタイおよびドイツ流の解釈学の方法の受容によって自らの思想史を描くという潮流が厳然とありました。そうした、日本思想史研究は、一九九〇年代の脱構築の思想傾向のなかで激しい批判を浴びました。和辻哲郎は批判の対象となった一人であります。ですが私は、ともかくもいったん日本の思想像を組み立て、批判にたる日本像を提示したことを、近代日本の哲学史における「僥倖」ともいうべき事象であったと考えています。その「自己言及性」をどのように拓いていくかが現代の課題であるのです。拙稿「思想史の方法と課題――文献学から解釈学へ」、『ディルタイ研究』第22号、五―二〇頁。

（2）かつて大木英夫は、自身の神学の方向について「『日本の神学』は『日本の神学』をさすのではない」と説明し、「日本の神学」の〈の〉は所有格の〈の〉ではなく、目的格の〈の〉なのである。つまり「日本が」所有している神学ではなく、『日本を』対象とする神学なのである」と書いていています（古屋・大木、一九九九：一一）。著者とは研究領域を異にしますが、日本の思想・日本の哲学についても同様なことが言えるでしょう。

（3）清水正之「東アジア近代哲学史の可能性」（藤田正勝編『思想間の対話――東アジアにおける哲学の受容と展開』）、同「本居宣長における「死と生」――18世紀日本および東アジアの〈知の配置〉へのまなざしを通して」（『茶山學』No.13、韓国語一七九―二〇三頁、日本語二〇六―二三八頁、英文要旨二〇四―二〇五頁）、等。

（4）宗教系学校への「道徳」教科書の配布という問題がある。二〇一六年度から全国の小・中学校に公立私立を問わず配布することと文部科学省は決定しています。

（5）仏教寺院の僧侶の後継者不足は、寺院に帰属する信者の減少によります。

（6）文化庁編『宗教年鑑　平成30年版』（二〇一九年）。キリスト教系信者数は、日本の全宗教信者数（一億八一一六万四七三一人、二〇一七年一二月三一日現在、各宗派が重複して信者を数えている）の一・一％、一九二万一八三四人とされています。推計全人口一億二六七〇万六〇〇〇人（総務省統計局人口推計、二〇一七年一〇月一日現在）の一・五％。他方、宗派教派の個別集計では、プロテスタント系五〇万九二九二人、カトリック四五万三四八人、計九五万九六四〇人となっており、一〇〇万人をすでに切り、この場合は全人口数の〇・七六%にすぎず、一%を切っていることは明白です。二十一世紀初頭からも減少気味です。<http://www.bunka.go.jp/tokei_hakusho_shuppan/hakusho_nenjihokokusho/shukyo_nenkan/pdf/h30nenkan.pdf#search = %27%E6%96%87%E5%8C%96%E5%BA%81%E7%B7%A8%E3%80%8E%E5%AE%97%E6%95%99%E5%B9%B4%E9%91%91%E3%80%8F%27> 参照（二〇一九年一二月五日アクセス）。

（7） こうした言説は戦前からありましたが、とくに戦後的な性格をもつ言説の起源の一つは中曽根康弘元首相によります。「欧米は唯一神主義だから、排他的であり、非寛容になりがちである」や、「日本は多神主義だから包括的、寛容である」という捉え方などが戦後の一つの見方です。こうした言説が見られるようになった初期は、イスラムについて一般の言論は触れることはありませんでした。

（8） 明治仏教の西洋哲学の摂取による仏教の再構築は「邪教」と扱われたことへの戦略的逆襲です。その点キリスト教は西洋からものであり、日本の神学・キリスト教学が哲学と内面的つながりを構築することは大分遅れます。なお西村が、哲学を超越性への志向をもたない「世教」と理解したこと自体の意味も再考する必要があるでしょう。

（9） 大西は「心識」をドイツ語の Bewusstsein の意として使う（大西二〇一三：一九）とともに、

「普通の心識」は「日常の言語」に表現されること、ただしこの「日常の言語」は単に「我国の言語」をいうのではなく、「他国の言語（殊に最も発達せる国語）をも含意している、と定義しています（同：二〇―二一）。

（10）西田幾多郎（二〇〇三）、二四〇頁。「宇宙と神との関係は、我々の意識現象とその統一との関係である。思惟においても意志においても心象が一の目的観念に由り統一せられ、凡てがこの統一的観念の表現と見なされる如くに、神は宇宙の統一者であり宇宙は神の表現である。この比較は比喩ではなくして事実である。神は我々の意識の最大最終の統一者である」等。

（11）和辻哲郎『日本倫理思想史』第一篇第二章「神話伝説における神の意義」。「究極者は一切の有るところ神々の根源でありつつ、それ自身いかなる神でもない。言いかえれば神々の根源は決して神として有るものにはならないところのもの、すなわち神聖なる『無』である」（和辻一九六二：六七）。

（12）Pörtner, Peter / Heise, Jens, Die Philosophie Japans: von den Anfängen bis zur Gegenwart, 1995など。

（13）森有正『経験と思想』ほか。

（14）拙著『日本思想全史』において、「相対主義」という言葉で日本の思想史の特徴を論じましたが、きわめて他者認識の端緒において「相対主義的」な対応するという意味で、限定的に使用しています。

文献

古屋安雄、大木英夫『日本の神学』ヨルダン社、一九八九年
ハーバーマス、ユルゲン、チャールズ・テイラー、ジュディス・バトラー、コーネル・ウェスト著、エドゥアルド・メンディエッタ、ジョナサン・ヴァンアントワーペン編『公共圏に挑戦する宗教――ポスト世俗化時代における共棲のために』箱田徹、金城美幸訳、岩波書店、二〇一四年
[Judith Butler, Jürgen Habermas, Charles Taylor, Cornel West, eds. Eduardo Mendieta and Jonathan VanAntwerpen, The Power of Religion in The Public Sphere (New York: Columbia University Press, 2011)]
ホネット、アクセル『私たちのなかの私――承認論研究』日暮雅夫、三崎和志、出口剛司、庄司信、宮本真也訳、法政大学出版局、二〇一七年
ホネット、アクセル『承認をめぐる闘争――社会的コンフリクトの道徳的文法』増補版、山本啓、直江清隆訳、法政大学出版局、二〇一四年
ルター、マルティン「キリスト者の自由について」、『ルター著作選集』徳善義和ほか訳、キリスト教古典叢書、教文館、二〇一二年

[Martin Luther, Von Der Freiheit eines Christenmenschen: Studienausgabe, Gesche Linde (Hrsg.) (Stuttgart: Reclam, 2011)]
森有正『経験と思想』岩波書店、一九七七年
西田幾多郎『善の研究』、『西田幾多郎全集』（新版）第一巻、岩波書店、二〇〇三年
西村茂樹著、吉田熊次校『日本道徳論』岩波書店、一九八六年
大西祝著、小坂国継編『大西祝選集1（哲学篇）』岩波書店、二〇一三年
大西祝著、小坂国継編『大西祝選集2（評論篇）』岩波書店、二〇一四年
Pörtner, Peter / Heise, Jens, Die Philosophie Japans: von den Anfaengen bis zur Gegenwart (Stuttgart: Kröner, 1995)
清水正之「本居宣長における『死と生』――18世紀日本および東アジアの〈知の配置〉へのまなざしを通して」『茶山學』No.13、韓国・茶山文化学術財団、二〇〇八年
清水正之「思想史の方法と課題――文献学から解釈学へ」、『ディルタイ研究』第22号（日本ディルタイ協会会誌、二〇一一年号）
清水正之『日本思想全史』筑摩書房、二〇一四年
清水正之「東アジア近代哲学史の可能性」、藤田正勝編『思想間の対話――東アジアにおける哲学の受容と展開』法政大学出版局、二〇一五年

和辻哲郎『日本倫理思想史　上』第一篇第二章「神話伝説における神の意義」、『和辻哲郎全集　第12巻』、岩波書店、一九六二年
ウェーバー、M『儒教と道教』木全徳雄訳、創文社、一九七一年
[Max Weber, Die Wirtschaftsethik der Weltreligionen, Konfuzianismus und Taoismus: Schriften 1915-1920, Helwig Schmidt-Glintzer und Petra Kolonko (Hrsg.), Max Weber-Studienausgabe, Band 1 (Tübingen: J.C.B. Mohr (Mohr Siebeck), 1991)]

第Ⅲ部

宗教が拓くコミュニケーション

社会がもつ宗教へのスタンスは、つねに両義的である。「われわれの社会は、宗教なくしてはやっていけない」。あるいは、「われわれの社会に、もはや宗教は必要ない」。互いに他を否定する二つが、それぞれに一定の真理として、あるいは価値として語られるならば、この二項対置を別のものに置き換えたらどうか。このパートでは、この二項対置を退け、論点を移動させる。

ここにあって問題は、宗教が必要か／不要か、という二律背反的な対置ではない。問われるべきは、宗教でなくては担うことのできない働きがあるか／ないか、という対置である。逆から言うならば、われわれの社会は、果たして宗教の機能的等価物を同定しうるか、という問いである。

Ist Religion unentbehrlich?

第7章 宗教は不可欠か

ニクラス・ルーマン
畠中茉莉子 訳

ずっと以前から、すなわち二百年以上も前から、宗教は近代社会において不可欠なのかということが議論されています。あるいは、宗教は理性と道徳へと解消されうるのか、もしくはそもそも完全に死滅するものなのかということが議論されています。こうした議論には、進歩の思想との目を引く並行関係があります。この進歩の思想には、つねにある懐疑、喪失の意識が伴っていました。知識、技術、豊かさ、そして法的安定性を合わせた意味における進歩が、すべての生活領域に均等に言えるわけではないことは、十分に知られていました。宗教は、芸術、そして上品な趣味と並んで、進歩の犠牲となったものの一つであるように見えました。かつて非常に好まれた文明と文化の区別もまた、このことを表現しています。この区別は、宗教が自身を文化として救い出すことを勧めていたのです。

十九世紀の終わりに強力に推し進められた進歩の理念への懐疑とともに、それゆえ宗教もまた、再び注目されることになりました――それは、ニーチェにおける伝統的な宗教形式の激烈な拒否、つまり「神は死んだ」という教理においてであれ、同時期に開始されたエミール・デュルケーム、マックス・ヴェーバーのような人物の社会学においてであれです。それ以来、宗教の不可欠性への問いや、宗教の未来への問いは、個人的な信仰の決断からは切り離されました。教会は、この宗教の不可欠性の問いが教会外の世界でどのように判断されているかに関心をもちます。教会は、何らかの事柄に即した根拠から肯定あるいは否定されえます。たとえ、それを行う人がマックス・ヴェーバーとともに自らを「宗教的音痴」と表明したとしてもです。

学問においてそうであるように、こうした問いは、それに答えようとする試みのなかで変化します。しばらくの間は、「世俗化」と名指しされた現象の度合いを評価することが問題となりました。それによって、その主題は段階化されることになったのです。宗教は、経験的に変化するものとして扱われ、たとえば教会に行く頻度とメンバー［信者］の数の後退において、あるいは信仰内容への問いが代表として選ばれた回答者によって教義学的に正しく答えられえた程度において、読み取られることとなりました。そうした調査の結果は、次のようなものでした。すなわち、宗教は衰退しているが、これまでのところは、完全に消滅してしまったわけではないというものです。そしてさらには、核となる集団は存続しており、一種の反動傾向に固く結合して、安定化する可能性もあるという洞察がもたらされました。しかしながら、こうした研究は、資料を超えた何らかの診断を許すものではまったくありません。そしてそうした研究は、あらゆる時代の信仰者が、信仰の神秘として、そして信仰の恩寵として表してきたものに、そもそも接近するものではなかったのです。

今日でも、この種の研究への関心はなおも存在しています。資料は絶えず維持され、時おり修正されます。ところが、二十世紀の終わり頃に、近代社会はこれまでに知られていなかった状況に自らを見いだします。この社会固有の構造の現実化のなかで生じる帰結が、可視的となったのです。そして問題となるのは、けっして産業化の帰結のみではありませんでした。科学的-技術的な発展、福祉国家へと傾く政治的な民主制、法規則の膨大な増加、学校のクラスの形式を取る教育、性的行動の解放、医学的な治療などの帰結もまた、問題となります。こうしたすべての状況の結合が、未来に関する一種の過剰決定、時間地平の収縮、不確実性の増大、そして現在においてすでに未来を処理してしまおうとするより大きな努力へとつながっています。

進歩の理念は、歴史の目的と終焉という表象を解消し、それをある方向を評価的に指し示すことに置き換えました。それが善へ向かうのか、あるいは悪へ向かうのかという問いは、二の次でした。今日では、こうした方向の意識も解消しつつあるように見えます。人はますますより良い生活の境遇を期待し、そしてまさにそうであるがゆえに、最悪のものを恐れます。進歩の理念の代わりに現れるのは、リスクの意識です。未来は現在においては、今下されている決定のリスクとして自己を刻印します。いずれにせよ、現在とは別様となるであろう未来による挑発は、それが未知であるという点にあります。そしてそれは、自由の条件であるとともに、不安の条件でもあるのです。

こうした状況に関わることが、既成の諸宗教にとってうまく行われてきたという印象はもたれていません。たしかに、人が世界を破壊するために、神が世界を創造したわけではなかったということは聖書から読み取れます。責任を促すか、自信をもつことを説教することも可能です。しかしながら、それらはすべて、宗教がなかったとしても納得のいくかたちで告げられることができるものです。そして事実、エコロジーの活動のなかで、教会と他の集団は協力し合っています。教会の集団が、ある指導的役割や主導的役割を担うことがあるかもしれません。東ドイツでは、明らかにそうです［執筆年当時］。こうした集団は、それによってこの主題に関心を寄せるキリスト教徒以外をも惹きつけることになります。ですが彼らは、そのことによってなおもキリスト教の信仰をもつようになるわけではありません。

諸教会が、こうした展開から活力を得ているということは観察されています。ある種の反近代主義的な宗教運動も、たとえばイスラムにおけるもののように、――たとえそう望まないとしても――宗教がまだ終わってはいないことを示しています。宗教の未来や社会的不可欠性についての判断は、こうした状況下では異なった結果とならざるをえません。問題となっているのは、単純にイエスないしはノーによって答えることのできる問いではありません。問題となっているのは、いかに、という問いなのです。

今日の宗教の位置づけを、旧来の世界における宗教の位置と比べてみると、少なくとも二つの注目すべき相違が認識できます。その相違の一つは、宗教的な生の意味への参与が、個々の人間にとってもはや必要ではないということにあります――生についても、死についてもです。人は、貨幣、それゆえ経済への参加を必要とします。人は法を必要とします。人は政治に関わっています。もし、諸科学の世界像が間違っていると仮定するとすれば、人は適切に生きることはほとんどできなくなるでしょう。ところが、人はいかなる宗教も必要としないのです。問題となっているのは、選択されうる一つのオプションです。宗教は、そのようなかたちで提供されています。つまり、個々人にとっては、なくてもよいものです。しかしながら、このことが、宗教は社会にとって不必要であるということまで意味しているわけではないのではないでしょうか。というのも、社会は、個々人の総計とは別種のものだからです。

ちなみに、過去の世界の高度文化は明らかに異なるものでした。そして多くの場合、そうした高度文化は、現世から逃れ、社会、何よりもまずその階層秩序から距離をとった宗教を許容し、それどころか要求しました。世俗の審判者は、社会において慣例となっている基準に従って裁くことはなく、比較を行うこともなしに、個人的な感覚に基づいて裁いていました。そして、運命を逃れること、死と甦りという機構から放たれることは、社会的秩序の外側の生――その生が実際に何と呼ばれるにせよ――を通じてのみ存在するものでした。政治と宗教は、すでに以前からもはや同一のものではなくなっていました。そしてエジプトに独特であった敬虔さの形式は、すでに古代世界では奇妙なものとして扱われていました。しかしながら、世界そのものが、宗教的に把握しうる秩序として認知される限りは、人間の社会における包摂は、必然的に、宗教的に規定された道徳を通じて進行しました。別様に表象することはできませんでした。十八世紀に入るまではまだ、無神論者たることは社会において不可能であり、彼らの無信仰は隠しておかねばならなかったのです。宗教そのものは、なるほど社会的関係からは距離をおいており、近代の個人主義に道を用意することになりました。しかしながら、宗教が今日個々人のオプションの事柄になったという事態は、宗教にとってはまったく新しい経験です。そして、こうした経験に対して、社会的態度の水準で、つまり慈善、寛容、人を惹きつけるための宣伝と配慮によって反応するだけでは十分ではないということは、確信できることでした。ここでは第一に、神学という問題が関わっています。

われわれが、回顧的に伝統として認識することのできるものに対する第二の相違は、概念的には、構造と機能の区別によって把握されます。構造としてわれわれに与えられているものには、教会と礼拝という組織の形式、宗教的な暦の時間リズムがありますが、信仰内容と、そのテキストもまたそうです。構造は、予期と意志疎通を調整します。構造がなければ、宗教は可視的となることはなく、また構造がなければ宗教は不可能です。しかしながらそれによっては、いかなる問題がこの方法で解決されるのか、そしてわれわれはそもそも何において宗教を宗教として認識するのかという問いは、まだ答えられていません。われわれはビッグバンを信じている。われわれは創造を信じている。この相違はどこにあるのでしょうか。

こうした問いは、機能の概念をもって答えられます。この概念は一方では、宗教という領域を、他の諸機能、たとえば学問、経済、政治の機能との相違において規定します。この概念はそれによって同時に、［宗教の］あらゆる構造を他の可能性の光のもとへおくのです。もし誰かが、宗教はいかなる機能を充たすのかと問うならば、こう主張することができます。すなわち、あらゆる宗教の構造には、同等の機能を有したものが存在すると。そして、そうであるがゆえに、宗教は、こうした問いを初めて立てた啓蒙以降も、生きるに違いないのです。

こうした状況への接近は、数百年をかけて展開されてきました。多数の世界宗教が知られており、そのうちのどれが最上のものであるか、あるいはそれどころかどれが唯一真のものであるかといった問いは、私的な判断に委ねられています。印刷術によって文字が流布して以来、それまでは異なってテキストに定位することが広く行われるようになり、聖書釈義のより大きな自由も認めざるをえなくなりました。神学は自身を解釈学として反省するようになるのです。教義、教義学、教条主義といった諸概念は、不愉快な意味合いを帯びることになりました。しかしながら、これらすべては、構造と機能の区別によってもう一度掘り崩されます。そこでの問いは、いかにして宗教的信仰が、とくに神学が、以下のような指摘を迎え入れ、そして対処することができるかということです。すなわち、信じられているものすべてについて、社会的に通用している観点のもとでは、機能的等価物が存在するという指摘です。それに抵抗する人もいるかもしれません。しかしながらそれによって強調されているのは、自身の信仰態度は、他者によって受け入れられうることもあれば、拒否されうることもあるということにすぎません。機能的な反省を行わない教義学に固執することは、宗教の受容が個人的なオプションの事柄になるという、どのみち発生する状況を強めるだけです。宗教的信条が教義に厳格になればなるほど、それはメンバーシップ［信者］との関連においてより選択的となります。それを望む人もいるかもしれませんが、そのときは次のことは受け入れねばなりません。すなわち、たしかに、どの教義を選ぶか（自己言及）ということを宗教上の制度をもってコントロールすることはできるが、しかし誰をメンバーにするかという選択（他者言及）を宗教上の制度によってコントロールすることはできないということです。

構造と機能の区別を、メディアと形式の区別で補完したとしても、類似の結果となります。ゲオルク・ジンメルは、この意味において、宗教性に基づく社会性と形式としての宗教を区別しました。メディアとは、自己を規定せしめる、なおも緩い未規定の構えです。それに対して形式は、メディアと比較すると強固な、意味の要素のカップリングです。それとともに、形式は、意識することのできるかたちでコミュニケート可能——そして批判可能——となります。それゆえに、あるメディアが形式へと結びつくことは、リスクのある企てです。それによって、受容か拒否かについての問いが用意されるからです。

こうした点についても、顧慮に値する歴史的な差異があります。比較的古い社会では、人間はすでに出自を通じて場所と家族に結びつけられていました。家のない生活というものは、ほとんど考えられませんでした。それゆえ、宗教的結びつきのための、緩やかに連結されているメディアは、何よりもまず家族を捨て、そしていかなる新たな家族もつくらないという掟を通じて初めて創出されねばならないものでした。宗教は、少なくともその野心的な成果の頂点において、家族に対する分化を必要とし続けました。印刷術が発展した時代および宗教改革の時代に至るまで、教会という審級が、家族生活へ干渉しようと努めることは、ほとんど見られません。それに対して今日では、結びつきがないこと、そして個々人が結びつくことへの構えをもっていること、この両者から出発することは可能です。そしてもし宗教が、信仰が増大していくことを求めるのであれば、そこで多様な社会的結びつきを引き受け、対応して声価を享受するのはむしろ個々人なのです。つまりメディアはあらかじめ見いだされるものであり、まずもって社会的秩序へと入れ込まれるものではないのです。しかしながら、そうなると、このメディアの宗教的形式による拘束は、ますます危うく、ますます解体しやすいものです。たとえば儀礼やテキストの文面への新たに宣伝された関心は、そのようなものです。それゆえに、こうした考察もまた、根本的な問題へと戻っていきます。すなわち、宗教は、自身をオプションとして提供するというリスクと関わることはできるのだろうかという問題です。

結局のところ、こうした挑発的な問いをもって、社会学は、分析的かつ記述的な可能性の限界に立つのでしょうか。たとえ、いかなる予測もあえて立てるつもりはないとしても、少なくともさらに二つの指摘が付け加えられるでしょう。

第一の指摘は、社会——それはもろもろの機能システムを伴うものですが——におけるもろもろの社会的なシステム、とりわけ宗教に関する社会的なシステムと、有機的-身体的に個人化された人間とを、これまでよりもさらにはっきりと区別しなければならないというものです。個々人はシステムであるところの社会の諸部分ではなく、その環境に存するシステムです。もし宗教の受容ないし無視が、個々人に任せられているのであれば、結局のところ宗教の社会的機能、重要性、そして場合によってはありうるかもしれないその不可欠性へと逆に推論していくことはありえません。宗教は、コミュニケーションのなかで実現されるのであって、心的性向において実現されるものではありません。コミュニケーションが意識なしには可能ではないということと、コミュニケーションへの参加が意識を「社会化する」ということは、自明のことです。同様に、この結果がコミュニケーションのなかで見られるということ、それどころか、意図されるであろうことも自明です。それにもかかわらず、社会というコミュニケーション・システムは作動的に閉じた独自のシステムです。そのシステムはコミュニケーションを通じて、コミュニケーションを再生産する――それは、心的状態を通じて心的状態を再生産したり、生命を通じて生命を再生産したりすることではけっしてありません。

宗教は不可欠であるのかという問いは、それゆえに社会理論へと向かいます。そしてこの問いは、意味と関わるコミュニケーション的な問題に、狙いを定めています。いかに「究極の問題」を定式化するとしても――顕在性と可能性の差異であれ、差異の統一というパラドクスであれ、そして必然的な偶発性であれ、あらゆる観察と記述の「それを可能とする」境界への依存であれ、あるいはまた世界のあらゆる記述の世界内性であれ――この種の問題は、それがコミュニケーションの過程において取り上げられるや否や、直ちに宗教を発生させます。このことが生じるに違いないということを、根拠づけようとしてはなりません。いずれにせよ、それが生じるということはきわめて蓋然性が高いことです。そしてその場合の問いは、そのつどの社会の構造的、そしてゼマンティク的［使用されてきた意味の蓄積］先行条件のもとで、説得力を得ることができ、それに関連する意味コミュニケーションのために、もろもろの形式が展開しうるかどうかということのみです。

　第二の考察は、つねにそのためにある神学に問いを立てるものです。神学は、繰り返し新たな読解を喚起することのできる、並外れて豊かな遺産をつかさどっています。そこには、公式には周縁へと追いやられている思考財、たとえば神秘論や、ニコラウス・クザーヌスの思考財が見いだされます。論理的で修辞的なパラドクスの吸引力へと入り込もうとしたその理論形成は、教理や教会政策的仲介を頼りにしている神学にとっては、むしろ不快なものでした。そしてこのことは、もしかすると神の概念に関わる問いにおける、あまりにも厳密な思考にも当てはまるかもしれません――たとえばクザーヌス的問題で言うならば、存在と非存在の区別、自己言及的な自己-自身-区別-可能性、さらに最終的には、区別されることと区別されないこととの区別に対する神の位置をめぐる彼の立場についての思考です。まさにこうした、区別可能性の由来や、統一という隠喩（Metaphorik）（ディアフォリク（Diaphorik）［同一の語を反復しつつ別の意義をもたせる悪魔的《ディアボリク》（Diabolik）なやり方］）への問いについては、今日重要ないかなる機能システムも、答えを見いだすことはありません――権力の単なる「正当化」に関心を寄せる政治システムも、構築主義的な認識論も、もっぱら教育という目的のために尽力する教育学も、貨幣の使用の帰結によって不安にさらされている経済の理論もです。ポストモダンの理論が、まさにこうした問題を解決できないものと見なしていること、そしてパラドクスを通じた知的な魅惑が、ニーチェからハイデガーを経てデリダに至るまで強く現れ出ていることは、次のことを示しているにすぎません。すなわち、それは、もはやいかなる最終の形式も見いだしえないままに、社会がいかにして自身についてコミュニケーションをしているのかを示しているだけであるということです。

前近代の諸社会は、まさに宗教を通じて、区別の由来を説明し、そのパラドクスの解消を申し立ててきました。宗教は、そのために——たとえば、創造者と被造物という非対称のように——不可欠の非対称性を用意しました。しかしながら、今日ではそうした非対称のもつ様相は、変容してしまった状況のなかで作動しています。区別することは、その限界的事例においては（これはまたもやクザーヌスがすでに反省していたことですが）、それ自体がパラドクス的です。すなわち、区別の開始と中止において、普遍的なものと原初的なものにおいて、そして区別において区別されるものと区別されないものに関わる区別の区別（ヘーゲル）において、区別はパラドクスなのです。このことは今日では、可知的な知識に属しています。それゆえ、（論理学においてすら）パラドクスの解消、脱トートロジー化、そして非対称化の導入は、恣意として現れ、誰がそれを行うのかという問いを呼びます。いかにそれが行われるかを知りたいのであれば、誰を観察しなければならないのでしょうか。

それゆえ、そう簡単に、次のことから出発するわけにはいきません。すなわち、神学がその伝統的文脈において、解決を見つけることができるということから出発するわけにはいかないのです。問題／問題解決という図式が、この種の問いにとって適切であるかどうかも疑ってしかるべきでしょう。くわえて、神学それ自体はいかなる宗教でもなく、また神学のテキストはすでに中世において、しばしば宗教的に憂慮すべきものとして等級づけられていました。

ともあれ、神学は宗教の問いにおいて、独自のアクチュアリティを維持してきました。神学は、真理を与えてくれるテキストという事実、ならびに啓示を放棄することができないことの十分な根拠を挙げる術を知っています。しかしながら、こうしたテキストのなかには、宗教の不可欠性についての問いも、それへの回答も見いだしえないがゆえに、神学はこうした主題に何ら貢献することができません。神学にできるのは、信仰の確かさと、それに関連する疑念を主張することのみです。そしてそれらを基準として、神学は未知の社会を測ることができます。つまり信仰者と非信仰者を区別することができます。ですがこの問題は、いかなる神学的問題でもありません。

神学は、別のところではいかなる解決も示されない問題に従事するか、あるいは少なくとも従事する可能性があるでしょう。ほとんどこう言えるかもしれません。すなわち、神学は情報の問題に従事しているのだと。神学は、たしかに自身が神の選好を知っているということをわれわれに信じ込ませようとします。そして、その名において正しい選択をも主張します。しかし、まさにそれをもって神学は、自己自身の作動に与する党派となります。そして、それゆえに、共感や反論に遭遇することでしょう。しかしながら神学の伝統においては、次のような問いが示唆されます。すなわち、なぜわれわれはそもそも区別なるものをしなければならないのか、という問いです。そしてアクチュアルな回答は、こうであるかもしれません。すなわち、未来が未知であるからだと。

【編者による追記】

本稿 Niklas Luhmann, „Ist Religion unentbehrlich?“ は、編者が一九八八年十二月にルーマンより手渡されたものです。当時、ルーマンは未発表論文のリストを用意しており、本論はそのなかの一つです。その後、末尾別紙に小さな加筆（二三六頁六―一二行目「神学は、真理を……ありません。」の箇所。なお改行後、„Mann“と記され、以下中断している。挿入位置は編者による判断）がなされましたが、それがどの年代で行われたか定かではありません。現在、ビーレフェルト大学でルーマンの遺稿や手紙、および著作作成に際して用いられた膨大なカードの整理と分析がヨハネス・シュミッド氏により行われています。今回の掲載にあたっては、シュミッド氏の協力を得て、本書に加筆版を掲載することができました。

（土方　透）

第8章　宗教的コミュニケーションの社会的重要性《レレバンツ》

ゲルハルト・ヴェグナー
土方　透　訳

世界で行動する私たちの自由は、物事をそうであるものとして知覚するだけではなく、そうでないものとしても知覚する能力の機能である。

（モリー・アンドリュース[1]）

1　はじめに

ここでは、宗教的なコミュニケーションの社会的重要性《レレバンツ》を、少なくとも二つの支配的な傾向を通じて特徴づけられる特有のコンテクスト、すなわち文化的、経済的、政治的なコンテクストのなかで、考察していきます。その一つは、ヨーロッパや西洋諸国におけるリベラルな民主的秩序の脆弱性が増大しているという一般的な傾向です。そして、もう一つは生態圏に対する脅威、つまり気候変動の問題です。

リベラルな民主主義への脅威に対しては、特殊な世論形成的なダイナミズムが内在しています。それは南アフリカにおける議論において展開される、「私たちは正義を望むのであり、民主主義は必要ない！」という一文に表されています。問題は正義なのです。あらゆる種類の障害と差別と侮蔑を解消することが、問題の焦点になっています。しかし、この目標がリベラルな民主的な機関によって達成されたことは、あまりありませんでした。むしろ、いわば民衆による《権力》への直接的なアクセスのなかで正義が貫徹される状況にある、と見なされています。民主的手続きは遅すぎる、複雑すぎる、不透明すぎる、したがって全体として正義を打ち立てるにはまさに不適切であり障害となるということが、身をもって体験されています。実際、いつであれリベラルな民主的ルールを順守するには、長引く手続きと最終的な妥協が必要とされ、その結果、願いや要求の直接的な貫徹のうえで、大きな犠牲が支払われざるをえないこととなります。《待つこと》を望まない、あるいは《待つこと》をできない人たちは、それを受け入れることができません。

このような状況のもとリベラルな民主主義は、それ自身に向けられたこうした脅威から身を守るために、どの種の実効性を有した基礎づけに頼り、また日常の生活に存するどのような結びつきを当てにすることができるのでしょうか。いかなる国家形態も、最終的に《質的な検証》によって成り立っているものでないことは、一般に認められています。国家形態は、特定の手順への忠誠から成り立っていますが、人が生活の形式としてその手順にとらわれなくてはならないということではありません。むしろ逆に、エルンスト＝ヴォルフガング・ベッケンフェルデの有名な文章を信頼すれば、この国家形態は、前民主主義的な、したがってその点では宗教的でさえもある結びつきの源泉に依存しています。そして見たところ、その源泉は、まさに国家形態からもろもろの忠誠を奪い去るかのようです。神への信仰は絶対的であり、多数決の結果に服するようなものではありません。それが、リベラルな民主主義を救うために宗教の促進を必然的に要請する現代人が存在する理由です。したがって問題は、［民主主義が必要ならば］西洋の現在の状況ではこれまで以上に、宗教に、ここではとくにキリスト教に見られるような、無条件の結びつきという着想が必要とされているかどうかということです。このように問いを発すると、直ちに次のような問題提起が続きます。すなわち、人が拠って立つこの無条件の結びつきのために犠牲を払う、その準備に関わる問いです。このことから、この問題提起がけっしてまったく毒にも薬にもならない当たり障りのないものではないということ、多分《冷たい》リベラルな民主主義の擁護が非常に《温かい》核をもっているということが、明らかになります。

同じような状況は、気候変動やその他の変化によってもたらされる生態圏への脅威に関しても見られます。大きな方向転換が必要なのは、実際の技術開発そのものだけでなく、とくに技術の創出全般に、また当然ですが経済に対する根本的信念と指導的価値においてであることは明らかです。自己の利益に固執するホモ・エコノミクスは、最終的には歴史のゴミの山に入れられるべきものですが、それに付随して、概して後続世代よりも現在の世代の利益を最優先するような構造的な決定が、心情的に非常に広範に及んで展開しています。これは言い換えるなら、諦めるための準備を必要としているということです。しかし、放棄の準備ができるのは、より大きな価値があればこそのことです。仰々しく言うならば、真の豊穣さ（Fülle）の経験をもって初めて代替品の放棄が可能になるのです。

絶対の結びつき、犠牲、放棄という一連の概念的な主題が、次の問いへと続きます。それは、リベラル民主的秩序の擁護および自然的生活基盤の保全をめぐる対立に関わる議論の文脈のなかで、キリスト教という宗教がどのような役割を担っているのかという問いです。そもそもキリスト教は、この五十年間ドイツでつねにはっきりとしたかたちで受け入れられてきたこうした秩序に、適応してきたでしょうか。あるいは、単に自己放棄という代償を消し去るために、明確な距離をおいているのでしょうか(2)。この宗教は、「世界を救う」ために何らかの効果ある貢献をしているのでしょうか。ここで、直ちに《ブレーキ》がかかります。すなわち、はじめから明らかなのは、キリスト教がこうした諸問題を解決するための有効な手段となることはないということです。これは、多くの理由からうまくいかないでしょう。とりわけ、宗教性というものが任意に利用できるような源泉ではないという理由が挙げられます。宗教性は、いわば外部からコントロールすることができません。たとえば、誰かが祈ること、それはあらゆる影響力の行使の対象外です。基本的な宗教行為としての祈りは、純粋な自律性であり、また《外部から》見れば純粋な自己参照であり、本来そうあるべきものです。

したがって、民主主義の維持あるいは気候変動との闘いに対し宗教がいかに貢献するかという問題について、直接的な答えを用意することは、あえてしません。

さらにまた、一般に受け入れられている政治的共通理解《コモンセンス》を分析すると、ドイツの宗教が、いずれにしても非常に特別な仕方で簡潔にして意味深長な《圧倒の禁止（Überwältigungsverbot）》(3)のもとにおかれており、そのために不利な条件を負っていることも明らかです。宗教は、公共の空間で出しゃばることをせず、控えめな議論で登場し、いかなる場合も変質を求めたり、過度に雰囲気を高揚させたり、ましてや多くの人々を改宗に導くなどということを目指してはなりません。その教義を十分許容でき、論証的に調整可能な定式へと解いていくことができれば、それが最善です。これは、たとえば「隣人を自分のように愛しなさい！」という訓戒を、次のように解釈することを意味します。「あなたの市場参加者としての行動が、同胞に及ぼす結果を十分に考慮しながら、自分の利益を最大化しなさい！ その際、その同胞の好みを自分自身の好みと同様に尊重しなさい！」(Homann 2009, 59)。この文言を隣人愛という戒律の解釈として内容上いかに評価しようとも、公的議論の場ではまったく気まずさをもたずに提示することができます。しかし、この訓戒をこのように理解するならば、そこでは本来の宗教的モーメントを取り除かれていることが、直ちに明らかになります。本来の訓戒は、その言論行為そのもののなかで、非常に強力な超越的言論行為として戒めの妥当性を喚起しますが、論拠を示していくような理解ではそれが解消されてしまいます。つまり、その全体が他の多くの議論のなかの一つ、したがって遵守するもよし、しなくてもよし、というような一つ見解にすぎないものになってしまいます。実際、これがキリスト教倫理を保持する唯一の可能な途なのかもしれません。しかし、それはあまりに高価な代償を伴うものと言えないでしょうか。

もちろん、宗教的なコミュニケーションの性格について、あるいはより限定的には宗教的な行為の性格については適切に争われます。このことほど、宗教社会学者や他の多くの人たちが、独自の対象として際立たせているものはありません。したがって、宗教的態度に関わる内容豊富な定義を探すにあたって、まずは実用的《プラグマティッシュ》にキリスト教の核心に関わる定義にさかのぼることには価値があると言えます。場合によっては、その政治上の想像力が有する特徴的な性格を明らかにするためだけだとしても、それは有益でしょう。この点で、スヴェンド・アンデルセンの優れた研究である『愛からの権力』から範例として一つ引用する価値があります。そこには、次のような一文があります。「キリスト教の信仰は、人間的な権力行使の性格をもたない行為によって構成されており、それゆえ政治の分野に移すことはできない」というものです（Andersen 2010, 82）。この逆説的な定式が意味することは、リベラル民主主義的な秩序（あるいは気候変動）に対するキリスト教徒の参与《アンガジェ》は、そもそもすべての政治秩序の構成的諸条件から、そしてそれらのリベラルな秩序からさえも根源的に区別されるような、実存的に宗教的な信仰態度から生じている、ということです。すなわち、リベラルで民主的な権力の行使への同意は、愛で満たされる人生の領域から生じます。それは、権力のいかなる形態からも距離をおいています。それゆえに、はっきりとしたかたちでの信仰体験と信仰表象の領域が問われるのです。サイモン・クリッチリーは、この方向における信仰を「私の力を凌駕し、また私のすべての力さえも要求する無限の要請に関わる自己の制定（enactment）」と定義しています（Critchley 2014, 8）。これこそ、まさに宗教的コミュニケーションの中心点にほかなりません。すなわち、最終的にはリベラルで民主的な秩序に対してさえ活力を見いだすその結びつきは、超越的なカテゴリーです。このカテゴリーが、リベラルで民主的な出来事を――不埒な言い方にすら聞こえる《世界の救済》を――そのものとしてはるかに凌駕し、そのどちらの場合であれ、徹底的に活力を絞り出すことを可能にします。[4]

以下では、ここで示唆した連関を、とりわけ宗教的コミュニケーションの社会的内容または社会的重要性《レレバンツ》について論じていきます。政治的または経済的な問題解決に対するその意味に関わる問いは後退しますが、ここで議論される枠組みとしては、そのまま残ります。明らかになるのは、キリスト教的な宗教性がもたらしうる意義というものが、《リベラル》に抑え込まれたり、躾られたりすることで達成されることはないということです。二千年前と同じように今日においても――それが個人レベルでどのようなかたちで体験されるにせよ――、《神の力》を通じた社会およびそのなかの個人の変容が、主要な課題です。何らかのやり方でこの力の領域に入ることなくして、真なる宗教的コミュニケーションへの参加を考えることは、まず考えられません。

2 テーゼ

ここでは、宗教的コミュニケーションと社会的行為との関係を理解するうえで、説得力のあるテーゼを中心に扱いたいと思います。宗教的コミュニケーションの社会的な核を構成するのは、《豊饒さというフィクション》です。先述の《力の場》は、特別な社会的位置関係のなかで、神の《イマジネーション》が何らかのかたちで明確に表現されるような《精神の力の場》として、徹頭徹尾《現実的に》経験されます。その場合、教会での礼拝などの宗教的儀式や、その他の共同で施行される特殊な伝統において高度に個別化されたほとんどの宗教的な行為も考慮されるでしょう。ここで何らかのかたちで、経験の一種の宗教的組織化という問題が出てきます。つまり、人生の充実、現実、全的存在に関わる経験が明確に表現され、外部の世界には何の変化も生じることなく、いわば宗教的行為者に《流入》するような超越的な構図《フレーミング》の問題です。

こうしたプロセスは、宗教的経験への参与が――その経験の貫徹と再生産を必須とする日常の《現世的》経験であるとして――追求するに値すると見なされる限り、徹底して進行することができます。この観点から適切にもテリー・イーグルトンは、豊饒さの基本的な性格について、「自分の存在を自由に放棄することは、最も豊かに生きることである」(Eagleton 2018, 118)と表現しています。この自発的な自己否定は、多くの宗教において、悟りの核心となっています。それは、日常生活を広く光で覆う充足の諸形態を、成長させるものです。

社会における現実に対して、もともとの状況に規定された宗教的経験を超え、豊穣さのそのような経験がもたらす機能を問う場合、対応する宗教的フィクションは、生活における、あるいは社会における経験的な現実とはほとんど調和しないということを、まずもって言っておかなくてはなりません。宗教的なものは、いわば世界のなかで世界の《傍ら》を歩み、世界を新たにかつ異なったかたちで記述します。日常の仕事を宗教的に神への奉仕として理解する場合――それはたとえば、召命と職業をつなぎ合わせるルターのアイデアに見られますが――、注意を引き起こし、その関心の向く方向を変えることになります。ただし、それ以外は変わりません。それに応じて、通常では何らかのかたちで、宗教的な領域と世俗的な領域の間に境界線が引かれます。ないしは、宗教的なもの自体の濃厚な経験から、領域のこうした分割が生じます。

しかし決定的なことは、ここで狭い意味で宗教的に生じていることは、他を源泉とするフィクションの作用を困惑させるということです。まったく単純に、通常の社会における生活の権力関係を超えた、それとは別の現実が宗教的に開かれるからです。受け継がれてきた人々の慣行は相対化され、そのことを通じて新たに創り出された社会的空間が開かれます。それだけでなく、《内面に関わる》提案、衝動、態度、メンタリティを、社会における日常にだけでなく、政治におけるムーブメントにも注ぎ込むことができます。このようにして宗教的コミュニケーションは、それを明示的に目指さなくとも、徹底した形成力を社会において獲得することができるのです。

3　構想上の関連づけ

このテーゼおよびここで提示されている議論は、もちろん充分に表されてはいませんが、少なくとも考えていくうえで論じられなくてはならないものです。私は、宗教と信仰は（人間の生活世界との関連で）一種の中間世界において機能すると見なしています。社会科学的には、フィクションとイマジネーションの概念をもって理解されうる中間領域です。ある見方からすると、ここでは経験された生活世界が、物語的なもの、象徴的なものに《倍加》されます。この領域で人々は、創造的に活動し、神話上の予示（Präfiguration）[5]を受け取りながら、つねに新たな内的および外的イメージを膨らませていきます。また、経験的現実を魅惑的なものに変化させ、そのようなかたちで自分の人生をより強め、困難を《克服》していきます。その際、フィクションと現実の間の相違が知覚されなくなると、誤った展開につながる可能性があります。しかし、結局のところ現実世界に無媒介に到達することは不可能に近く、それを判断することは非常に困難です。つねに、《別の事実》が存在します。そして、フィクション的なやり方を欠いてしまえば、社会における生活の可能性や要求と、より自由に、またより自身に基づいたかたちで関わることは、ほとんど想像できません。とくに自己自身のもつイメージは、それぞれのコンテクストへの適応、比較、または差異において、何らかの方法でつねにフィクショナルに構築されます。単に、記述し、分析するというのではなく、つねに努力、願い、そして関心を導いていきます。

この関連で宗教的コミュニケーションの構造にとって決定的なのは、私が《宗教のスーパーフィクション》と呼ぶものです。すなわち、「全体を理解できるようにするために、宗教は超越的な位置を仮装し、そこからのみ全体を全体として見られるように」します。[6]このようなフィクションの必要性は、多かれ少なかれ何度も形而上学的に根拠づけられてきました。たとえば、ルートヴィヒ・ヴィトゲンシュタインの『論考』の終わりには、こう記されています。「価値を持つ一つの価値が存在するのであれば、それはあらゆる出来事の外、したがって存在の外になければならない」(6.41)(Wittgenstein 1973, 111)。すべての存在は偶然であり、その結果、どんな現実の価値をも指し示すことはできません。したがって、その価値は世界の外で想定する必要があります。しかしながら、この点について、哲学的、形而上学的に言われることは何もなく、ただ宗教的にのみ何かが示されうるにすぎません。古典的な神の存在の論証には、証明されるべきものの存在を前提にするという不備があります。したがって、それ自体はいかなるかたちであれ、その存在を反駁するものではありません。しかし、実際、フィクショナルな参照構造という特徴を、最も際立ったかたちで提示しています。[7]

もし、人間の宗教活動が人間学的な何ものかの要素に基くのであれば、それは明らかに、生きることのできる生命に与えられた可能性が十分なものではないということです。つまり、「すべてである以上に、もっと多くのものがあるはずだ!」(カール・ウォルフ・ビーアマン［ドイツの詩人］)。あるいは、戦後ドイツを代表する画家アンセルム・キーファーの芸術的ビジョンです。彼は、「なぜなら、私たちは皆、人生の外にある点を求めているからである。私たちは、いつも人生にとどまるということを望んでいるわけではない。私たちは、人生を超えた人生の外にある何かが欲しいという考えを持ち、そのような理念に悩まされている」（Kiefer 2010, 30）と言っています。このような人生の苦しみは、必ずしも宗教的なコミュニケーションにつながるとは限りません。もちろん、その場合にはこの苦しみは解消されます。

このような宗教のスーパーフィクションが実際に人間の経験可能な生活世界においてどの程度なされるかという、いわば転換は、宗教が異なればまったく違ってきます。しかし、明白なことが一つあるように思われます。それは、このようなフィクションの性格を有したコミュニケーション構造のなかに舞い降りることとは、最初から強力な価値評価を含んでいるということです。言い換えれば、宗教的コミュニケーションは、そのもっともらしさを、いわば自ら産出することを目指しているのです。それは、独自のコミュニケーション構造を厳密に参照しながらコミュニケートしています。この点で、近現代の社会における宗教の信者についてニクラス・ルーマンが述べた有名な文章は、きわめて一般的に妥当するものです。彼は言います。「それらは、そうすることによって、今日では宗教に信仰告白をすることに、宗教以外の理由はもはや存在しないことを、ますますはっきりと感じ取っていくからである」（Luhmann 2000, 136）。宗教へのコミットメントに対し非宗教的な論証がなされる場合、それは、いわずもがな概して不適切であると見なされています。その効用を考慮することの正当性が問われているときなどは、とくにそうです。

この点では、宗教は自律的に機能します。それは宗教にとって、利点として働きます。

こうした宗教的イマジネーションの基本構造は、宗教的儀式などの宗教的行為の形態を詳しく扱うとき、一層明白になります。それらの宗教的行為形態はあれやこれやの形態をとって、すでに社会的行動の型づけと結びつけられた宗教的な雰囲気なるものを構成しています。その雰囲気のなかでその構成を可能にする、いわば凝固した社会的感動が体現されているのです。このようにして、宗教的コミュニケーションへの関心の背後で、何らかの仕方で、自己自身を是認《アンエアケネン》する経験が《根源の力》(8)によって存立できます。あるいは、少なくともそのことに対する願望が、存立可能となります。宗教団体の課題、キリスト教の場合では教会の課題ですが、これはその是認またはそれを取りなす可能性を指し示すことにあります。ゼーレン・キルケゴールの言葉を借りるなら、教会の課題は、特別な仕方で、人々が神を愛せるように手助けすることにあることになります(9)。

4　フィクションとしてのコミュニケーション

宗教のフィクション的性格が有する機能のあり方について言われていることの背後には、ある社会科学的なイメージがあります。それは、社会はその核心において意味の構築に基づいて、すなわちイマジネーションの能力で《成立している》というものです（Castoriadis 1984）。人間の行為とコミュニケーションの本質は、何かをすること、あるいはやめることを私たちにイメージさせる能力にあります。それは、私たちの《思考感情》を形成する創造的かつ流動的なものです[10]。社会学者イェンス・ベッケルト（Beckert 2018）は、この考え方を資本主義の力学を説明するために利用します。この場合に決定的に重要なことは、彼が英国の経済学者ジョージ・シャックルから継承した「評価は予期であり、予期はイマジネーションである」[11]という指導的テーゼです。社会におけるコミュニケーションは、状況、態度、行為を持続的に評価することで成立しており、同時に、このことがつねに将来の予期を現在の状況に投影します。評価に関係なく、それ自体で存在するような事柄《ファクトム》はありません。しかし、このことによって問題になるのは、つねにフィクションの大きさで作動するコミュニケーションです。その中心にあるのは、遂行《パフォーマティブ》的な振る舞いです。つまり、現実構成はつねに自己言及的に行われます。それは、いわばどこにもつながれることなく空中に《垂れて》います。それが摑むことのできるような具体的な何かに基づくと見なされるならば、本当の客観性は得られません。たとえば制度的または組織的に行われるものはすべて、根本は守らなければならない約束事から成り立っています。そして、それが長い間守られるのであれば、自然に発生したものであるとの印象を得ます。しかし、それらは自然なものではありません。すなわち、既存のものと関わっているのではなく、最終的につねに自己自身に関わっています。

この考え方を経済の根底にある主張を用いて古典的に描くならば、その課題は資源不足を解決することである、そしてこのことからこうした考え方が、自然的必然性そのものとして正当化される、ということでしょう。これに対しては、希少性は経済システムで繰り返し産出され、そのシステムのなかで解決されるためのものであるということが、当を得たかたちで示されます。すなわち、希少性は仮設的《フィクティフ》なのものですが、非常に実効的《ヴィルクザム》なものです。したがって、経済における欲求でさえあらかじめ存在するものではなく、それはその充足を達成するために経済システムのなかで生み出されます。これに対応することが、経済の中心的媒体《メディア》である貨幣にも当てはまります。貨幣は、日用品に交換されてなくなってしまうようなものではなく、それが支払われることで、その支払い以前よりも多くが環流する（つまり投資的に取引される）ように機能する必要があります。その限りで、支払いは再帰的に組織化されています（Beckert 2018, 73）。したがって、貨幣はまずもっての交換の媒体《メディア》というのではなく、《可能化する媒体《メディア》》です。特定の地平の可能性へのアクセスを構造化することで、取引のイマジネーションの次元といったものを表しているのです（Deutschmann 2001, 72 u.ö.）。

同様なことが、宗教のシステムにも当てはまります。宗教システムにおいても、充足を得させるために宗教へのニーズが生み出されています。古典的な表現を用いれば、信仰においてこそ人間が罪人であることが明白になり、《それをもって》教会の救済を必要とする必然性を認識します。さらに、私が罪人であることを再び認識するのは、救済への希望においてです。このようにして、つねに自己言及的な循環が問題になります。こうしたことから、社会におけるさまざまな制度化された諸過程への信頼は、まさにこの循環にかかっています。それゆえ、場合によっては破壊されることもあるでしょう(12)。

この見方の延長線上では、社会的な諸状況をつねに、個人や集団が認知的にだけでなく感覚的に《思考感性的に》も結びつけられる、一種の情緒《シュティムング》として分析することができます。この見方からすれば、この情緒《シュティムング》は《連帯的一体化《アインライブング》》と理解できます（Schmitz 1977）。これはとくに文化と宗教の象徴的なコミュニケーションの分野で当てはまりますが、イェンス・ベッケルトが説得力をもって述べているように、経済などのおそらく《ハード》で、フィクションから自由で、事実に関連する生活分野にも当てはまります。ここでも情緒《シュティムング》は、客観的で独立した事実によって生み出されたり、影響を受けたりすることはありませんが、ナラティブな戦略の基礎となります。すなわち、「市場参加者全員が投資家の信頼に影響を与えようと、ストーリーを語る(13)」ということです。フィクションが圧倒しています。しかし、このようにして、実際に経験可能な《力の場》がここでも生じ、未来の不確実さはすでに解決されているかのようです。この点で、まさに経済的取引行為は、フィクショナルな「あたかも-言説（Als-ob-Aussage）」を必要としています。もはや今日においてつねに重要なことは、最終的な成果は不確かであれ、決定を下すことです。たとえば、その限りで企業という世界は、遠く離れた環境に影響を与えることを目的としうるほどの理性的なものではありません。むしろ、もろもろの目的は現在の行為のなかでの手段であり、行為は離れた目的のための手段ではありません。[14] 未来は、今、ここにおいて、問題にされ解決されます。欲求は絶えずイマジネーションへの視線へと転換され、フィクションのコミュニケーションのなかで発展し続けます。欲求は、無限に増加していきます。だからこそ欲求は、とりわけ経済の領土拡大の土台となっているのです。したがって今日、宗教は寄る辺なく片隅にとどまり続けているかのようにしか見えません。せいぜい、負け組の面倒を見ることくらいしかできないかのようです。

経済は、希少財を前にした人々の基本的な欲求を最大限効率的に満たすというあり方をすでにはるかに超え、自律的に展開するシステムとなっています。その対象は、最終的には人間のファンタジーです。したがって具体的な財の取引は、それを入手した時点でつねに期限切れ、つまり古くなっていると言えます。言い換えれば、将来への約束は商品と一つの組を成し、さらに広く展開するのです（Haug 2017）。この点について、イェンス・ベッケルトのように、経済は世界を魅了し続けていると言えるでしょう。経済は、聖なるものの世俗的な形態を育てます。資本が可能とする空間は、原理的に一切限定されません（Deutschmann 2001, 135）。このことにより近代の経済は、世界を人類史上いまだかつて存在していなかった商品として、普遍的に扱うことを現実に行っています。しかし、これが行われるのはまさに、普遍的な合理的行動に基づいてではなく、当該の機能によって、ないしはとりわけ貨幣のフィクションを通して成し遂げられる、不確かさの枠組みにおいてです。このプロセスもまた、循環的に機能しています。すなわち、貨幣は資本として不確実さを生み出し、すべての展開を推進します。その際、貨幣は必然的に人間の生産活動を貨幣自身の動きに取り込みますが、つねにその関与を減じるように努めます。ここにクリストフ・ドイチュマンは、貨幣の自己行使が超越的な目的を実現するとして、現在の経済秩序の先験的な関与を認識しています。貨幣は資本として、絶対的な豊かさに向かうのです(Deutschmann 2001, 130 ff.)。

このフィクショナルなコミュニケーションを通じて、資本主義経済は人生の豊饒さ(Fülle)を実現しています。したがって、宗教性やキリスト教信仰のさらなる存続という点で関心を引くであろうメガトレンドは、スピリチュアリティや、それに類するものではありません。この世のどこにでも存在する魅惑のフィクション的な性格がそれであり、その性格において、古典的なキリスト教の約束(健康、永遠の命、豊かさ)も満たされるように見えます。

5　豊饒さというフィクション

宗教的伽藍の世界にさらに深く入り込むならば、まず最初に神話の世界について議論する必要があります。それぞれの神話は、それ自体で複雑な宇宙《コスモス》を表しており、単に記述または解釈されるだけでなく、つねに新たに創造されています。それは、《霊の力の場》における（また、《霊の力の場》として）、あるいは特定の情緒《シュティムング》のなかで、その存在を現実化します[15]。神話のその現前では、すべてが前兆《まえぶれ》や神託《おつげ》ないしは奇跡となります。感性的なものと神的なものが混ざっており、したがってそれらを分けることは、事が終わって初めて追加的にできることです（Cassirer 1987, 296）。神話を祭式として経験するならば、それら二つが分かれているかどうかはもはや問題ではありません。この点で、神話の核心部には、新たに生じる抗事実的な可能性――したがって、その限りで虚構的《フィクティフ》な可能性――が潜んでいます。それゆえ、どの程度神話が新たに創られるのかという問題が中心にありますが、いずれにせよそれは、苦悩と死を経験した、その結果として生じます。相応する《経験》から、とりわけ神話へと参与した人々の習慣や態度に関わるもろもろの帰結がもたらされます。たとえば、そこから古典的なプロテスタント倫理が生じます。その徳目は、義務の履行、父性主義的な配慮、粘り強さと忍耐、さらに犠牲的行為と事を為す心構え、自己責任、エリート主義的な支配理解などから、禁欲的な自然への接近、節制と無私にまで至ります。

しかし自明のことですが、神話に関わるということは、単なる良いこと、また無害なことというにとどまらず、近代的な自由の意識に逆行し、ややもすると破壊するかのような、非常に危険な力の存在をも含意しています。他方、神話は人間的なものの根底にあるフィクションをかたどっているため、実際に消えてなくなることはありません。要するにその限りで、これらの神話とともに、これらの神話に携わっていくしかないのです。アンセルム・キーファーによって繰り返し引用された問いに即して言えば、「神話を皆に可視的に取り扱わずに、あたかも集合的無意識の領域に沈めてしまうのは危険[16]」ではないでしょうか。

神話の機能様式をさらに分析するならば、神話を祭式、したがって儀礼から切り離すことはできません。儀礼は、象徴的な意味の秩序です。文化人類学者クリフォード・ギアツの有名な宗教的定義によれば、この秩序は、強力かつ包括的であり、また雰囲気と動機を継続的に作り出します（Geertz 1991, 48）。そのなかで、個々の人々は固定した意味応答に適合することができます。すなわち、「儀礼は、身体を巻き込むことで規律を躾ける」ということです（Braungart 1996, 83）。儀礼は、何かを媒介し、同時にその何かを執り行います。儀礼は、参加者同士に自己表現する雰囲気を醸し出します。その結果、人間の感情世界で同型的に機能することになります。特定の観点において、儀礼は意味をもたらしてはいませんが、意味をもっています（Braungart

1996, 93)。これらのテーゼは、最近の礼拝研究で検証されています。福音の伝達と提示は、教説と同じ源泉に由来します[17]。つまり礼拝は、教義から導き出されてはいません。逆に礼拝は、それ自体から倫理的性質を生み出す、そうした経験の世界を設けています。

6　アガペー

キリスト教特有の神話の足跡をさらに進むと、キリスト教共同体の愛の秩序であるアガペーを避けては通れません。ポール・リクール、リュック・ボルタンスキー[18]そしてその他の神学者たちは、アガペーを「〈満ちあふれ〉のエコノミー（Economy of Superabundance）」（Ricoeur 1980, 164）と特徴づけています。この概念は、豊饒さの経験の一形態を指しています。これは一方では、全般にわたってなされる先験的な承認という宗教的フィクションにきわめて深く結びついており、他方ではまさしくそのことをもって現実の経験世界に通じています。決定的なのは、無条件の相互関係です。すなわち、「アガペーにおいて承認が意味をもつのは、感謝への参照を通してだけである[19]」ということです。人間は《この愛の力の場》では、自らを賜物として受け取り、さらにそれを他の人に与えていく、そのような与えかつ分け与える存在なのです。したがって、アガペーの空間は、普遍的な寛大さの空間です。この空間を生きることができるのは、人間が

「値段の交渉をする」必要がなく、「惜しみなく支払う」からです（Eagleton 2018, 105）。豊饒さは、願望を達成させるその結果として生じるのではなく、逆にその反対のことから生じます。つまり、自由は自分自身を放棄することから生じるのです（Cassirer 1987, 265）。アガペーには何も不足していないので、欲することそのものが異質なものとなります。ただし、アガペーにも「ただ一つ欲するもの」があります。「与えること」です。それは、「アガペーの寛大さの表現」（Ricouer 2006, 280）です。この点で豊かさは、祈りによって、あるいは神と融合する他の形で体験することができます[20]。このように、アガペーはフィクショナルな性質の最高の形式を表しています。ここではすべてが、あたかも別のようにありうるかのようです。

ここで、若干の補足説明をしておきたいと思います。そのような態度の転換は、現実の政治の場においてはありえません。しかし、そこから、他者に対する《善行》のあらゆる種類のイニシアチブが生じる可能性があります。このことから、たとえば、政治という観点からはほとんど説明できない、人の歓待、もしくはもてなしということに対する権限というものが覚醒されうるでしょう。しかし、次のことは一般的に通用します。すなわち、「キリスト者は福音に従って世界に住むこともできるが、それは自分自身のためだけである。自分の人生に関する限りにおいて、彼らは放棄を実践できるのであり、またすべきである。これをそもそもの政治的な行為において実践し、したがって権力の行使を行おうとする試みは、隣人を傷つけることになる」（Andersen

2010, 45)。ただし、その善行は、アガペーの愛の秩序を、現実のさまざまな政治的な領域で明確に表現します。いずれにせよ、キリスト教の歴史のなかで鮮明に実現された例として、少なくとも四つの《制度》を挙げることができるでしょう。家族、喜捨、寄付そして福祉国家です。

7　変容

アガペーの意味で社会生活のフィクションを現実化可能にするには、何が必要でしょうか。この概念のもとに記述されるものが、けっして自明なものではなく、伝統的な生活の利点に異を唱えるものであることは明らかです。逆に、それに関わる人たちの自己利益を可能な限り生産的に互いに関連づけられるような社会的な諸構造は自明のものとして認められており、また効率的であると見なされます。経済が、その典型的な例です。それに対し、ここでは利己心を保持し育成するということではなく、その反対、すなわちそれを放棄することが問題となっています。その限りで、反《アンチ》-経済《エコノミー》と言えましょう。そのようなものがそもそも想像でき、さらに空想の産物以上の、あるいはまったくもって極端に描かれた理想主義的な理想以上のものに達するには、その前提条件を構造的および主観的なレベルで、より厳密に指定することが必要です。

ここで取り上げたいのは、変容《トランスフォルマチオン》という、人格や、場合によっては集団が変化させられた生成の体験のイメージです。それは、高揚した宗教的経験のかたちで、また真なる神の顕現《エピファニー》というかたちで起こります。この出来事は、何はさておき日常的に経験できる現実そのものとは何の関係もありえません。それに参与する人たちのフィクションの世界で起こり、その人格の核心を根本的に変えることができる出来事です。その際、古典的には、回心の体験という、ないしは全人格の別の世界観への《転向》――全き光に入り込むような方向転換――という人生上の体験が問題とされています。通常、この種の変化は、限界的な状況において、つまり二つの世界の渾然とした境目（Betwixt and Between）》、それを体験する者が日常生活の引力から引き離されるような特別な境界線という状況で生じます。ここに、自己超越のカテゴリーが登場します。このカテゴリーの文脈で人間が体験するのは、自己自身によって条件づけられた自由ではありません。自己自身をはるかに超える地平に巻き込まれるという体験です。これは、想像による実際の感動を通して、人格が根本的に変容する経験にほかなりません。

さて当然のことですが、このような激しい感動の仕方には、つねに多くの形態があることを理解しなければなりません。そのような形態は無害ではなく、むしろアイデンティティ形成のほか、人格を作り上げていく深層構造などにも影響します。そのような出会いに関わろうとする人は誰でも、諸力の空間に入り込みます。彼らは、そこからは無傷で出て来られないかもしれません。いずれにせよ、彼らが、自分たちがなかに入ったその形で出てくることはありません。キリスト教的観点において、ここでの問題の核心は、他者に対して自己を開いていくような人格の変化です。それだけでなく、他者の利害において自己自身を放棄する能力をもつことができるような人格への変化もまた、そうしたものです。これらは、何らかの力強い超越的な理念のためではなく、とくに秩序を必要とする人々の利益における、愛の秩序のためなのです。

この観点は、キリストの神話においてまさに、明確に企図されており、またキリスト教において卓越した意味を秘めています。キリストはこの変容を、まさに言語道断なやり方によって十字架上の犠牲になることをもって、ラディカルな形で具現しています。これは、すべての文化と文明を超えたものであり、キリストの正義《レヒト》に神が介入していることを表しています。キリスト教的には、この出来事との、すなわちこの自己犠牲的なキリストとの強烈な実存的同一化が、アガペーが立ち上がる前提条件である変革の中核を成しています。そして、自己否定のプロセスを再三再四可能にすると同時に要請をもする、十字架上のこの言語道断な犠牲を、継続的な儀式によって繰り返すのです。

宗教的コミュニケーションは、この作用様式において、人間の心と身体と思慮を捕らえ、神話に関わる機会を拓きます。ここで起こることは、一種の神の自己啓示《エピファニー》として経験することができますが、それはまた、私たちが作り出したものではない何かが《外部から》私たちに降り注ぐような認識プロセスの構造を意味します。ここにあるのは、固まっているものが溶け、「わかった！」と言えるような拓きが示された（あからさまにされた）状況です。ここでは、教説の受容などではなく、己に自己自身を見せ、己を変容させる何ごとかの経験という、決定的なことが起きているのです。

ここで言及されている変容プロセスは、マルティン・ルターの一五二〇年の『キリスト者の自由』のなかの有名な規定に、ルター派のプロテスタンティズムにとって決定的な方法で体現されています。この書は、こう締めくくられています。「キリスト者は自分自身においては生きないで、キリストと隣人とにおいて生きる。キリストにおいては信仰によって、隣人においては愛によって生きるのである」（Luther 2016, 67）。ルターがここで要約して記述しているのは、個人の根本的な変容です。つまり、自己自身に関わることから、自由において他者に関わることへの《交換》です。そうであるからには、自分の内に生きているのは、もはや私自身ではありません。キリストが、内から私を決める、ということになります。

ルターは、この交換が行われるプロセスを神秘概念で説明しています。それは、キリストが卑屈な召使である私と結婚して私と一体となり、私の罪業を引き受けて私を救済してくれるという、神聖な結婚式の古典的なシンボルの形を採用したものです。そこから出てくるのは、私のためにではなく、他人のために生きることのできる、私自身から解放された存在です。「見よ、このようにして神の宝は一人の人から他の人へと流れて行き、共有されねばならない。また、各自は、その隣人を、あたかも自分自身であるかのように受け入れねばならない。この宝は、……キリストから、私たちの中へと流れ込んで来、私たちから、これを必要とする人々の中へと流れ込んでいく」(Luther 2016, 65)。したがって、アガペーの愛の秩序は表面的に、キリストとの同一化から生じますが、より強力には私の自己がキリストと共に実際に融合することから生じます。このようにして、愛の仮想空間が生じます。私が他者に対してキリストになりうるということから生じる、自由な共同体の経験です。このプロセスは記述可能であり、努力追求することができます。もっとも、その実際上の実現がどうなるかは別です。まさに、きわめて深く想像された共同体です。

経済学の構築では、あらゆる可能性を手中に収め個人の夢を実現するためには、貨幣を意のままに使えるというかたちを取ります。他方、その正反対の事態が、生活の豊かさを何もせずにそのまま受け入れる場合です。つまり、自身の人生のコントロールを放棄することです。別の言い方をすれば、私は私を自ら所有していないし、自分自身を作り出すこともできません。要するに、「私は私自身の責任担当ではない」ということです。現に人生の充実は、その大規模なフィクション化によって実現されます。すなわち、何であれすでにすべてをもっているので、何も所有する必要はありません。ここでは、自己実現がプロセスの始まりではなく、自己否定がその始まりです。自分を差し出された者としてこのような形式で徹底して実現することが、自己実現の形式をまとうことを可能にするのです。しかし、この途を実際に拓いた人間は、明らかに法外なリスクと関わることとなります。誰もそのようなプロセスを、何の変化も受けることなく経験することはありません[21]。

問題はつねに、当該の宗教が、あるいはまた関連する文化の、そして政治の監督者が、どの程度までそのようなプロセスが自由に行われることを認めるかということです。あるいは、むしろ圧倒の禁止命令が、相当する経験をまさにドイツのプロテスタンティズムにおいて可能にさせないのかどうか、という問題です[22]。

8 結

そして、経験に基づく指摘があります。豊穣さのカテゴリーおよびさらには個人の変容の現実化可能性について、相応の諸条件を満たすと判断された後、それに対応するプロセスや現実、あるいはそうした経験といったものが、いったい中央ヨーロッパやドイツのどこにあるかということが問われます。すでに述べたように、ドイツでは、〈圧倒の禁止〉が宗教の分野、まさにプロテスタンティズムの分野で予防的に強力であり、それゆえ宗教の活力が全体にわたり、より一層低下しています。福音派の陣営で見られるように、活発な根本主義のある種の残滓でさえ、衰退に傾いているように見えます。宗教を啓蒙的に教化してなだめるような方法や、宗教を効果的に比較するような方法もまた、それに寄与しています。これは、巨大教会がドイツにおける宗教を調教し平定しているとおりです。巨大教会は、そのような調教力の能力によって初めて、特権的な宗教団体として承認されているのです。しかし、プロテスタンティズムはそのようなかたちで自分の墓穴を掘っているのではないのかという問いがあります。この問いについては非常に真剣に受けとめるべきでしょう。キリスト教が社会的にこのような形態で構成されていくという状況が、その宗教的力に依存するのであれば、この状況を前に「経験的に見ても、さらに悪い！」と言うほかありません。

最終的に、チャールズ・テイラーが世俗化に関して著した偉大な作品における、冒頭の表現が妥当します。その定点は次のとおりです。「人生は、この場所で、より充実し、より豊かに、より深く、よりやりがいがあり、より称賛されるのであり、そして高度にそうあるべきものなのである[23]」。宗教ととりわけ経済との間の張り合いは、そのような豊穣さの経験可能性を中心に展開します。誰がこの経験をしかるべき能力のもとに充足させ、体験可能なものとしうるでしょうか。豊穣さの経験は、宗教的コミュニケーションの社会的な核心です。それは、究極において自己本位であり、あまり民主的ではありません。そして、それに関わる人が、何らかの害を被らずに済むことはないでしょう。問題となっているのは、人生を担う偉大な力との触れ合いです。そして、最終的には、アガペーの観点において少なくとも民主主義の方向に導くような、まさにやりがいのある人生の経験です。というのも、その経験には他者への考慮がいつも構成的に根を下ろしているからです。そのような経験からのみ、無関心に陥ることのない、適格な自己拘束と自己相対化が可能なのです。

こうしたすべての観点で、旧約聖書の約束で締めくくることはすばらしいことです。「主は言われる。見よ、このような時が来る。その時には、耕す者は刈る者に相継ぎ、ぶどうを踏む者は種まく者に相継ぐ。もろもろの山にはうまい酒がしたたり、もろもろの丘は溶けて流れる。わたしはわが民イスラエルの幸福をもとに返す。彼らは荒れた町々を建てて住み、ぶどう畑を作ってその酒を飲み、園を作ってその実を食べる」（アモス書九章一三―一四節［口語訳］）。これは、紛れもないフィクションです。さて一体、何を導くフィクションでしょうか。

注

（1）Molly Andrews, Narrative Imagination and everyday life, Explorations in narrative psychology (New York, NY: Oxford University Press, 2014), 5. における Mary Warnock の引用。

（2）一九七〇年以来、教会は民主主義への信奉を表明してきました。しかしこれは、信仰を自ら断念することにもつながります。信仰というものは、民主的に決定できるものではありません。

この点について、カトリックは非民主的な構造を選択したように思われます。プロテスタントも、神およびキリストについて、同意できるものではありません。

（3）「圧倒の禁止」とは、一九七六年の「ボイテルスバッハ・コンセンサス（政治教育における三つの基本原則）」の第一のもの。「教員は、期待される見解をもって生徒を圧倒し、生徒自らの判断の獲得を妨げることがあってはならない」。

（4）それはすでにこの抽象的レベルで、宗教的絆がとくにある特殊な逡巡に作用していることを意味しているでしょう。この問題については、Gregory Bateson und Mary Catherine Bateson, Wo Engel zögern: Unterwegs zu einer Epistemologie des Heiligen (Frankfurt a.M.: Suhrkamp Verlag, 1993) の随所で、ならびにJoseph Vogl, Über das Zaudern (Berlin: diaphanes, 2008), 2. Aufl. を参照のこと。

（5）このテーゼについて古典的なものとして、Hans Blumenberg, Präfiguration: Arbeit am politischen Mythos, (Hrsg.) Angus Nicholls und Felix Heidenreich (Berlin: Suhrkamp Verlag, 2014) を参照。

（6）次の文献で的確に指摘されています。Armin Nassehi, Religion und Moral – Zur Säkularisierung der Moral und der Moralisierung der Religion in der modernen Gesellschaft, in: Gert Pickel und Michael Krüggeler (Hrsg.), Religion und Moral: Entkoppelt oder Verknüpft? (Opladen: Leske +

Budrich, 2001), 21-38, hier 28.

（7） 次の文献で的確に指摘されています。Christoph Deutschmann, Die Verheißung des absoluten Reichtums: Zur religiösen Natur des Kapitalismus (Frankfurt und New York: Campus Verlag, 2001), 2. Aufl.「なるほど証明されなくてはならないものの存在が前提とされているという神証明の欠陥は、その関心事が資本主義のイマジネーション上の（同時にマテリアルにつなぎ止められた）参照構造として把握される限り、事実上、その証明の最も優れた特性である」。(Helmut Kellershohn, Ein Institut zur ideologischen Aufrüstung der CDU: Die Deutsche Gildenschaft und die Gründung des ‚Instituts für Staatspolitik', in DISS-Journal 8 (2001)).

（8） 根源の力（Ursprungsmacht）の存在と本質については、Eilert Herms, Systematische Theologie, Band 1 (Tübingen: Mohr Siebeck, 2017), 593 ff., § 28 ff.

（9） Sören Kierkegaard, Leben und Walten der Liebe (Jena: E. Diederichs, 1924), 113.「他者が神を愛するように助けとなるということは、彼を愛することである。神を愛するように他者から支援されるということは、愛されるということである」。

（10） したがって、Kerstin Meißner, Relational Becoming – Mit anderen werden: Soziale Zugehörigkeit als Prozess (Bielefeld: transcript Verlag, 2019), 175 ほか、による考えである。

（11） Georg Shackle, Epistemics and Economics (Cambridge: Cambridge University Press, 1972), 2.

Jens Beckert, 2018, 153 による引用。

(12) Cornelis Castoriadis, 1984., 121 ff. による革命の理論。

(13) Jens Beckert, 2018, 136.「この意味で歴史は経済それ自体をコミュニケーションの場、そして経験的事実として創出している」(ebd., 138)。(Douglas R. Holmes による引用)

(14) Jens Beckert, 2018, 95 によるJ・デューイの引用。

(15) 概念的枠組みについて根本的に、Michael Welker, Gottes Geist: Theologie des Heiligen Geistes (Neukirchen-Vluyn: Neukirchener Verlag, 1992)、とくに「公的な力場」についてS. 224を参照。重要な部分として、「力場を公的力場として構成する、人間が担い手と担われるもの、構成するものと構成されるものとして参加することができ、また受け入れられているような場——これをもって、我々は神学的理解が立ち往生した数多くの謎を解き明かせる構造を持ち合わせるようになった」(ebd., 226)。および、Ulrich Beuttler, Gott und Raum: Theologie der Weltgegenwart Gottes (Göttingen: Vandenhoeck & Ruprecht, 2010)、雰囲気および神を経験する可能性というテーマについては、とくに308ff. 参照。

(16) 二〇一七年の宗教改革五〇〇年を記念する年に、まさにこの方向で的確にルターの神話演出回避について議論できます。それに応じて公的になされた演出は大いなる好評を博しましたし、論争的戦略——たしかにそのような戦略は、もろもろの論争および近代におけるルターの存在と絡んだ諸問題とをより明らかに、そしてどの点でも感覚的に認知できるようにしたものではありますが――に基づいてそれを行う以上に、ルターを一層有名にしたことでしょう。明らかにルターは二〇一七年に、圧倒を禁止するという視座から演出されました。

(17) Michael Meyer-Blanck, Gottesdienstlehre, (Tübingen: Mohr Siebeck, 2011), 114. および Die christliche Liturgie als Moralagentur der Gesellschaft, in: Claas Cordemann und Gundolf Holfert (Hrsg.), Moral ohne Bekenntnis?: Zur Debatte um Kirche als zivilreligiöse Moralagentur (Leipzig: Evangelische Verlagsanstalt, 2017), 19-28. ここではまた、礼拝と倫理の協働について、Liturgie und Kultur, Heft 1 - 2019 を参照。

(18) Luc Boltanski, Love and Justice as Competencies: Three Essays on the Sociology of Action, translated by Catherine Porter (Cambridge und Malden: Polity Press, 2012). そのなかの Part II: Agape. An Introduction to the states of Peace, 89-.

(19) Boltanski, 2012, 148 und weiter.「これは寄贈者をただ愛情で再考するために再特定するのであって、明らかに、正義の精神の場合のように、彼または彼女を受けた問題に対して報酬を与えるためではない」。

(20) 祈りと倫理の連関については、Michael Meyer-Blanck, Das Gebet (Tübingen: Mohr Siebeck, 2019), 272.

(21) たとえば、マーティン・スコセッシの「沈黙」という受難に関する傑出した映画を参照のこと。

(22) 変容の実践について非常に素晴らしいものとして、Hans-Richard Reuter, Grundlagen und Methoden der Ethik, in: Wolfgang Huber, Torsten Meireis und Hans-Richard Reuter (Hrsg.), Handbuch der Evangelischen Ethik (München: C.H. Beck, 2015), 9-124, hier 93.「福音主義的倫理はキリストに倣う人生と行為の指導理念を、善心を内面化した表現として評価するのだが、〈物真似〉」と〈追従〉の間の差異を固執している。これにより、キリストを最高の模範と手段とする完全性への努力と成す〈キリストのまねび〉の表象が閉ざされる。しかし、徳という主題を追従のエートス、つまりキリストの内的イメージによる刻印の表現である生の形態の枠組みで取り上げることができる」。

(23) Charles Taylor, Ein säkulares Zeitalter (Frankfurt a.M.: Suhrkamp, 2009), 18. そして、同書の最後にはこう記されています。「本当に人自身であるためには、自らを放棄し、解き放ち、犠牲にせねばならない。したがって、死の瞬間は（私たちがそれを許容する限りにおいて）、キリストが私たちの生命に最も深く入り込む瞬間でもある」（ebd., 1261）。

文献

Andersen, Svend, Macht aus Liebe: Zur Rekonstruktion einer lutherischen politischen Ethik (Berlin und New York: Walter de Gruyter, 2010)

Andrews, Molly, Narrative Imagination and everyday life, Explorations in narrative psychology (New York, NY: Oxford University Press, 2014)

Bateson, Gregory und Bateson, Mary Catherine, Wo Engel zögern: Unterwegs zu einer Epistemologie des Heiligen (Frankfurt a.M.: Suhrkamp, 1993)

Beckert, Jens, Imaginierte Zukunft: Fiktionale Erwartungen und die Dynamik des Kapitalismus, übersetzt von Stephan Gebauer (Berlin: Suhrkamp, 2018)

[Jens Beckert, Imagined futures: fictional expectations and capitalist dynamics (Cambridge: Harvard University Press, 2016)]

Beuttler, Ulrich, Gott und Raum: Theologie der Weltgegenwart Gottes (Göttingen: Vandenhoeck & Ruprecht, 2010)

Blumenberg, Hans, Präfiguration: Arbeit am politischen Mythos, Angus Nicholls und Felix Heidenreich (Hrsg.) (Berlin: Suhrkamp, 2014)

Boltanski, Luc, Love and Justice as Competencies: Three Essays on the Sociology of Action, translated by

Catherine Porter (Cambridge und Malden: Polity Press, 2012)
[Luc Boltanski, L'Amour et la Justice comme compétences: Trois essais de sociologie de l'action (Paris: Métailié, 1990)]
Braungart, Wolfgang, Ritual und Literatur (Tübingen: Max Niemeyer, 1996)
Cassirer, Ernst, Philosophie der Symbolischen Formen: Zweiter Teil – Das mythische Denken (Darmstadt: Wissenschaftliche Buchgesellschaft, 1987), 8. Aufl.
[カッシーラー『シンボル形式の哲学 第2巻（神話的思考）』木田元訳、岩波書店、一九九一年]
Castoriadis, Cornelius, Gesellschaft als imaginäre Institution: Entwurf einer politischen Philosophie, übersetzt von Horst Brühmann (Frankfurt a.M.: Suhrkamp, 1984)
[Cornélius Castoriadis, L'institution imaginaire de la société (Paris: Le Seuil, 1975)]
Cordemann, Claas und Holfert, Gundolf (Hrsg.), Moral ohne Bekenntnis?: Zur Debatte um Kirche als zivilreligiöse Moralagentur (Leipzig: Evangelische Verlagsanstalt, 2017)
Critchley, Simon, The Faith of the Faithless: Experiments in Political Theology (London and New York: Verso Books, 2014)
Deutschmann, Christoph, Die Verheißung des absoluten Reichtums: Zur religiösen Natur des Kapitalismus (Frankfurt und New York: Campus Verlag, 2001), 2. Aufl.

Eagleton, Terry, Radical Sacrifice (New Haven and London: Yale University Press, 2018)
EKD, Called to Worship, Freed to Respond: Internationale Beiträge zum Zusammenspiel von Gottesdienst und Ethik, Liturgie und Kultur, Heft 1 - 2019
Geertz, Clifford, Religion als kulturelles System, in: Dichte Beschreibung: Beiträge zum Verstehen kultureller Systeme, übersetzt von Brigitte Luchesi und Rolf Bindemann (Frankfurt a.M.: Suhrkamp, 1991).
[Clifford Geertz, Religion As a Cultural System, in: The interpretation of cultures: selected essays, (New York: Basic Books, 1973)]
[C・ギアーツ「文化体系としての宗教」『文化の解釈学Ⅰ』吉田禎吾ほか訳、岩波書店、一九八七年]
Haug, Wolfgang Fritz, Kritik der Warenästhetik (Berlin: Suhrkamp, 2017), 3. Aufl.
Holmes, Douglas R., Economy of Word, Cultural Anthropology 24 (3), 381-419, 2009.
Homann, Karl, Dominik H. Ernste, Oliver Koppel, Ökonomik und Theologie: Der Einfluss christlicher Gebote auf Wirtschaft und Gesellschaft, Roman Herzog Institut, RHI-Position, Nr. 8, München 2009
Huber, Wolfgang, Torsten Meireis und Hans-Richard Reuter (Hrsg.), Handbuch der Evangelischen Ethik (München: C.H. Beck, 2015)
Kellershohn, Helmut, Ein Institut zur ideologischen Aufrüstung der CDU: Die Deutsche Gildenschaft und die Gründung des ‚Instituts für Staatspolitik', in DISS-Journal 8 (2001)

Kiefer, Anselm, Die Kunst geht knapp nicht unter: Anselm Kiefer im Gespräch mit Klaus Dermutz (Berlin: Suhrkamp, 2010)
Kierkegaard, Sören, Leben und Walten der Liebe (Jena: E. Diederichs, 1924)
［キルケゴール『キルケゴール著作集 15・16（愛のわざ 第1部・第2部）』武藤一雄、芦津丈夫共訳、白水社、一九九五年］
Luhmann, Niklas, Die Religion der Gesellschaft (Frankfurt a.M.: Suhrkamp, 2000)
［ニクラス・ルーマン『社会の宗教』土方透、森川剛光、渡會知子、畠中茉莉子訳、法政大学出版局、二〇一六年］
Luther, Martin, Von der Freiheit eines Christenmenschen, herausgegeben und kommentiert von Dietrich Korsch (Leipzig: Evangelische Verlagsanstalt, 2016)
［マルティン・ルター『ルター著作選集』徳善義和ほか訳、キリスト教古典叢書、教文館、二〇一二年を参照］
Meißner, Kerstin, Relational Becoming – Mit anderen werden: Soziale Zugehörigkeit als Prozess (Bielefeld: transcript Verlag, 2019)
Nassehi, Armin, Religion und Moral – Zur Säkularisierung der Moral und der Moralisierung der Religion in der modernen Gesellschaft, in: Gert Pickel und Michael Krüggeler (Hrsg.), Religion und Moral: Entkoppelt

oder Verknüpft? (Opladen: Leske + Budrich, 2001)
［アルミン・ナセヒ「宗教と道徳」、土方透編著『宗教システム／政治システム——正統性のパラドクス』、新泉社、二〇〇四年］
Reuter, Hans-Richard, Grundlagen und Methoden der Ethik, in: Wolfgang Huber, Torsten Meireis und Hans-Richard Reuter (Hrsg.), Handbuch der Evangelischen Ethik (München: C.H. Beck, 2015)
Ricoeur, Paul, Essays on biblical Interpretation (Philadelphia: Fortress Press, 1980)
Ricoeur, Paul, Wege der Anerkennung: Erkennen, Wiedererkennen, Anerkanntsein, übersetzt von Ulrike Bokelmann und Barbara Heber-Schärer (Frankfurt a.M.: Suhrkamp, 2006)
[Paul Ricoeur, Parcours de la reconnaissance: trois études (Paris: Stock, 2004)]
［ポール・リクール『承認の行程』川崎惣一訳、法政大学出版局、二〇〇六年］
Schmitz, Hermann, Das Göttliche und der Raum, System der Philosophie III/4 (Bonn: Bouvier, 1977)
Shackle, Georg, Epistemics and Economics (Cambridge: Cambridge University Press, 1972)
Taylor, Charles, Ein säkulares Zeitalter, übersetzt von Joachim Schulte (Frankfurt a.M.: Suhrkamp, 2009)
[Charles Taylor, A Secular Age (Cambridge, Harvard University Press, 2007)]
Vogl, Joseph, Über das Zaudern (Berlin: diaphanes, 2008), 2. Aufl.
Welker, Michael, Gottes Geist: Theologie des Heiligen Geistes (Neukirchen-Vluyn: Neukirchener Verlag,

1992)
［M・ヴェルカー『聖霊の神学』片柳榮一、大石祐一訳、教文館、二〇〇七年（2. Aufl. の訳）］
Wittgenstein, Ludwig, Tractatus logico-philosophicus: Logisch-philosophische Abhandlung (Frankfurt a.M.: Suhrkamp, 1973), 9. Aufl.
［ウィトゲンシュタイン『論理哲学論考』（改訂版の訳）野矢茂樹訳、岩波書店、二〇〇三年］
［ルートウィヒ・ウィトゲンシュタイン『論理哲学論考』中平浩司訳、筑摩書房、二〇〇五年］
［ルートヴィヒ・ヴィトゲンシュタイン『論理哲学論考』（第二版の訳）木村洋平訳、社会評論社、二〇〇七年］

Menschenrechte, Menschenliebe und Christentum in der Weltgesellschaft

第9章 世界社会における人権、人間愛、そしてキリスト教

ヨハネス・ヴァイス
畠中茉莉子　訳

1　人権

ヨーロッパでは十八世紀末から、倫理と法と政治の近代固有の諸原理は、その一般的な拘束力の関連で主張されるようになります。そして——あらゆる挫折を乗り超えて——ますます認知されるようになり、社会道徳的、法的、そして政治的な制御システムと制度に転換されてきています。すでにカントは、いかに矛盾する経験をしても、またいかに自身の思考に一貫性を欠いていたとしても、「地球上の一つの場所における法の侵害は、あらゆる場所で感じ取られる」（Kant

1964, 216［VIII, 360］）までになったことに気づいていました。すなわち、カントにとっては、法感覚のグローバルな性質は、「球状の地表」が一般的な経験的事実となり、こうしたかたちで限界から解放された地球が人類の「共同所有」となったと同じように、阻止できないと思えたのです。そしてカントはマルクスよりもはるか以前に、あらゆる境界を越えていく時代の「商業精神」のなかに、こうした出来事における最重要の物質的な原動力を認識していました。

地上のどこかで起こる無垢な人間の傷害や迫害や殺戮は、他のあらゆる場所で知覚され、そして告発されます。このことは、単にそうした出来事がグローバルなコミュニケーションによって伝達されて感情的に作用すること、つまり距離の喪失によって作り出されるすべての人間との共感の結果というだけではありません。それのみならず、こうした人間の傷害は、すでにカントが看取していたとおり、法の侵害として理解されるものです。すなわち、この人間の顔をもったすべての人に一様に属する生命と身体的無傷さの権利に対する侵害は、もはや甘受できない違反として理解されます。

この観念は、普遍的人権や道徳的な諸原理の観念一般と同様、それが生まれ、最初に宣揚された際には、徹底して激しい議論の的となりました――総じて、新しい科学や新たな経済よりもずっと強烈な反応でした。しかしこの観念は、全体として見れば、科学や経済よりもずっと抵抗しがたく、かつ無敵であることが実証されました。

その最初の理由は、この観念が実に明瞭かつ綱領的に、いかなる個々の人間にも妥当することを要求し、具体的な生活や経験の関連性をすべて度外視ないし中立化することで、個々の人間に直接的に関係し、言及するからです。ある権利が人権として扱われるのは、それがすべての人間の個別の事情において承認され、いかなるモノや人によっても拒否されたり、奪われたりしない場合です――人は自分をその権利から除外することも、その権利を他の人に譲渡することもできません。

マックス・ヴェーバーは、人権のこうした無条件の過激性に鑑みて、「極端に合理主義的なファナティズム」（Weber 2013, 151）と語りました。この論争を引き起こすようなかたちに誇張された評価は、人権の理念が、とりわけ知識人が当初から抱いていた知的かつ法的・政治的でもある抵抗しがたさの第二の理由を、示唆しています。すなわち、資本主義的な経済秩序と、そして――もっと容易なことではないのですが――近代科学に対し、それ自体はまったく合理的な論議で自らを支えることができた対抗根拠と対抗構想が提示されたのです。これらの論議は、資本主義に関しては、非常に知的で、さらには科学的でさえある説得力を有していました。それゆえに、その政治的・道徳的な剰余価値は別としても、真に合理的ないし理性的な人間関係の形成を問題とする人々に対して、所与の関係を根底から、すなわち社会主義的・共産主義的な対抗構想の意味において革命的に覆すよう動機づけることができました。そして、この間に実行に移された巨大な変革の経験がありましたが、それはすべて、現代のグローバル化批判でも再び示されているとおり、こうした原理的な代替案に永久に別れを告げるには十分ではないように思われます。

経済と科学の場合とは異なり、人権の合理性に反対するような議論は、合理的に精巧で満足できるようなやり方ではできないことは明らかです(1)。

「極端に合理主義的なファナティズム」に関するヴェーバーの発言は、その誇張とは関係なしに、問題の所在を示しています。すなわち、法または道徳という規範の正当化のための合理的なやり方、つまり基礎づけという目的のために経験的な事実に遡及しないやり方――要するに、「事実的審問」ではなく、「法的審問」に答えるような手続き――は、不可避的に次のような思考へと行き着くということです。それは、最も根源的な諸権利、そしてそれに対応するもろもろの義務は、すべての人間に、それもまったく代替不可能な単独性において、帰属されねばならないという考えです。この強制的なロジックは二つの、他の点では比較できないような議論展開において示されます。その一つは、トマス・ホッブズが企てたように、すべての人間に対して理性的なかたちで要求される支配秩序を構想するやり方。もう一つは、カントの厳密に普遍主義的な倫理の根拠づけです。この二つの議論展開には、その他の相違点にもかかわらず、次のような共通認識があります。つまり、実際に普遍的に妥当する規則は、合理的な、すなわち普遍的な同意が可能な方法でのみ示され、そして正当化されうるという認識です。それゆえに、あらゆる人間に個々の存在として属するもの（そしてその限りにおいて、他者との関係においても要求すべきこと）に遡及できるのです。人権の普遍主義は合理的な還元の方法によって、つまり、あらゆる普遍化しえないものを徐々に抽象していくことで生み出されます。したがって、人権の普遍主義には、特別で唯一な存在の生きた現実と固有の意味だけが——具体的な生活形式、価値秩序、伝統、そして人格性という形態において——対置できるのです。その場合、合理的な論証は実際に、ある決定的な限界に突き当たることになります。

「すべての人は平等に創られている」という命題は、『独立宣言』において、譲渡しえないもろもろの権利の列挙が前提になっています。この諸権利には、生命や「幸福の追求」とともに自由（リバティ）が含まれています。そして、すでにディドロの『百科全書』（一七六五年完成）において、「自然的な」、つまり「すべての人間に共通する人間本性の様態に」基づいており、またそのようなものとして同時に「道徳的」でもある平等について述べられています。「こうした平等は、自由の原理であり基礎である」と記載されています（Diderot 2001, 160f.）。

あまり論証的ではないとしても、場合によっては非常に多くの政治的配慮から、人権批判を否定するための努力がなされています。そのような批判は、大小の、たとえば国家的、民族的、あるいは宗教的な集団やその指導者たちの権力関心から明確に説明できます。一九四八年の国連による『世界人権宣言』の議会での議決に対し、南アフリカ、サウジアラビア、そして六つの共産主義国家は——それぞれ異なってはいますが、すべて薄弱で長くは維持できない理由で——賛同を拒否しました。法的拘束力のない宣言であったにもかかわらずです。それ以来、人権の理念は思想的にも政治的にもきわめて強力な説得力をもつに至り、またそのような政治体制の非合法化にも貢献したのです。このことは、とくに人権の普遍的妥当性が強調された一九九三年の国連における［第二回］世界人権会議で次のように表明されました。「こうしたもろもろの権利と自由の普遍的な特質は、疑いないものである……人権と基本的な自由は、あらゆる人間存在の生得権なのである」（The United Nations and Human Rights, 1995, 449）[2]と。

「理念ではなく、（物質的かつ観念的な）利害関心が、直接的に人間の行為を支配する」。この日常的悟性でも容易に理解できるマックス・ヴェーバーの原則（Weber 1989, 101）[3]により、近代の西洋資本主義の世界的な貫徹が十分に説明できます。そしてこのことは、物質的な利害が強く強調されるとしても、技術的かつ経済的な可能性と覇権に鑑みた場合、近代科学にも当てはまります。ただし、ひどく世間離れした哲学者たちが考案した抽象的な理念のための模範となる人権、あるいは多くの敵対者たちの間でいまもって言われている人権は、まったく別の様相を示します。しかしながら、まさしくこうした理念の歴史は、全体としては疑いなく、きわめて注目すべき作用と成功の歴史として示されます。そこで、大きな規模の比較研究では、人権の普遍性要求と、その国民国家的な法秩序に対する根本的で拘束的な意義を承認することが非常に広まっていること、そしてそれが途切れなく進行しており、しかも非西洋的な文化圏や国家においても生じていることが報告されています。

たしかに普遍的で個人的な人権の理念も疑問視され、攻撃されますが、これを行うのはヒンドゥー教やキリスト教、イスラム教などの原理主義者たち、さらにはあちこちの世界の地域に君臨する独裁者たちに限りません。しかし、こうした拒否は比較的周縁的なものです。それは、もっと急進的な資本主義批判とは異なり、国連によって、したがって少なくとも名目上はほぼすべての国家によって法的に確定された合意に反します。この合意は単に特別な機会だけに儀礼的に確認されただけではありません[4]。

こうした観察が示唆するのは次のことです。つまり、人権がより承認され、実現されていくという事態は、しばしば想定される以上に、その普遍的な妥当性が厳密な意味において、つまり純粋に論理学的に「証明」されうるかどうか――あるいは、絶対的な、つまり形而上学的ないし宗教的な基礎づけを頼りにできるかどうか――という問題に、あまり依存しないということです。

ちなみに、人権的な普遍主義は、すべての人間が共有できる連帯感情によって支えられうるという指摘もあります。これに対応する考えは、アダム・スミスに見いだせます。彼は、人間とはもっぱら主観的な費用/便益勘定によってのみ行動するホモ・エコノミクスであるという洞察の発見と宣揚を、人類にもたらしたとされています。しかし、すでに彼において、「人間というものをどれほど利己的と見なすとしても、なおその生まれもった性質のなかには他の人のことを心に懸けずにはいられない何らかの働きがあり、他人の幸福を目にする快さ以外に何も得るものがなくとも、その人たちの幸福を自分にとってなくてはならないと感じさせる」(Smith, 1759, 冒頭) という考えが見いだせます。こうした欲求を兼ね備えていることで、「自然」は人間を「社会のために造形した」のです[5]。

ここに、以下の考察がつながってきます。

2　博愛／人間愛

あらゆる人間をそのものとして、一つの人類の構成員として結びつける友情という意味における博愛は、古代哲学の大きな、しばしば決定的意義をもったテーマでした (Hügli / Kipper 1989)。この主題はヨーロッパ近世において、意識的な復興というかたちで新たに前面へと押し出され、啓蒙期には思考の主導理念となったのです。こうした啓蒙思想は、過去のすべてを凌駕する急進性によって、あらゆる人間の平等と、その平等に根拠をもつ基本的な共通性を、出発点でありキーポイントでもあるものとして表明しました。その限りで啓蒙の精神は、一八〇五年にヨハン＝ハインリッヒ・ヴァイスマンが、「科学としての人間愛」を基礎づけるために発表した人間愛の教科書に見事に表現されています。ルートヴィヒ・フォイエルバッハ『キリスト教の本質』(一八四九年)では、啓蒙において遂行される人間中心的な転換がもう一度、そしてその影響力は多大なものでしたが、以下のように綱領化されています。すなわち、「人間の本質が人間の最高の本質であるのならば、最高かつ最初の法は、実践的には、人間に対する人間の愛でなければならない。人間は人間にとって神である——これは最上位の実践的な根本原則である——これは、世界史の転換点なのだ」(Feuerbach 1960, 326)[6]と。

マルクスにとって、「絶対的な立脚点」(ヘーゲル『信仰と知』)としての神を人間に転換することは、人間解放のための必要な条件ではあっても、けっして十分な条件ではありませんでした。この「人間的解放」は、「いわゆる人権」(Marx 1962, 472)を貫徹することから期待できるものではありません[7]。また、一般的な人間愛への突破から期待されるものでもありません。自己疎外の歴史的・社会的条件のラディカルな科学的暴露と、それを克服する革命的実践からのみ、「人間自身」に戻ることができます。またそれゆえに、あらゆる人権的公準を、感情の基礎としての人間愛と同様、なしで済ませるような「透明で理性的な」関係が生じるのです。こうした路線で考えると、毛沢東を見ても「いわゆる『人類への愛』、包括的な人間愛」からは、さしあたりほとんど何も得ることはないでしょう。階級社会においては、定義上、人間愛なるものは存在しえません。そして、そこでは明らかに人間愛が階級社会の克服にも貢献できないので、「人類への真の愛」は、階級を世界的に撤廃してこそ実現されることになるでしょう (Gehlen 2004, 82 における引用)。

毛沢東が明確にしたかったことは、革命運動は「階級を超えた一般的な人間愛」に基づいているという「幾多の同志たちの」見解に対して反対することでした。この種の思想は、たとえばトルストイが宣揚していました。厳密な境界づけが必要だったのです。すなわち、社会主義的・共産主義的な思考世界は、はじめから今日に至るまで、たしかに世俗的で、しばしば、たとえつねにではないとしても、啓蒙主義の反宗教的な観念から、そしてそこに連なる歴史と社会の理論から養分を得てきました。とはいえ、それは繰り返し、キリスト教的な愛の倫理とも関連づけられてきたのです[8]。

当然のことながら、このような結びつきを非常に容易にするのは、キリスト教的な伝承が伝統的な信仰と教えを放棄してただ形而上学的な最小限のものを保持する「還元」(アドルフ・フォン・ハルナック、Harnack 2012) の過程で、本来的で強固な核心としての倫理へと撤退する場合です。ただし、ここでも、――少なくとも社会主義の断固とした集団主義的または全体主義的な刻印とともに――ほとんど克服しがたい非互換性が判明しました。それはたとえばエルンスト・トレルチのように、同時に「プロテスタント的な人格主義」に大きな比重をおいた場合です[9]。

これは疑いもなく、ヨハン・ゴットリープ・ヘルダーが、「ローマの信徒への手紙」一三章八節に関連して、人間愛を「キリスト教の法の履行」と記述したやり方に当てはまります。「そして、キリストの宗教がたとえ愛するに値しないとしても、それが人間性を説き、人間性をその最初の義務かつその全き法の履行とする点では、それは愛するに値する。私に人間への憎悪や敵意や心情の辛辣さを勧める宗教——私から友情と友愛の感覚の温かさを奪い取ろうとする宗教——、それは私の宗教ではない」（Herder 1899, 402）。まさしくこの「優雅な詐欺の時代、人間愛の見世物でしかない友情の証しの大洪水のなかで」、そして、高慢、強欲、虚栄、そして虚偽において表出される人間嫌いに対して、ヘルダーにとってキリスト教は「博愛」の源泉として現れます。この博愛は、「人間と人間の尊厳に対する尊重という善良な本性への信頼」（ebd., 413）を強めます。そして、「われわれを人間的に感じること、不幸な人に同情すること、絶望した人とともに泣くこと、そして悲惨な人を憐れむこと」（ebd., 404）を教えています。「神に奉仕する聖なる行為」は、「神、最高の博愛主義者」（ebd., 417）のことを想うなかで、博愛主義者へと人間を形成する目的のための手段としてのみ遂行されます。「うわべだけの懺悔、永遠の神への奉仕やひざまずき、私自身を人間嫌いにさせないこと、荒野や山峡における悲嘆や憤懣——このいかなるものも、私にキリスト教の律法を課すことはない。私は人間、博愛主義者でなければならず、私はキリスト者であり、この律法を成し遂げたのである」（ebd., 412）。

ヘルダーの思想は、多様な試みの比較的初期の例において、キリスト教が近代世界においてただ生き延びられるだけでなく、もしそれが一般的で無条件の人間愛の掟をその福音の核とするのであれば、精神的で道徳的・政治的な指導的役割を引き受ける使命をもっていることを述べようとしています。より後の、独特の仕方においてですが最も注目すべき例は、チャールズ・S・パースが提供してくれています。彼の精神の進化論的哲学は、こうした愛の戒律を満たす以外に、歴史的進歩のいかなる他のテロス（目的）も認めていません（Peirce 1992, 352ff. および Peirce 1995, 194ff., 475）。

ところで、ますます多くの人々が、遠く離れて生きていてまったく知らない「赤の他人」である他の人間に、思いやりと活動的な善意をもって接しています。この種の観察をどのように扱うべきなのでしょうか。苦難、貧窮、そして死を経験する他人の匿名性と大衆性は、強い個人的同情と好意を期待することを排除してしまわないのでしょうか。そして、ここでは友情的関係について語ることは、可能的でそのつど有意味な言葉の用法に矛盾しないのでしょうか。

この点については、さしあたり次のように答えることができます。すなわち、博愛や人間愛といった概念が公的に使用されたとき、その意味は、個人的に知っている、あるいは知ることのない、近くや遠くで生きている他者が貧窮や悲惨のなかに陥っている場合に、善き事をなし、可能な限り助けようとする、ということでした。しかも、それは彼らが同胞であるという理由からだけでした。ヘルダーがこのことを非常に明確に表現していたということは、彼がキリスト教的な伝統の軌道で考えていたことから、説明できるでしょう。しかしながら、博愛主義者とは何か、「真の博愛」はどのように証明するのかという問題を宗教以外の視点から規定するような場合でも、貧窮と困難な事態に陥った人々をすべて活動的な好意でもって接し、助けるという心構えは、唯一ではないとしても、決定的な特徴として挙げられます。そこで、アウグスト＝ジークフリート・フォン・グエの『博愛主義者』には、博愛主義者は「活動する人間愛」において、「不運な人たちがその悲惨さから逃れることができること」にすべてをかける、と記されています(Goué 1769, 8)。「いかにその人の幸福を自己の幸福となしうるかを同胞に示す」心構えは、博愛主義者を「気品ある世界市民」として際立たせるものです。そしておそらく、「寛大さと非利己主義」が支配するときに初めて、よく雄弁に論じられた（「いわゆる」）「黄金時代」が達成されるはずです。

ここに、公共的で社会道徳的な「論議」においても、一般に「人間性」と「同胞性」という概念が一役演じることになりますが、それはむしろ説明的用法というよりは、規範的・公準的用法においてです[10]。それでも、こうした概念はこの二番目の観点においても何かきわめて正しいことを捉えています。すなわち、博愛的な態度と行為を生み、動機づけるものとは、さしあたり、そして第一義的に、感情とか価値の結びつきではなく、ある種の知識や経験なのです――つまり、深刻な貧窮や絶望や死の恐怖に罪もなくさらされている人々が同胞であるという経験です（同胞であるべきということではありません）。その人々の運命において、多かれ少なかれ信頼でき、もちろん非常に不平等で不正に分配された保護の向こう側で、人間存在そのものの傷つきやすさ、脆さ、そして有限性に出会うのです。

もし博愛についての経験的な現実や効果が問題になる場合、特定の感情の状態ではなく、独自の経験に基づいた知識こそが優先的な意義をもつという考え方は、普遍的な愛や兄弟愛の倫理の「無宇宙（非世界）主義」に関するロバート・ベラーの考察と結びつけることができます（Bellah 2006）。ベラーはこの点で、エドワード・コンツェが仏陀の教えの正しい理解について確認したものに立ち返っています。「真の霊的で無我的な愛は……真の現実の地平で働かねばならない……智慧とはダルマ（諸法）を観照する能力なので、無我的な愛は智慧に依存している」。ナザレのイエスの愛の掟も、コンツェによれば、神はすべての人間を個々に愛するがゆえに、すべての人間は互いに平等であり隣人であるという洞察と一致します。「したがって、神の愛とは他者への愛の必然的な先行条件なのである」（Bellah 2006, 131 における引用）。

つまり、ある特定のリアリティの知覚と承認は、どこであれ、すべての人間（あるいは、あらゆる生きとし生けるもの）に向けられる愛の前提です。もっとも、問題となっているのは超経験的なリアリティとそれに対応する経験で、この種の経験はさまざまな要件を前提とし、けっしてすべての人間に難なく接近できるものではなく、したがってその限りで基礎的な経験なのです(11)。

こうした点において、博愛に関する先述の考察に対応しているのは、むしろ「いかにして、われわれは他者から告知された苦悩の感情に向き合うか」というヴィトゲンシュタインの問いに対するスタンリー・カヴェルの回答です。その実存は私たちの洞察や検証からは逃れるにもかかわらず、通常この種の告知によって私たちは、それを認めるよう強いられます。そのような承認をカヴェル（Cavell 2002, 70）は、それがすべての「共に在る」ことへの基本的で構成的な意義をもっていることから、「実存的」と名づけました。[12] しかし、承認（英語では acknowledgement）とは、感情によって規定されるような、あるいは評価を下すような行動ではありません。そうではなく、少なくともさしあたっては、そして何よりもまず、そこにおいて私たちが他の人間の実存の告知をそのようなものとして知覚し、そして真剣に受け取るところの意識の遂行です。その場合、そこで告知されるものは直接的に、すなわち前もっての「感情移入」なしに、独自の実存的な経験から私たちにとってなじみ深いために、私たちの行動を規定するようなかたちの意識の遂行なのです。

この実存的に「共に知っている」という事態は、世界社会的な条件下では拒否することができません。それは、地球の「ある場所で」、今日起きている他の人間の苦悩や死が、ほとんど時間的遅延もなく、全世界のあらゆる通信技術やドラマ演出の手段によって、眼前に突きつけられるからだけではありません。より本質的なことは、むしろ、すでに述べたように、単にすべての人間の道徳的・法的だけでなく、実際的な平等を承認することが、世界社会の成立と存立の構成的な前提であるということです。その際に想定されているのは、けっして人権という観点からだけではありませんが、あらゆる個々の人間の平等です。つまり、それぞれ交換不可能な感覚的・肉体的な実存における人間の平等を意味しているのです。このようにして活動的な博愛が飛び込んでくるのですが、それはとくに、人間生命をこうした基本的な意味において守り、救い、あるいは強くする場合です(13)。これが人間の間で最も大きな近さと信頼をもたらし、空間的、社会的、あるいは文化的な隔たりによって縮められない、自己と世界に関わる人間的な経験の次元なのです。とくにこうした近さのゆえに、博愛は、あらゆる人間を包み込む隣人愛とは異なります。遠隔の愛は想像しがたく、またほとんど実践されえませんが、遠隔の友情は存在します。最長期にわたり、それは共感よりも共知に基づく行為の性向として存在しています。そして、それが活動的となるのは、何よりもまず、人間がまったく何の罪もなく肉体や生命に対する強力な破壊的諸力に脅かされ、貧窮と絶望に陥るときです。とりわけ強力なこの種の効果をもつのは、巨大な自然災害ですが、それは人間が作り出して制御可能な実存の脅威の範囲を原理的に超えてしまうような保護と援助の無力さを目の前に突きつけるからです。そこから発生する、すべての人間に関わる近さと結びつきという経験について、ジーグムント・フロイトは——それに加えて——、希望の微光と解釈していました。すなわち、「それは人類について抱きうる、あまり喜ばしくも高尚でもない印象の一つであるが、そうした印象を受けるのは、人類が根本的な災害に直面して自らの文化の破壊、あらゆる内的な困難や敵対を忘れ、そして大きな共通の課題である自然の巨大な力に対する自己保存を思い出す場合である」(Freud 1963, 299)と。

そのような自然の猛威は、盲目的で無差別的に作用します。老いも若きも、貧者も富者も、高官も下官も、あらゆる種類の信仰者も不信仰者も、土地の者もよそ者も、友も敵も同じようにそれに遭遇します。しかしながら、自然の猛威は任意の人間や、人間一般を、あるいはまた「人類」の上に苦悩と死をもたらすわけではありません。そうではなく、交換不可能な生活史をもち、それぞれの生活状況にいる、こうした特定の生きた人間の上に襲いかかります。このようにしてこそ、人間の結びつきという経験から活動的な思いやりが生じることが、可能となります。

3 ・・・そしてキリスト教

これまでに述べてきた考察において、実にさまざまなかたちで(そしてそのつどの契機に応じて)、一方ではキリスト教の人権理念への関係を、他方では普遍的な人類愛/博愛の思想に対するキリスト教の関係を示唆してきました。人権に関しては、歴史の経過のなかで、この関係が今日の見地からも想像できるように、けっして問題がなかったわけではありませんし、一義的にポジティブなものでもありませんでした。何よりもローマ・カトリシズムは、公式には二十世紀の後半になって初めて、明確で一致した人権の支持へとたどり着きました[14]。全体的に、プロテスタンティズムの人権に対するより大きな親近性が想定されます――もちろん議論の余地がなかったわけではありませんが、(G・イェリネック、M・ヴェーバー、E・トレルチの)以下のようなテーゼをもって、その頂点を迎えました。すなわち、英国の「非国教徒[15]」のサークルにおける個人的な良心と信教の自由の要求が本質的にその成立に貢献したとするテーゼです。それに加えて、最近ではたとえばハンス・ヨアスが、人権理念の歴史的な貫徹は人格の「神聖化」によって鼓舞されたのであり、とくにプロテスタンティズムにおいては、人間の魂を「神の似姿」だとする考えから導き出された人間の尊厳の思想がそれに影響を及ぼした、とする見解を表明しています。

すでに述べてきたことに従えば、人権をあれこれの形式において、キリスト教の福音と神学を用いて理解すること、また基礎づけることは、達成可能ではありませんし、その必然性もありません。達成可能ではないという理由は、そのような把握と基礎づけは、現代のキリスト教と神学のある一部しか納得させることができず、また他の宗教共同体の信奉者、そして宗教的な不可知論者や宗教批判者はなおのことまったく納得させることはできないからです。必然性がないという理由は、すでに述べたとおり、普遍的で個人的な人権の承認は、いずれにせよその核心部においては、この意味で形而上学的（あるいは超越的）基礎づけのプロセスを必要としないからです。むしろ、「消極的なかたちでの」方法、つまり、説得力があり、あらゆる個々の人間を顧慮して代表できる反対の根拠はない、という証明の方式で扱われているのです。

普遍的な人間愛の場合、事情が異なります。あらゆる人間へのそのような愛、あるいは（より良く言えば）あらゆる人間との友情は、キリスト者にとっては道徳的にも命じられえないものです。愛は、道徳的ないし法的義務とは異なり、命じられたり、あるいは道徳的に告発されたりするものではありません。しかしながら、おそらく普遍的な人間愛（あるいは、ヴェーバーをもって語るとすれば、普遍的な「兄弟愛倫理」）は、次のようなキリスト教と同様の仕方への、特別かつとりわけ強い親和性を有してはいるのではないでしょうか。つまり、キリスト教は、どのようにして説得力のある形式で、人間、個々の人間、そして人間の条件について語るのか、その福音によってとくに何を目指しているのか、どこにその根拠と証明を見いだすのか——これは、もろもろの「救済宗教」のなかで唯一のものではありませんが、独特で顕著な形式ではないでしょうか。

他のいかなる宗教も、宗教的な（根本的）関係を、個々の人間と神の間の、さしあたりとくに、まったくの個人的で、代替しえない関係としては理解していないと語るのは誤り（あるいは、あまりにも自己本位的）でしょうか。このことはすでに旧約聖書の詩篇において、人間が自身の孤独から（「私は貧しく、孤独です」詩篇二五、［新共同訳］）、その虚弱さと死する運命の意識において（詩篇九〇）神に呼びかけるとき、実に明確に前もって刻印され、かつ表明されているのではないでしょうか。

ノルベルト・ボルツ（Bolz 2008, 107）が宗教の変わらない意味と根拠についての考察で要約している文章が、これに合致します。すなわち、私たちの魂は「以前と変わらず今日も慰めを必要としている」。そして「根源的な慰めの要求」は、二つの観点から要約されます。それは、「私は死すべき運命にあり、私は多くの人々の内の一人にすぎない」というものです。

結局、最終的には、こうして孤立し、実存的に見捨てられていることや、はかなさの意識を執拗に強調することが、ルターによるキリスト教の改革的更新の核を形成したのではないでしょうか[16]。また、こうした経験の全体が、同胞への直接的で無条件の思いやりの前提であり、根拠なのではないでしょうか。

「汝は決定的にこの単独者であり、いかなるものも未来の再生へと先延ばしすることはできない。人格は救済史において消滅することはない。いかなる『証明』もない。それは確かだが、キリスト教で意味されているものへの示唆は存在する」（Jäger 2010, 82、および、これとの連関において、Sinn u.a. 2007, 136ff.）。

もし世界社会におけるキリスト教の代替しえない意義が問題となる場合、こうした軌道で考えなければならない、と私は思います。普遍的かつ個人的な人権の、そしてあらゆる人間を包摂する連帯の根本的な理解に関しては、いかなる理念的な（世俗的または宗教的な）等価物も存在しません。ちなみに、フリードリヒ・シュライアマハー以来何度も試みられているような（Schleiermacher 1969を参照、とくに80ff., 110f.）、こうしたキリスト教的宗教性と神学の中核を綱領的に放棄することは、私には自己破壊的なものであるように思われるのです。

注

（1）　二〇〇八年十二月の半ばに、何百人かの中国の知識人たちによって発表された（そしてその数日以内に、さらに多くの数千人の市民たちによって署名された）「〇八憲章」（二〇〇八年十二月二十三日付けFAZ, S.6で印刷されている）は、普遍的人権の妥当性を前提としています。それに対して、いつものことですが、ここで問題となっているのは利害関心をもった一派の「イデオロギー」である、という主張による反論が行われています。この反論は、不可避的にさらなる反対の問いを誘発するものです。すなわち、そうした批判はそれ自体、ある特定のグループの循環論法によってのみ、したがってまったく根拠づけることができない権力と真理の独占を維持することへの関心から、むしろより厳密に必然的に説明できるものではないのか、要するに、狭義の厳密な意味でのイデオロギーとして説明できるのではないかという問いです。

（2） この点については、Random House Encyclopedia (1999), 2289 における人権の定義を参照。「個々人が人間であることに基づいた要求と権利をもつがゆえの権力と存在の条件、そして所有」。

（3） マルクスもきわめてよく似ています。「理念は、決して古い世界の状態を超えるものではなく、つねにただその古い世界の状態の理念を超えうるだけである。理念はそもそもいかなるものも遂行しない。理念を遂行するためには、実践的な暴力を行使する人間を必要とする」（Marx 1962, 811f.）。

（4） 奴隷制度はイデオロギー的に正当化され、政治的-経済的に組織化され、数世紀にわたって継続した後、十九世紀になって初めて廃止されました。この奴隷制の廃止は、しばしば宗教的な源泉から供給されていた人権的な理念が、長期的に見て、いかに最も強固な物質的利害に対しても自己を貫徹したかということに関する、たいへん重要で教訓的な例です（Flaig 2009 を参照）。

（5） たとえば、カント（Kant 1934, 250）もまた、明らかにスミス的な定式を採用して、「他の人間の運命への共感」としての「人間性」について語っています。

（6） フォイエルバッハは「人間とは人間にとって神である」という命題を継承しましたが、これはおそらくホッブズが『市民論』の冒頭においた献辞を継承したものです。その第二の命題が、ほぼ単独で引用される「人間とは人間にとって狼である」というものです。ホッブズはどちらも正しいと見なしていました。すなわち、一つめは「正義と愛、平和の徳、神との類似性によって」結びついている市民に関わり、二つめは（プラウトゥスに由来するものですが）――自然状態にとどまる――国家間の関係に関わる命題です（Hobbes 1959, 59）。フォイエルバッハがトマス・ホッブズの思想展開に違和感をもっていたことは明白で、また両者にとっては明らかに、人間とは人間にとって神でも狼でもなく、人間である（homo homini homo）という観念は疎遠だったのです。

（7）マルクスは人権に「ブルジョワ社会の構成員の権利、つまり利己主義的な人間の、人間からも共同体からも分離された人間の権利」(Marx 1962, 472) 以外のものを見ることができませんでした。

（8）その際、フランス革命の主導理念の第三のもの、すなわち博愛が、橋渡しのためのコンセプトとして提示されましたが、この脆弱で曖昧な残照はなおもしばしば要求される連帯性の概念に残っています。

（9）ここでもう一度、ルートヴィヒ・フォイエルバッハを一瞥しておきます。彼の、シュティルナーの批判への非常に示唆に富んだ返答には、次のように記されています。「キリスト教は自らを愛の宗教と呼んでいるが、しかしそれは愛の宗教ではなく、超自然的で、聖職者の利己主義の宗教なのだ。それはちょうど、ユダヤ教が現世的で世俗的な利己主義の宗教であるのと同じである」(Feuerbach 1950, 19)。(同じ意味でほとんど同時期に、マルクスが『ユダヤ人問題によせて』のなかで、ユダヤ教について言及しています)。もっとも、そして他方においては、フォイエルバッハはシュティルナーの主張に対しても次のように自身を防御しています。すなわち彼は、人間を「こうした唯一無比の個人」としてではなく、ただ類的存在としてのみ認識していると。「類」とは「汝、他者、一般に私の外に存在している人間の諸個人」(ebd., 187f.)のことです。フォイエルバッハがここでとくに不正確に表現していることは、マックス・シュティルナーに由来するいらだちと同様、彼の考えがこうした問いにおいてはいかに考え抜かれたものでなかったかということを示すものです。

(10) カント(Kant 1964, 464)は、人間性を一方では「一般的な共感する感情」として、他方では「自身を心底から、そして一般的に伝達することのできる能力」として理解しています。それに対応して、彼は他方では人間性を「他の人間の運命への共感」(Kant 1934, 250)として規定しました。こうした共感が経験に、共に知ることに発する限りにおいて、それは理解する共感であり、いずれにせよ感じるだけの共感ではありません。しかしそれ以上に、「理解する」とは、H・G・ガダマーによれば、その根源的な言葉の意味からすれば、「誰かの力になる」ということなのです。

(11) きわめて先鋭的に、一般的な人間愛の合理的な解釈と動機づけが見られるのは、同様に神学的な基礎づけを提示しているライプニッツにおいてです。彼は、『外交法史集大成（Codex Juris Diplomaticus）』（一六九三年）への序言のなかで、「ギリシア人が博愛と名づけたもの」を「賢者の愛」（caritas sapientis）だと定義しています。「よき人とは、理性が許す限りにおいてすべての人を愛する者のことだ」（Schneider 1966, 640 における引用）。こうした「理性的な愛の奉仕」（ebd., 650）は、ライプニッツによれば、正義と一致します。シュナイダーは、こうした観念の神学的な、神とあらゆる人間との共同体にさかのぼる基礎づけ（ebd., 645）と、その保守的な性質を強調しています。しかし、正義を「理性や知恵によって公正に分け与えられた愛」として定義することは、トートロジーにきわめて近くなるという根拠のある推測（ebd., 641）についても語っています。

(12) こうした用語の選択で、カヴェルは明らかに、共同存在と配慮としての現存在のハイデガー的な分析を考慮に入れています。この関連については追求しませんが、独自の考察もまた、哲学的反省によって基礎固めをすべきであるのなら、現存在の分析によって開かれた思考の地平のなかで動かざるをえない、とは言えるでしょう。たとえば、実存的承認の概念に関する、全体としては賛同できるアクセル・ホネットの論及（Honneth 2005, 54ff.）においても、ハイデガーへの言及が繰り返されています。

(13) その限りにおいて博愛主義者とは、いずれにせよ実際には、とりわけ、そして大抵の場合はもっぱら「困ったときの友人」なのです。

(14) とくに(RGG [Die Religion in Geschichte und Gegenwart] における「人権」についての)教皇の回勅を参照のこと。

(15) 英国国教会に属さず、礼拝統一条例を拒否することで結びついた、狭義の、宗教的結社のすべて――それは大抵はカルヴァン派の支持者――すなわち会衆派、長老派、洗礼派、クエーカー教徒のことです。

(16) とくに『キリスト者の自由について』、またルターが自身の代替しえない死について語ったことも参照。

文献

Bellah, Robert N., Max Weber and world-denying love: A look at the historical sociology of religion, in: Robert N. Bellah / Steven M. Tipton (ed.), The Robert Bellah Reader (Durham/London: Duke University Press, 2006), 123-149

Bolz, Norbert, Das Wissen der Religion (München: Wilhelm Fink Verlag, 2008)
Cavell, Stanley, Wissen und Anerkennen, in: Ders., Die Unheimlichkeit des Gewöhnlichen, (Frankfurt a.M.: S. Fischer Verlag, 2002)
Diderot, Enzyklopädie: Eine Auswahl. Herausgegeben von Manfred Naumann, (Leipzig: Reclam Verlag, 2001)
Feuerbach, Ludwig, Das Wesen des Christentums (Stuttgart-Bad Canstatt: Frommann Verlag, 1960)
［L・A・フォイエルバッハ『キリスト教の本質』（上・下）船山信一訳、『フォイエルバッハ全集』第9巻・10巻、福村出版、一九七五年］
Flaig, Egon, Weltgeschichte der Sklaverei (München: C.H. Beck, 2009)
Freud, Sigmund, Die Zukunft einer Illusion, in: A. Mitscherlich (Hrsg.), Das Unbewusste: Schriften zur Psychoanalyse (Frankfurt a.M.: S. Fischer Verlag, 1963), 287-337
Gehlen, Arnold, Moral und Hypermoral: Eine pluralistische Ethik, 6. erweiterte Auflage (Frankfurt a.M./Bonn: Klostermann, 2004)
Goué, August Siegfried von, Der Menschenfreund, in einer Rede geschildert (Wetzlar: Winkler, 1769)
Harnack, Adolf von, Das Wesen des Christentums, Claus-Dieter Osthövener (Hrsg.), (Tübingen: Mohr Siebeck, 2012)
Herder, Johann Gottfried, Menschenliebe als die Erfüllung des Gesetzes des Christentums, in: Sämtliche

Werke, Band 32, 1899 (Neudruck: G. Olms, 1968), 402-417
Hobbes, Thomas, Vom Menschen; Vom Bürger (Hamburg: Felix Meiner, 1959)
Honneth, Axel, Verdinglichung: Eine anerkennungstheoretische Studie, (Frankfurt a.M.: Suhrkamp, 2005)
Hügli, A. / Kipper, D., Philanthropie, in: Historisches Wörterbuch der Philosophie, Band 7 (Basel: Scheidegger & Spiess, 1989), 543-552
Jäger, Lorenz, Hauptsachen: Gedanken und Einsichten über den Glauben und die Kirche (Kißlegg: Fe-Medienverlag, 2010)
Kant, Immanuel, Eine Vorlesung über Ethik, in: Auftrage der Kantgesellschaft (Berlin: R. Heise, 1934)
Kant, Immanuel, Zum ewigen Frieden: Ein philosophischer Entwurf, in: Werke in sechs Bänden, Band VI (Frankfurt a.M.: Insel Verlag, 1964), 191-251
[カント「永遠平和のために」遠山義孝訳、坂部恵、有福孝岳、牧野英二編『カント全集14』岩波書店、二〇〇〇年]
[カント『永遠平和のために』宇都宮芳明訳、岩波書店、二〇〇五年]
[イマヌエル・カント『永遠平和のために』池内紀訳、集英社、二〇一五年]
Leibniz, Gottfried Wilhelm, Codex Juris Gentium Diplomaticus (1693), zitiert nach: Werner Schneider, Naturrecht und Gerechtigkeit bei Leibniz, in: G. Hochstetter / G. Schischkoff (Hrsg.), Zum Gedenken an den 250.

Todestag von Gottfried Wilhelm Leibniz (Meisenheim am Glan: Anton Hain, 1966), 607-650
Marx, Karl, Zur Judenfrage, in: Karl Marx, Frühe Schriften, Band 1 (Stuttgart: Cotta-Verlag, 1962), 451-487
［カール・マルクス『ユダヤ人問題によせて・ヘーゲル法哲学批判序説』城塚登訳、岩波書店、一九七四年］
［カール・マルクス『マルクス・コレクション1』今村仁司、三島憲一 監修、筑摩書房、二〇〇五年］
Peirce, Charles Sanders, The Essential Peirce: Selected Philosophical Writings, Vol. 1 (1867-1893), edited by Nathan Houser and Christian Kloesel (Bloomington: Indiana University Press, 1992)
Peirce, Charles Sanders, Religionsphilosophische Schriften. Übersetzt unter Mitarbeit von Helmut Maaßen, eingeleitet, kommentiert und herausgegeben von Hermann Deuser, (Hamburg: F. Meiner, 1995)
Random House Encyclopedia (New York: Random House, 1999)
Schleiermacher, Friedrich, Über die Religion: Reden an die Gebildeten unter ihren Verächtern (Stuttgart: P. Reclam, 1969)
Schneider, Werner, Naturrecht und Gerechtigkeit bei Leibniz, in: G. Hochstetter / G. Schischkoff (Hrsg.), Zum Gedenken an den 250. Todestag von G. W. Leibniz (Meisenheim am Glan: Hain, 1966), 607-650
Sinn, Hans-Joachim u.a. (Hrsg.), Die Religionen der Welt, 2. Auflage (Frankfurt a.M.: Verlag der Weltreligionen, 2007).

Smith, Adam, The Theory of Moral Sentiments (Edinburgh: Printed for A. Millar, A. Kicaid and J. Bell, 1759)
［『道徳感情論』（上・下）水田洋訳、岩波書店、二〇〇三年］
［『道徳感情論』高哲男訳、講談社、二〇一三年］
［アダム・スミス『道徳感情論』村井章子、北川知子訳、日経ＢＰ社、二〇一四年］
The United Nations, The United Nations and Human Rights, 1945-1995. The United Nations Blue Books Series Vol. VII, Document 85 (New York: United Nations, 1995), 448-464
［『国際連合と人権、１９４５―１９９５』（国際連合ブルーブック・シリーズ、第７巻）、地域改善啓発センター、一九九五年］
Weber, Max, Wirtschaft und Gesellschaft: Soziologie, MWG I/23 (Tübingen: Mohr Siebeck, 2013)
［マックス・ウェーバー『宗教社会学』武藤一雄、薗田宗人、薗田坦訳、創文社、一九七六年、経済と社会 第２部 第５章］
Weber, Max, Die Wirtschaftsethik der Weltreligionen, Konfuzianismus und Taoismus, MWG I/19 (Tübingen: J.C.B. Mohr, 1989)
［M・ウェーバー『儒教と道教』木全徳雄訳、創文社、一九七一年］

終　章
宗教的コミュニケーションの共鳴《レゾナンツ》

土方　透

1　世界社会

近代以降、「世界」は爆発的に拡大してきました。そもそも紀元前の「世界地図」は、空想で書かれた物でなければ、基本的には訪れることができた、ないしは何らかの方法で知りえた土地が地図の範囲であり、それが「世界」でした。中世、近代における宣教師たちによるキリスト教の布教、大航海時代と新大陸の発見、そして植民地の獲得と分割などを経て、「世界」は現在の世界の規模に近づきます。さらに地球温暖化の議論は、人類が住んでいない、あるいは目にしたこともない原生林や海洋を懸念の材料とし、さらにその視線は宇宙にまで及んでいます。「世界」を構成する国家の数も、国際連合の加盟国や近年のオリンピックの参加国から見て、今や約二百を数えるまでに至っています。

「世界」は、ここまで拡大しました。そしてその構成員《エージェンシー》と領域の代数的増加は、そこで生じる関係化可能性の幾何級数的増加を意味します。そのなかで私たちは、さまざまの異質な構成要素《コンポーネント》と出会います。そもそも人類の歴史のなかで、そのような異質なる者は、自己の文化圏にとっての野蛮人《バルバロイ》（βάρβαροι）でした。そうした異者は、自己にとっての「他者」として、追加的に言及される対象でした。

「他者」に対し、古くはキリスト教の聖書が「隣人」を説きます。宗教改革においてルターは、自由を「他者への隷属」として説明します（本書、第5章参照）。政治の議論に目を移せば、トマス・ホッブズにより「万人の万人に対する闘争の回避」が言われ、他者が交換可能なそれぞれの自己（個人）として提示されます。経済学の父とされるアダム・スミスは、人々が共に生きていくために共感《シンパシー》を説き（『道徳感情論』）、同時に個人の利己心に基く国家の富（『諸国民の富』）を論じます。自由、平等、博愛をスローガンとしたフランスは革命以降、「他者を害しない」限りの自由（「フランス人権宣言」第四条）を掲げます。

私たちの社会は、こうした自己と他者の遭遇とせめぎ合いのなかでその関係を整序すべく、また共存を実現・維持すべく、さまざまな案出を行ってきました。人格、理性や道徳そして正義および公正さなどは秩序ある社会を目指して、学問の歴史のなかで生み出されてきた理念です。市民を統治する法律と政治家を監視する憲法という循環構造、国家、議会、民主制など社会の諸装置、人権、対話、共存、人道など人類が社会のなかで平和裡に生きていくための価値や目標など、どれも私たち人類が生み出した努力の賜物です。最近のものとしては、地球の存続のために用いられるようになったエコロジーやサステナビリティなどと呼ばれるものも、それらに含められるでしょう。

　現代の社会は、他者の圧倒的な存在が、自己を襲います。他者の存在のこの暴力的なまでの多数性と多様性、言い換えれば他者への対応不可能性とその意外性は、すべての構成者《エージェンシー》に対して例外なく降りかかってきます。いま挙げたもろもろの案出についても、さまざまな圏域に属するそれぞれの構成者《エージェンシー》が、各々のコンテクストで理解し、判断し、それに基づいた（場合によっては反した）行為に及びます。同じ目的を掲げ、真逆のことを行っています[1]。たとえば、平和のために戦争という手段を選択／放棄する、というようにです。こうした社会のなかで私たちは、同一の何ものかを目指せるのでしょうか。想起できるのは、一致可能性より異質性であり、宥和より軋轢ではないでしょうか。

　もはや社会に存するどの構成者《エージェンシー》も、世界を一つのものとして語ろうとする複数の試みが拮抗していることを知っています。こちら側の正当性は、あちら側からは別物に見えること、そしてそうした認識が相互に同様になされていることを知っています。自己において付ける優先順位が、他者においては（それを受け入れるか否か、それに従うか否かは別として）異なった序列に配置されることは、容易に予想がつきます。つまり、異なる別の系が毅然と存立し、あちら側から見れば、同様に異なる確たる系が存立しているということが、相互に前提とされているのです。このような事態のもと全体の構成は、それぞれに存立しているもの同士の相互連関と相互作用から導かれます。その全体は、普遍的統一（unitas universalis）ではなく、多様なるものの統一（unitas multiplex）です。したがって世界とは、このようなもろもろの系がさまざまに連関・作用し合って展開されるコミュニケーションによって構成された全体です。そこには頂点も中心も認められません。コミュニケーションの総体という点から見れば、これは社会と言えるでしょう。一つの統一的全体として在るという点から見れば、これは世界です。すなわち、ここに示されている事態が、「世界社会（world society, Weltgesellschaft）」です。この「世界社会」という定式化は、さまざまな極をもつ全体の議論であり、一つの極を頂点とした中心／周縁-構造によるグローバリゼーションの議論とはまったく別のものです。それぞれに並列するさまざまな系に属しつつ、相互に差異を経験しその処理を展開するというコミュニケーティブな関わりが、この全体を構成しています。(2)

2　起こりえない共鳴《レゾナンツ》

こうした世界社会では、いかなるものが、いかようにして共鳴しうるでしょうか。そもそものような共鳴は不可能であるというのが、複数の極から成り一つの極に集約されることのない「世界社会」の特徴である、との指摘も当然ありうるでしょう。

しかし、先にも挙げたような隣人愛、利他、社会契約、限定付きの自由などが、私たちの社会のなかでどのようなかたちであれ納得され、受け入れられるようになったということを考えてみると、それらは、それこそ当時としても想像しがたい蓋然性の低い出来事の現実化ではないでしょうか。どのようにして私たちは、他者を隣人とする、他者の利益に生きる、契約を結んで共同体さらには社会のあるいは国家の維持・存続を可能にする、そもそも自己の欲望を他者のために抑制する、このような視点をもちうるまでに至ったのでしょうか。たしかに、社会はそれらを具備しました。そして現在に至るまで、それを基準として、それらを体現しているか否か判断する社会が展開されてきました。

もちろん、それらが一致した内容をもち、共通の理解のうえに成り立っているなどということを素朴に想定することはできません。現にさまざまな場面で、まったく異なったコンテクストが構成され、主張されています(3)。とはいえ、その名目《タイトル》(たとえば人権)があることで、それを基準とした区別(保障されている/侵害されている)が可能となること、そしてそれゆえにその不十分さを指摘した批判が可能となります。したがって「共鳴」が必ずしも共有や通底を必要としている、あるいはそれによって成り立っている、ということは言いえません。共同の感情形成があったかどうかも、確認されえません。バラバラなものが、あるいはいくつもの勘違いが、何らかの拍子で、何らかの水準で結晶化し、偶然作用した、それに後から共通の理解を得やすいタイトルを付したと理解すべきなのかもしれません。

とはいえ、断食をすることで戦争を止めるなど、ガンジーの一連の行動とそれがもたらした影響を見たアインシュタインは、「このような人間が地球上に実在したことを、将来の人たちはとても信じないだろう」と感嘆しました。ギター一本で平和を歌ったJ・レノンに熱狂する市民を見て、当時のアメリカ大統領は「危険人物」として国外追放を考えるまでに至りました。彼の歌う「イマジン」は、九・一一に際して予期しえぬ影響が懸念され、当局から放送を止める指示が出され、しかし国民が切望したために流されるに至ったという経緯をたどりました。一人の人間が引き起こしたこのような共鳴《レゾナンツ》を、誰が予想できたでしょうか。そして、宗教は明らかです。日本へのキリスト教布教を考えればわかるでしょう。ある文化的閉鎖空間に、文化の共通性が微塵もないばかりか、言葉もまったく通じない異人《エイリアン》が現れた。その異人《エイリアン》が伝える何ごとかに魅せられた人々がいる。しかも命を棄ててまでも、そこで得た信仰は棄てず、殉教した人々が現に存在したのです。ありうるでしょうか。明らかに、起こりそうもないことが、しかしたしかに起きたのです。これからも、このようなことがどのような場面でいかにして生じるか予想も想定もできないでしょうが、その生起を全面否定することは、またそれ以上にできないでしょう。

いかにしてこの共鳴《レゾナンツ》を得るか、あるいはこの生起の不確かさを確かさに変えていくかは、わかりません。さまざまな思惑から多くの試みがなされ、どう控えめに言っても、そのほとんどが失敗しています。共鳴《レゾナンツ》は、まさに蓋然性を欠いた出来事です。

3　超越の位置

以上のことを前提に、議論を移します。

もし私たちのそれぞれが、この「世界社会」というものを認めるならば、当然、他の宗教の存在を認めることになります。その場合、そのどれもが異教でも邪教でもなく「宗教」であること、あるいは逆に、そのどれもが異教でも邪教でもありうることを、双方向的に前提としなくてはなりません。さらに、これが宗教の議論である以上、そのいずれもが、それ自身において何らかのかたちで「超越」の観念をもっていることも相互に理解しなくてはなりません。では、そのような「超越」は、どこに位置しているのでしょうか。

　すでに他の章でも指摘したように、「超越」とは、基本的に最上位に属し、最上位である以上、それは唯一であり、他を圧倒し、けっして相対化されえず、その地位は絶対的です。世界社会の個々の宗教からすれば、それぞれの超越はその最上位に位置します。その場合、こちら側から見て、あちら側の超越は、つまりあちら側の最上位はどこに、あるいは逆はどこに、見えるのでしょうか。どちらも、相手の「宗教」の存在を前提としている以上、そのなかでそれぞれの超越がそれぞれの最上位に位置するということは肯定できます。逆に、相互互換的な視点からすれば、これを否定することは翻って、自身における超越の最上位性の否定につながります。こうしたことから、世界社会的な文脈では、複数の最上位の存在が可能でなければなりません。

　つまり、それぞれの自己にとっての最上位性というあり方が、世界社会における最上位となります[4]。世界社会にはいくつもの極がある。その極をもつそれぞれにおいて、最上位性が観念される。その極の下の構成員《エージェンシー》から見て、最上位なるものは、それゆえに絶対的である、ということです。このようにして（自己の視線をも含む）さまざまなそれぞれの絶対視を見た、他の極の下の構成員《エージェンシー》は、絶対（＝唯一性）の多数性を認めざるをえないことになります。これは、もはや矛盾です。

　では、どのようにしたら絶対（＝唯一性）の多数性ということが考えられうるのでしょうか。

苦肉の抜け道は、宗教が外部に超越をもつという理解の変更です。つまり、超越は外部には存在しえない。超越が存在しうるのは、それぞれの極をもつ系の内部である。この変更により、「宗教はそれぞれ、その宗教のうちに最上位に位置する超越を内包する」ことの相互承認の要請が導かれます。すべての宗教が絶対性、唯一性を維持するためには、どの宗教も自己の内部に超越を備えもつしかありません。世界社会の宗教的コミュニケーションにおいては、「〜にとっては〈絶対〉」という、パラドキシカルな定式化が必要となるのです。この途方もない定式化による構想は、単なる言葉のうえの遊びでも、空想上のものにとどまるというわけでもありません。現に、この定式化はある形態（たとえばＥＵ）をもって、さまざまな困難を克服しながら、また存続の危機にさらされながらも、この現代の社会において具体化され、機能しています(5)。重要なことは、こうした限定付きの「絶対」を相対化しうる鳥瞰的視点は、世界社会の宗教的コミュニケーションのどこにも存在しない、ということです。繰り返します。そこには、頂点も中心もありません。

4　区別の区別

そもそも頂点や中心からなされうる鳥瞰的な視点というのは、何を行おうとしているのでしょうか。その視点の下に並べられたものの一つ一つを微に入り細に入り掌握することを言っているのでしょうか。少なくともここまでの脈絡で言えば、そうではなく、企図されているのは、そこで並列されたものを比較すること、また関係を論じることでしょう。いまの例で言えば、絶対を標榜するものを複数並べ、それについて論じるという視点がそれに該当します。

さてその場合、すでに述べたように、この視点のもとでは、絶対的なものは、その複数性ゆえに相対化されます。そこに矛盾とパラドクスが始まるのでした。ここでいう矛盾は、絶対的なものが相対的である、ということです。ここでいうパラドクスは、相対性の主張そのものが絶対的になされている、ということです。ここでは、「絶対」と「相対」という対立概念が組み合わさって、問題を複雑にしています。しかし、いまここで矛盾やパラドクスを生じさせているのは、「絶対」でも「相対」でもありません。この両者の関係です。図式化するなら、問題は「絶対」でも「相対」でもなく、「絶対／相対」という対《セット》としてそれらが扱われたときであり、そのときの議論の要は、両者を区別する「／」部分です。[6] つまり絶対と相対との対比において問題となっているのは、「／」の絶対／相対です。この「／」を絶対として議論をしているのか、相対として議論をしているのか、という問いが、ここで起きている問題をより適合的に表しています。このことは、すでに述べたように、日本の宗教性においても（第3章）、宗教対話においても（第4章）、同様に意識されるべきです。

たとえば、信じるか／信じないか、という二者択一を迫られたとき、信じる／信じない-区別をさらに区別し、「信じる／信じない-区別」を信じるか／信じないか、という区別へと説き及ぶことができます。これは、既存の基準のもとで見えなくされていた事態を、さらなる角度（区別を区別するという自乗された角度）から照らし、より事態適合的に見えるようにすることを可能にします。このことは、「信じていない」ことを表明する多くの日本人に対し、「信じていない」ことを信じているか否か問いかけることを想定すれば、わかります。すなわち、先に言及した（第3章2—(3)）、日本人の宗教的な態度をもって無神論ないし無宗教とする論じ方（信じる／信じない-区別）をさらに区別し、日本人は、この「／」を信じていない、すなわち信じる／信じない-区別自体を信じていない、と理解するほうが、事態により適合的ではないでしょうか。つまり、何かを強く信じているわけでも、信じていないわけでもなく、そうした明確な区分けそのものを信じていない、という理解です。ゆえに、「何かを信じているか」と限定的に問われれば、「何も信じていない」と答えるしかありません。また、諸宗教の違いを超えて包摂しようという所作は、包摂／排除の区別を、包摂的に行っているのでしょうか、排除的に行っているのでしょうか（第3章4—(1)、第4章2）。これも同様です。

このように考えれば、絶対的（＝唯一的）宗教の相対性（＝複数性）という事態も別様に定式化されます。世界社会では、絶対／相対-区別の「／」が相対的であるだけでなく、その相対性すらつねに相対化され続けなくてはなりません。その相対化運動が停止しない限り、すなわち区別が次の区別へと展開される（区別が区別される）限り、区別から生ずるパラドクスは次のパラドクスへと展開していきます。絶対／相対‐区別の「／」は絶対か相対か、というかたちでの展開です。パラドクスは、そのつど解決はされず、先送りされていきます。まさに苦肉の策ですが、とりあえず区別を区別し続けることで、問題はそのつど処理されて（解決はされません）いきます。一つの極に集約されることのない世界社会という領域《アリーナ》では、これが可能な「解決」でしょう。それ以外、方法はありません。この連続についてはさらに第6節で扱います。

5　生／死‐区別

ここで付け加えたいのは、生／死‐区別です。自己の死は、誰にあっても観察不能です。自身の死を見た人はいません。（いずれ訪れる）自身の死についても、こちら側（生の側）でコミュニケーションの対象とすることのみが可能です。ユダヤ・キリスト教以降は、生および歴史の一回性という観念がその中心にあります。生は一回限りのものであり、死は決定的です。それはこの世において終わりを意味していますが、その一方で宗教のディスコースには何らかの仕方で、死後の世界が用意されています。したがって、現世／来世ないしは此岸／彼岸という流れのなかで、「死」というできごとは、決定的で絶対的な分岐点であると同時に、こちら側と向こう側との接点であり、そこを基点に向こう側とこちら側を分かつ「／」です。

「／」そのものは見えません。それが見えるのは、「生／死-区別」が、「生」の側から行われたものとして（「死」の側からの観察から）区別されるときです。〈生から見た「生／死」〉／〈死から見た「生／死」〉という区別における前者から行う観察がなされたときです。私たち生きている人間は、生の側から見ることしかできません。「死」の側から何が見えるかは、私たちが「生」に位置している以上、わかりません。したがって私たちにできるのは、私たちに見えることと以外のものの（内容ではなく）領域を、区別を通して浮き立たせることです。

言い換えるなら、私たちは自身の「死」が見えないのではなく、「生」の側からのみ可能である生／死-区別の向こう側については、「そのもの」としてではなく、「そうでないもの」として思いをめぐらすことしかできないということです。イメージをもちやすくするために例を示せば、私たちの意識は、自分の身体の外側を自分の身体では意識できません。何か他のものに押しつけて初めて感じることのできる身体と外界との境界は、身体に属しているのでしょうか、外界に属しているのでしょうか。私たちに感じることができるのは、身体の側だけです。したがって、死の側から何が見えるかは、私たち生きている人間にはわかりません。死は触ることができず、それに触れたときは、私たちはすでに死しているはずです。つまり、私たちが自身の死について語っていると思っているその内容は、生／死-区別の「／」に、「生」の側からアプローチしているものに限られます。

念のため付け加えるならば、他者の死も、そのものとしての死と見ることができません。あくまでも生の側からのみ見た死であり、生から見た生の否定（生の側から行う区別の片側）として推測されるにすぎません。その意味で、死は存在の否定というよりは「虚無」の領域の推定です。「死」の可能な観察とは、「いなくなったこと」の確認ではなく、「いなくなったことの痕跡」すら見つけることができないという事態の確認です。

6　特権化された第三項

さて、ここから新しい議論に入ります。いま述べた区別「〇〇／〇〇」を観察可能とする位置の問題です。「／」の両翼を視野に収める、第三項の存在の問題です。これは、裏側から考えるならば、複数性を鳥瞰する頂点や中心がない世界社会において、鳥瞰的視点からの観察がいかにして行われているか、という問いでもあります。

たとえば、神／人-差異における「／」を、先と同様に、つまりこの「／」を再び神／人-差異のもとにおけば（「神／人-差異」を神がなした差異と人がなした差異とに分けるのであれば）、この区別は、当然、人間の側に属することになります。私たち人間においてなしている議論である以上、そう考えるしかありません。逆に、この区別を神のなした区別だと（人間が）主張したとき、問題が起こります。この区別は、人間がなした区別だからです。そこでは、「神がこう言った」と言う自己自身の発言に、その自己の位置が隠されています。「言っている」のはまぎれもなく人間です。神をして、その発言を外部観察しているというやり方は、自らが神に対する超越的地位に位置していると言えます。神の行為を鳥瞰しているからです。神／人-区別を、人間が行っていることを隠したことによって行いうる所作です。

このように「／」は、一見すると、それだけでは価値に関する議論のなかで、区別されたもののどちらにも属さずに、つまり、その両者から中立化した位置に属する、したがってこの区別の対象とならない、かのように見えます。しかし、この区別において用いられた区別を、もう一度その「／」に適用させることで、隠されていた構造（虚構）が即座に暴かれます。すなわち、それがある価値を引き立たせる効果をもっているとするならば、その価値を価値として際立たせる区別そのものを、同じ線引きによって区別してみるのです。いまの例で再度繰り返せば、神／人の区別を、人が行っているのか／神が行っているのか、問うことで、神をそのようなものとして規定している人の立ち位置というものが浮かび上がってきます。そこで神の偉大さが表されているとすれば、その「偉大さ」は、神をそのようなものとして用いることのできる、その人の偉大さの表れです。この構造において「神の支配」とは、神の仮面を被った「人の支配」です。

学問的な定式化を用いるならば、当の区別にその区別を再参入《リエントリー》すると言います[7]。こうすることで、自己のなした区別の対象から自己を背後に退かせ免責させるという、自己特権化の構造が明るみに出されます。議論を行うにあたり、自己自身を当の議論の対象からあらかじめ外しておく、という構造です。

こうして、従来なされてきた多くの議論の前提は、再び問いに付されます。たとえば、意識を根底から司る無意識は意識によって発見されたのか無意識によって発見されたのか（フロイト）、存在《ザイン》／当為《ゾルレン》の峻別の主張はザインかゾルレンか（ヴェーバー）、討議倫理学は討議を経て案出されたのか（ハーバーマス）、平等を宣言できる権能を有する地位にあることは平等か非-平等か、「判断はしない」という判断、「表現の自由は行きすぎた」という自由な表現、等々です。

ただし、このような問いを貫徹することが、その出口への途を直截に導いてくれることはありません。いかなる解答にも、その解答で示された価値を成り立たせているところの区別がありません。区別の自己適用は、区別の背後にある別の区別を導きます。しかしその作業は、区別によって隠されたものを明るみに出しますが、さらなる区別を発見し、そしてその区別もやはりパラドクスを内包しているがゆえに、それをまた区別し、という連続にほかなりません。そこに、最終的な答えはありません。ただ、「解答」をつねに差し出すことで、そのつどの当面の解決が示され続けていくだけです[8]。そのつどの、そしておそらくその時点において最高のものたらんとする解答と方策が、継続的に示されうるにすぎません。その意味で、私たちの社会にとって可能なのは、創造ではなく、せいぜい進歩ないし自己進化と言えるでしょう。創造は神の領域です。私たちは、この自己適用を、止めることなく続けなくてはなりません。止めた瞬間に、自己の立場は特権化され、したがってその特権の虚構性が暴かれなくなり、象徴的に言えば、人は神になり代わって行為するという擬制が働くようになります。それゆえ私にとって、そしてまたこの世界社会において可能なことは、自らの不完全においてつねに展開し続けることであり、そこにあるのは（終わりなき）真理への途です。「改革された教会は改革され続けなければならない（Ecclesia reformata semper reformanda.）」のです[9]。

7　死のコミュニケーション

人は不治の病に冒されたとき、それぞれの時代に応じて、つまりその時その時の最も説得力をもつであろう意味づけによって、すなわち祟《たた》り、神の意志、運命、体質によるもの、あるいは原因不明ないし科学の限界と「説明」され、ただそれを受け入れてきました。たしかに私たちは、死を避けること、さらに言うなら、退けることはできません。可能なのは、死を遠ざけることです。とくに近代科学（医学）は、そのことに莫大なエネルギーを費やしてきました。科学は、研究し、開発し、そして検証します。クライアントは検査され、診察を受け、治療を施されます。不老不死という不可能な目標は、老化の減速化と延命技術の発達というかたちで、追い求められ続けました。これらはすべて、「死を遠ざける」ことを目的としています。

さらに近年、このように一方向的に死を遠ざけるという方向から、受け入れ可能な死（尊厳死・安楽死）、効率的な死（治療の心身への苦痛あるいは経済的な負担ともたらされる効果との比較考量）、社会の持続可能性のなかの死（社会的コストの勘案）というものへと議論が移動しているかのようです。社会およびそこに棲まう人間は、死という、人知の及ばないところから不合理なかたちで私たちの生に襲いかかる出来事に対し、合理性や計算可能性で構えつつあります。かなり前から、資本主義の徹底化は、死を商品化し（平均余命、すなわち死期に応じた価格設定）、死後すらもまた商品化（死を前提に生命保険を担保とした融資）しています。また医療の進歩による長寿化で私たちの議論は、自身のサステナビリティ、さらには福祉国家の疲弊やエコロジー上の危機感から社会のサステナビリティを勘案し、己の死の選択を行う可能性の確保へと重点を移しているかのようです。こうしたなか、死という題目のもとで行われる多くの語りは、「虚無に服す」という意味での死についてではなく、死をめぐって「提示される選択」の問題に目をやっていると言うことができるかもしれません。いまや「死」はこのようにして、社会におけるコミュニケーションのなかに、さまざまなかたちで登場します。

では、そのものとして見ることも触ることもできないという意味で遠く深淵の彼方にある「死」、および手段化・商品化され、選択の対象となりうるものとして近くにある「死」を削ぎ落とした後に、私たちに残っているものは何でしょうか。その残余こそが、それこそがこの社会で私たちが主題化できる死そのものではないでしょうか。

一般に、科学は原理を導き、現象を解明しようとします。技術は欲求に応え、可能なるものの領域の拡大に力を注ぎます。経済や政治は、社会生活に豊饒と安寧をもたらすことを試みます。それに対し宗教は、人間に意味を示します。科学や技術は、死を探求し、その解明を試み、それに対する対策を打ち立てようとするでしょう。経済や政治は、この世における死との向き合い方において、一定の代替案（彼岸のものの此岸における解決というすり替え）の提供を企図するでしょう。一方、宗教は死の意味（生死の意味）への問いへと、私たちを向かわせます。このことこそが宗教的コミュニケーションが扱いうる、まさに扱うべき主題としての「死」と言えるでしょう。この「死」をめぐって宗教は、社会のなかでいかなるやり方でコミュニケーションを展開しうるものなのでしょうか。ここでもまた「区別」を用いて考えたいと思います。

「生／死-区別」は、まずもって「存在／非存在-区別」として理解されます。生は存在を、そしてその否定としての死は、非存在を意味するというようにです。しかし、この対そのものが「存在」を表していること、さらにこの区別が存在の側からなされていることは、繰り返すまでもないでしょう。すなわち、「存在」を表すために、存在しているものと存在していないものとが、「／」において示されているのです。「死んでいないもの／死んだもの-区別」ではありません。「生きていたものが生きている／生きていたものが生きていない-区別」です。死が生の否定として観念されているのではなく、「生／死-区別」の「／」が、生に定位せざるをえない、〈いま〉〈ここ〉における己の生の現前性において観念されています。

つまり、一般にこの社会において「死」と呼ばれるものは、（「生」に定位した「死」という）以上の議論を省略し、略記された「死」のことでしょう。その「死」は、この区別を結び目とする社会的ネットワークのなかでコミュニケートされていきます。このコミュニケーションは単純化すれば、「まだ生きている／もう生きていない」というその場所におけるその時点での区別の連鎖から構成されます。この連鎖のなかで人は「次の一歩」においてそのつど、社会のさまざまなコンテクストから「生きているもの＝死んでいないもの」として位置づけられ、また「生きていないもの＝死んでしまったもの」として論じられていきます。そのコミュニケーションの展開が、生の側から死に向かって走りゆく人間を組み込んでいきます。

8　生／死-区別から拓く

人は自らの死という究極の未来を自己において確信しながら、自身の発生という究極の過去を、自己の意識にもちえません。「生きる前」および「生きた後」は見えません。そのような仕方で、人間の営みは、（死に向かう）生に定位しています。自らの死は観察不能であり、また自ら以外の死についても、生に係留された視点からの延長で見ているにすぎません。結局、死の意味を、生／死-区別の意味として、生の側から論じることしかできません。ここに生と死の間の決定的な境界が、生から死へという一方向のみの移動を可能とするかたちで引かれています。

しかし宗教のコミュニケーションは、この一方向性を揺さぶります。終末から、黄泉の国から、そして彼岸ないし涅槃から、現在の生を語ります。「最後の審判」とその後が、現在のあり方を律します。それが可能なのは、まずもって人間が、自身にいずれ最期が訪れることを、つまり己の死を確信しているということによるからでしょう。私たちは、〈いま〉〈ここ〉に生きていること以上に、いずれ己が死すことを確信しています。つまり、「生きている」のは夢や覚醒かもしれませんが、しかし、死は確実です。それゆえ、確たるものから不確定《コンティンゲント》な現在へと説き及ぶのです。

近代の出発点に位置づけられるデカルトは、あらゆる確実性を問いに付し、すなわち自己の存在の確実性も疑い、「なくてはならないただ一つのこと（unum necessarium）」を探究しました。彼は、数学の絶対性も、眼前する事物の存在を確信する外的感覚（知覚）の確実性も、自分の身体的な感覚のもつ揺るぎない確実性の確実性も疑います。そして、「疑っている自己の存在の確実性」は疑えないとし、有名な「われ思う、ゆえにわれ在り（cogito ergo sum）」という定式を、「第一原理」とするに至りました。近代の幕開けを象徴する力強い自我の誕生です。

これに倣って次のように言えるのではないでしょうか。すなわち、私たちは、とりあえず自分が生きている、と考えている。しかし、それは確実であるとは言い切れない。唯一、確実なのは、生の確信ではなく、死の確信である。ただし、その死とは、生から見た死であり、それゆえ、私たちの確信は、生／死-区別の「／」によってもたらされる。逆に言えば、この「／」が、人間の生という前提を可能にする根源である。つまり、「ただ一つのこと」とは、この生／死であると。このように言えるのではないでしょうか。

死の確信は、生の世界と死の世界との間に引かれてある境界を、生の側から突破します。それに対し宗教は、終末から、黄泉の国から、彼岸ないし涅槃から、現在に切り込んできます。さらに、宗教のコミュニケーションは、他のコミュニケーションと異なり、理解や納得、論証ないし検証というカテゴリーに属するものを経る必要がありません。

もし奇跡に触れ、そこで受けた衝撃を契機とするにせよ、もし奇跡を奇跡以外のもの、たとえば証明をもって理解ないし納得した段階で、それは宗教の対象からは外れます。神秘や形而上の何ものかに触れたことにより目からうろこが落ちたにせよ、宗教的コミュニケーションにおいてそれは証明や了解を必要とされません。自らを限界まで追い込み、ある特別な境地に達したことによるにせよ、逆にある特定の雰囲気のなかで誘導されるかたちで形成されたとしても、また特殊条件のもとで洗脳されたことによるとしても、そこで与えられたもの、あるいは獲得しえたものは、このような合理的作業にはなじみません。

宗教のコミュニケーションを成り立たせているのは、「信仰」です。信仰においては、いま挙げた一連のものが、その要件とはなりません。すなわち「信じる」という行為は、むしろそれらを排除することで、そのものとして成り立ちます。そこに、宗教的コミュニケーションによってのみ拓かれうる空間が成立します。すなわち、啓示やテクストによって与えられる価値や理念として、神話やフィクションによって導かれる希望や救済として、私たちの生／死-区別を超えて可能な空間が展開します。宗教をもって初めて提示することのできる諸表象（永遠、彼岸ないし黄泉の世界、無償の愛、罪とその赦し、死と甦り、奇跡、そして何よりも神ないし超越など）により、人間の根源的な問い、究極の問いに対する応答の空間が可能となります。私たちの想像上《イマジナリー》の豊かな空間が広がります。それは、科学や技術が開発や応用によって私たちにもたらす豊饒や、ハードないしソフトな知的創作物《プロダクト》による私たちの生きる空間の充実化とは対照的であり、別のものです。

ここで扱われているのは、見たことをもって信じるに至るのではなく、「見ないで信じる」（ヨハネによる福音書二〇章二九節）ことです。そのために、超越的なるものとの関連づけが求められるかもしれません。あるいは、内奥に関連づけることを求める宗教もあるでしょう。むしろ、「驚き《タウマゼイン》（θαυμάζειν, thaumazein）」こそが、そもそもの根源かもしれません[10]。死の観念は、意識にとっては到達することができないものであり、社会的な影響のもとで形成されると言うルーマンは、それに先立って、「死は、考えられないものが考えうるものにもたらす驚愕である（La mort est une surprise que fait l'inconcevable au concevable.）」というヴァレリーの言葉を引きます[11]。そして繰り返せば、私たちは、なにより己の「死」を見ることなく確信しているのです。

人間のこのあり方から、その限りで等しく人間は、この世に生を受けた段階で宗教的コミュニケーションの内におかれているという視点をもつことができます。人間は、否が応でも、誰であれ例外なく、社会の宗教的コミュニケーションに組み込まれているのです。この「組み込まれている」という、いわば原的な所与性を踏まえるならば、むしろコミュニケーションが人間を生／死から社会のなかに位置づけ、そのコミュニケーション上の位置づけがさらに次なるコミュニケーション上の位置づけに連鎖していくと言うべきでしょう。つまり、社会的コミュニケーションの展開のなかで人間は、つねに死に向かいながら生の選択に生き続けていきます。人が知りえない「虚無としての死」と、この世における「生に係留された死」を削ぎ落としたこの領域において、かろうじて際立たされる宗教のコミュニケーションは、まさにこれではないでしょうか。

9　脱宗教化と再宗教化

いま抽出した宗教的コミュニケーションの領域は、近代の展開のなかでさまざまにその位置をずらされてきたように思われます。あるいは他の領域に侵されてきたと言ってもよいかもしれません。もちろん近代は、宗教によって隠されたさまざまな事象を明らかにし、自然科学や社会科学が学問の言葉でそれを定式化し直しました。あるいは新たな構造を解明しました。しかし、上記の視点に立つのであれば、次のような言い換えができるのではないでしょうか。

たとえばマルクスが、「宗教は阿片である」と言ったことは有名です。宗教とは、この世的な悩みを宗教で、つまり来世にずらすことで、現世に存する経済的な苦しみを麻痺させる阿片にほかならないと論じたのでした（『ヘーゲル法哲学批判序説』[12]）。しかし、宗教へのそうした警告の傍らで、それこそマルクスが問題としたように、経済はそれ自身で暴走します。すべてが欲望の対象として商品化され、精神の領域はことごとく隅へ追いやられてきました。その限りで、いまや次のように言えるのではないでしょうか。経済は阿片であると。それこそが幻覚をもたらすと。経済的な悩みさえ解決すれば、この世は天国なのだと。それがもたらす安寧こそが、私たちを虚無の恐怖から遠ざけてくれるものだと。

宗教的コミュニケーションの働くべき領域がずらされ、かつ浸食されています。前述したように、経済や政治の領域、科学や技術の領域、宗教の領域は、その本質からして、それぞれ固有のものであり、相互に異質のものです。どちらからであれ、その領域を離れて境界を《横断＝越境》することは、範疇《カテゴリー》上の錯誤です。できないはずです。ヴェーバーの言葉を借りれば、「そもそも、経験的でかつ数学による方向づけをあたえられているような世界の見方（ここでの脈絡で言えば、経済や政治、科学や技術の領域＝引用者）は、原理的に、およそ現世内における事象の『意味』を問うというような物の見方をすべて拒否する態度」を生み出すのであり（「中間考察」、一四七頁）、「経験科学の合理性が増大するにつれて、宗教はますます合理的なものの領域から非合理的なものの領域に追い込まれていき、なによりも非合理的ないし反合理的な超人間的な力《そのもの》になってしまう」（同、一四八頁）のです(13)。

つまり、（この世的な有用性や便益を指向する）経済や政治、科学や技術の領域は、人間の生および死の）意味の問いかけを旨とする宗教を、より厳格には宗教が備えもつところのその合理性を、駆逐していきます。強調したいのは、この駆逐は本来、《成り代わり》を意味するものではないということです。にもかかわらず、《横断＝越境》が行われます。ここに疑似宗教が登場します。経済や政治、科学や技術が演出する疑似宗教性については、先に挙げたこの世における死の主題化の例を見れば明らかでしょう。

一方、宗教は、脱呪術化を展開してきました。まさに合理性の展開として宗教自身を進化させてきました。したがって、（呪術を押しのけるかたちで）科学の進展を導いてきました。しかし、宗教が自己進化の途からはずれ、呪術の領域へと戻るというのであれば、すなわち自ら再呪術化しているとしたら、その外的な動因は先の経験科学の合理性にあります。科学が宗教を呪術化したのです。とくに日本では、脱呪術化が完遂されておらず、すなわち呪術と宗教の峻別がまだ明確に意識されず、かつ科学と宗教との展開過程、世俗化の過程が正確に理解されていないため、このような傾向（結果としての呪術化）にある、と言ってよいのではないでしょうか。（浅薄な宗教批判と迷信への傾倒、皮相的な政教分離の議論などを想起してください。）そのことを念頭におきつつ、（再）呪術化の内的な動因に目を向けてみたいと思います。ここでは、ユダヤ系の思想家であり哲学者であるA・J・ヘッシェルの言葉が示唆を与えてくれます。

現代社会における宗教の衰微を招いた元凶として世俗科学と反宗教哲学を挙げるのが慣わしになっている。だがむしろ宗教そのものをその敗北の責任者として告発するほうが正直であろう。宗教が衰退したのは論破されたゆえではなく、時代との関連性を欠き、鋭敏な感受性を失い、自由を抑圧し、新鮮味を失ったためである。(14)

この指摘に、さらに宗教の《横断＝越境》をその動因として加えたいと思います。すなわち、生死の意味について語るはずの宗教が、時代との関連性あるいは社会からのニーズに呼応する名目で、あるいは社会に対する鋭敏な感受性を働かせるという理由で、この世的な有用性と便益をもたらそうとして、自己を開示しているのではないか、ということです。そうであるならば、まず私たちが行うべきは、この社会において、死を見えなくする、ないしは別の形式に変換してしまう装置を白日のもとにさらし、その虚構を暴き、それを除去することではないでしょうか。この世の異教徒を殺すことで神に仕えることを説く論点移動（十字軍、テロリズム）、金を積むことで来世へ移動できるパスポート（免罪符、三途の川の船賃、何段階にも分かれている戒名料）の虚構、それらはどれも同様に「阿片」です。そうしたもののパフォーマンスのなかで死の位置がずらされ、そこに別のものが入り込んできています。

頂点も中心もない世界社会において、すべての人に共通する目的が掲げられ、人々がそれに向けてせき立てられたら、ある具体化されたものが示され、それこそがユートピアだとされたら、またエコロジー問題が単に目標の達成からのみ語られるのであれば、これらのものはどれも本来の論点をずらしたものと言えるでしょう。そこでは、私たちが知りえないものに対し、知りえたと称するかたちで誘導がなされ、私たちの社会が想定しえない難問に対して、それを想定しえたとして議論が進められています。つねにあるリスクを隠蔽し、あたかもこの世においてリスクのない社会、すなわちコスモスないしユートピアに至ることができるような議論が擬制されます。[15]その意味で、テロリズムも、現世利益の宗教も、理想国家の議論も、エコロジー問題をめぐるいくつかの議論も、構造は同じです。とりわけ近年の日本の出来事でいえば、フクシマという想定不能な災害に遭遇して勃発したカタストロフに対し（想定外であったとして責任を回避する一方で）原発事故は二度と生じないことを想定できたとして原発再稼動に踏み切る判断の虚構を見落とすべきではないでしょう。これらは、見たことも経験したこともない自らの死を知りえたものとして語る疑似宗教、神の声を聴いたとして自らの弁を語る似非宗教と同じ構造です。

このような疑似宗教的なやり方は、先の経済や政治、科学や技術の領域に利するところとなります。ビジネスは宗教の形式を取り入れることで利益を上げ、権力の維持と拡大は宗教的要因を支えとし、科学・技術を宗教と混在することで適用範囲を拡張します。つまり、このようにしてこの世のものでない事柄が商品化され、つまり裏付けのない希望が与えられ、支配／服従-形式に宗教的要素が盛り込まれ、つまり非合理的な服従が内面化され、科学や技術の限界と人間の願望との間に「灰色《グレー》の真理」の成立を、つまりオカルト指向空間の成立を見ます。たしかに、宗教は機能喪失し、弱体化しました。しかし同時に、いやそれ以上に、疑似宗教が社会全体で働いています。そうしたものが、社会の至るところに遍在しています。[16]

このような虚偽・虚構を執拗に一枚一枚引き剝がし続けることで、私たちはそこにある、より混濁物の少ない宗教的コミュニケーションに生きることができます。私たちは、一切のまやかしと外皮を剝ぎ取った宗教的コミュニケーションの参与者たるべきでしょう。自らの命が永遠でないことを知る人間として、私たちは、まずここに立たなければなりません。ほかに何ができるでしょうか。Hier stehe Ich. Ich kann nicht anders.（Martin Luther）

結——見えない共鳴《レゾナンツ》

本書に提示された論点に対して、以上すべての考察から次のように応えることができるかもしれません。たとえば、かつてキリスト教が示した現世拒否に代わる強い力が、現世における死への対峙からなる世界社会規模での虚偽を排したコミュニケーションを通じて、先鋭化されるかもしれないと（第Ⅰ部）。相対主義の多元的価値と絶対的価値に基く信仰が相克し合うという矛盾は、相対と絶対との区別の特権性を暴き続けることで実践的に克服されうるかもしれないと（第Ⅱ部）。そして、この世界社会において、自己の死を確信しながらも明日を知りえない私たちに、宗教ないしその機能的等価物こそが拓く新たなコミュニケーティブな空間が示されるかもしれないと（第Ⅲ部）。

以上をもって得られた境位から、世界社会の宗教的コミュニケーションのなかで共鳴《レゾナンツ》が醸成されていくかどうか、ここで展望を述べることはできません。それは、あまりに蓋然性が低く、私たちはそれを可能にする条件をイメージすることすらできないからです。それゆえに、ここでもう一度、序章の最後に述べた言葉を繰り返すことになります。「無謀な試みである」。「しかし／だからこそ、やらざるをえない／やるべきである」と。ただし、ここでは、さらに一歩進めます。すなわち、共鳴《レゾナンツ》が見えないのではなく、むしろ見えない共鳴《レゾナンツ》を追っていくこと、それが世界社会の宗教的コミュニケーションであると。

およそ一世紀前、ヴェーバーは第一次世界大戦と革命の狭間という惨憺たる状況のなか、学生たちに向けた講演『職業としての学問』の最後に、旧約聖書「イザヤ書」にあるエドム人の夜回りの歌を引きました。その歌では夜明けを問う人に、まだ夜であること、そしてもう一度尋ねに来いという、夜回りの言葉が告げられます。ヴェーバーはこの引用に続き、人が憧れ、待ち望むだけでは何も実現しないこと、また、自らの仕事に赴き、人間としても職業においても、「日々求められること」に従う必要を説いて、講演を締めくくります。その後ほどなく、コミュニケーションはヒトラーを産み、社会は第二次世界大戦へと突き進みます。人々は、生を欲し、死に向かいます。「共鳴《レゾナンツ》の醸成」を副題に掲げた本書を閉じるにあたり、私は編者として、このヴェーバーの言葉を受け、続いて次の聖書の箇所を引きたいと思います。

しかし、目に見える望みは望みではない。なぜなら、現に見ている事を、どうして、なお望む人があろうか。（ローマ人への手紙八章二四節、口語訳）

注

（1）エコロジーのリスクをめぐっては、地球を守るという点で見解の一致は見ても、その具体策で正反対の方策が主張されることがままあります。もちろん、背後に別の意図が隠されている場合もありますが、それは表に出てくることは少なく、むしろ見解の一致を見たその価値に沿ったかたちで固持されています。土方透／アルミン・ナセヒ編著『リスク――制御のパラドクス』（新泉社、二〇〇二年）、一五―一六頁。合わせて、本章注（3）も参照。

（2）たとえば、ニクラス・ルーマン「『グローバリゼーション』か、それとも『世界社会』か――現代社会をどう概念化するか？」大黒岳彦訳、『現代思想』二〇一四年一二月号、特集＝社会学の行方、八六―一〇一頁。

（3）西洋的な人権が個人の人権を指すのに対し、アジア的人権は社会資本の充実など、インフラ整備が人権を実現するという主張（「アジア的人権論」）の対比などが想起できるでしょう。地域性を重視し、「普遍的人権保障に真っ向から挑戦する」ことを宣言する人権論もあります。

たとえば、一九九三年の「バンコク宣言」を参照。

（4）第4章でも言及しましたが、たとえばキリスト教の絶対性を主張していたエルンスト・トレルチは、後にキリスト教にとっての絶対であること、また他の世界宗教も、その信者にとっては絶対であることを認めるに至ります。（『キリスト教の絶対性と宗教史』および一九二三年の「世界宗教におけるキリスト教の位置」を参照。）

（5）完全ではないにせよ、まさにEUがこうした構造をもっています。EUの加盟国は比例性原則、補完性原則などを用いながら、各加盟国それぞれの主権を維持しつつ、かつEU全体としての統合を可能にしようとしています。本文でも挙げてあるunitas multiplexを現実化している例です。世界を一つのシステムとして考えるグローバル・システムおよびグローバル憲法の考え方とは、正反対のものです。この点について、Gunther Teubner, Verfassungsfragmente: Gesellschaftlicher Konstitutionalismus in der Globalisierung (Frankfurt a.M.: Suhrkamp, 2012)（英語版からの翻訳として、グンター・トイプナー『憲法のフラグメント――全体社会の立憲主義とグローバリゼーション』大藤紀子訳、信山社、二〇二〇年予定）では、世界社会の憲法論が展開されています。同『オートポイエーシス・システムとしての法』土方透、野崎和義訳、（未來社、一九九四年）、第7章「多様における統一（unitas multiplex）」をも参照。

（6）この「／」に注目するか、その両翼に注目するかで、議論は大幅に変わってきます。詳述はできませんが、両翼のそれぞれの実体を問うのか、その両者が形成する差異を問題にするのかで議論が変わってきます。「／」に注目するならば、たとえば、デカルトの神の存在証明は、神の存在を証明したのではなく、神／人-区別の「／」にあたる区別を人が引き受けるということを述べたと理解されるでしょう。ソクラテスが「悪法も法である」と言って自らの死をもって護ったのは、合法／不法-区別の不法に属するものに従った（従わざるをえなかった）のではなく、すなわち「悪法」に従ったのではなく、両者の区別が合法的になされたという、その正しき区別に従ったということになります。後者の例については、ニクラス・ルーマン『法システムと法解釈学』土方透訳（日本評論社、一九八八年）、六二頁、参照。

（7） 再参入《リエントリー》については、たとえば、ニクラス・ルーマン『社会の科学』徳安彰訳（法政大学出版局、二〇〇九年）、七〇頁以下。Niklas Luhmann, Die Wissenschaft der Gesellschaft (Frankfurt a.M.: Suhrkamp, 1990), 84ff.

（8） 土方透『法という現象』（ミネルヴァ書房、二〇〇七年）の各章末において、さまざまな法の属性を自己言及運動（区別の区別）から再定式化してみました。Toru Hijikata, Das positive Recht als soziales Phänomen (Berlin: Duncker & Humblot, 2013) を参照。

（9） ツヴィングリに始まり、カルヴァンと合流したスイス宗教改革の流れを汲む改革派教会の理念です。

（10）驚きについて、とりわけ関根清三『ギリシア・ヘブライの倫理思想』（東京大学出版会、二〇一一年）の序論および結語に、その根源性が示唆されています。

（11）『社会システム 下――或る普遍的理論の要綱《グルンドリス》』馬場靖雄訳（勁草書房、二〇二〇年）、二七―二八頁。Niklas Luhmann, Soziale Systeme: Grundriß einer allgemeinen Theorie (Frankfurt a.M.: Suhrkamp, 1984), 374f.

（12）「宗教は、……世界の慰めと正当化のための一般的な根拠である。人間存在が真の現実性をそなえていないために、人間存在が空想のうちで現実化されたものが宗教なのである」。カール・マルクス『ユダヤ人問題に寄せて／ヘーゲル法哲学批判序説』中山元訳（光文社、二〇一四年）、一六頁。

（13）マックス・ヴェーバー「世界宗教の経済倫理　中間考察――宗教的現世拒否の段階と方向に関する理論」『宗教社会学論選』大塚久雄、生松敬三訳、みすず書房、一九七二年。

（14）関根前掲書『ギリシア・ヘブライの倫理思想』（三二八頁）で引用されているA・J・ヘッシェル『人間を探し求める神――ユダヤ教の哲学』森泉弘次訳（教文館、一九九八年）、一四頁の文章です。関根書は、その末尾において、このヘッシェルの言葉を引き、そしてその問いが、人間存在の哲学的な謎に対する根源的な「驚き」に基づいて生起するとして、結ばれます。宗教の衰退と機能喪失をこの観点から、すなわち宗教の内在的要因から説いていく議論には、現在における伝統的宗教の衰退と疑似宗教さらには似非宗教の勢いを見るにあたり、きわめて説得力があると思われます。と同時に、本章で述べた横断（越境）が宗教そのものを内側から衰弱させていった点を、ここでとくに強調したいと思います。

（15） 土方透「序　リスク戦略」（前掲、土方／ナセヒ『リスク』、二―一六頁）に、リスクの概要をまとめておきました。社会の進展とともに多種多様なリスクがつねに生起すること、その処理がつねに求められること、こうした処理がさらなるリスクを引き起こしリスクを再生産させること、結局リスクが抜本的に解消されることはありえず、社会はつねにリスクとともに進展していくこと、などか説明されます。したがって、安全が達成されたという静的な状態は存在しえず、リスク処理が連続することだけが、そのつどの安全を暫定的に可能にすることとなります。ここでの脈絡で言うと、現実化不可能であるにもかかわらず、安全が達成可能であるかのように擬制されるという点で、これも疑似宗教的なものと言えます。

（16） 近代の、さらにはポストモダン的なものの疲弊、再呪術化、社会の劣化などは、このことに由来する諸現象の別表現かもしれません。なお近年、（とくに大学における）学問と教育について、その有用性や効用から要求がなされています。これも、宗教がたどった途と同じ顚末を迎えると思われます。この点について、エッセイで危機感を表しました（土方透「老兵死なず――31年目の聖学院大学」『聖学院大学総合研究所 NEWSLETTER』Vol.28, No.2, 2018巻頭言）。

謝辞

二〇一七年は、マルチン・ルターが宗教改革を起こしてから五〇〇年という節目の年だった。編者は聖学院大学総合図書館長として、その翌年の大学創立三〇周年と宗教改革五〇〇＋一年を記念した「学術と音楽の集い」（聖学院大学総合図書館主催、同総合研究所およびEKD社会学研究所後援）を企画した。本書は、その企画における学術シンポジウム「多極化する社会とキリスト教の可能性」にて行われた講演と議論をもとに、さらに議論を重ね、論考を加え、まとめ上げたものである。

本書作成にあたっては、とくに次の二点に留意したつもりである。

まず第一に、宗教を単に社会現象とする客観的な議論にとどめないこと、それに呼応して、信仰を個人の主観に関わる事象として議論から捨象しないこと、同時にキリスト教を特権化しないこと、しかし同時にキリスト教を内在的に論じる視点を失わないことである（本書の論者はすべてキリスト者である）。こうしたスタンスを採ることによって、科学志向による宗教分析の無味乾燥化（宗教のもつ内容的な豊かさを等閑視し、外在的分析や批判に終始する）や、素朴な護教的議論（信仰を背景に宗教に没入し、そこからの擁護にとどまる）が、幾ばくかであれ避けられているという印象を読者においてもたれたなら、この限定は無意味ではなかった。さらに、この限定によってもたらされた成果がわずかであれ読者において確認されるのであれば、編者にとってそれ以上のものはない。

第二に、学問上の術語への依存を可能な限り排し、できるだけわかりやすい文体にすることを心がけた。その実践的な含意は、すこしでも読者に寄り添うべきであるという編者側の反省的視点もあるが、ここで扱ったテーマとそこで示された議論が向いている先に、宗教をめぐる問題に関する、あるいはそれを超えて現代社会の（またとくに最近の日本の）日常に存する虚構、あるいは隠された欺瞞が見えるという、ある種の危機感がある。その意味では、もっと直截に、言い方を変えればあからさまに事態に言及していく書き方もあったのではないかと思うが、それによって得られるものもあれば、失われるものもあろう。読者におかれては、それぞれの現実から、その意味で行間をも読んでいただければ幸いである。

なお、本書は冒頭で述べたシンポジウムから完成に至るまで、実に多くの方々のご協力とご尽力をいただいた。ここでは限られた方たちにきわめて簡略化したかたちで感謝の意を表させていただくことをお許しいただきたい。本書作成の端緒《ゲネシス》となったシンポジウム開催から本書の出版という具体化《インカルナチオ》まで導いてくださった清水正之先生、私事になるが、三十余年前、編者が新たに開学されたキリスト教大学に職を得たことを喜び、本書に収められたものも含め数本の宗教関係の論文を渡してくださった故ニクラス・ルーマン教授、幾たびもの議論を通して原稿を作ってくれた畏友ヨハネス・ヴァイスとゲルハルト・ヴェグナー、そして久保田翠、松戸行雄、髙橋愛子、花岡和加子、菊池美紀、中山浩二、飯田秀美、山本俊明、庄司信、ヨハネス・シュミッドの各氏、ここに名を挙げさせていただき、心からの感謝を申し上げます。

土方　透

二〇一九年、また今年もやってきたクリスマスに

訳者

森　涼子（もり　りょうこ）
お茶の水女子大学大学院博士課程、ゲッティンゲン大学博士課程修了。Dr.Phil. 首都圏大学非常勤講師。専門は、キリスト教史、ドイツ文化史。（社団法人）情報通信医学研究所主任研究員。
〔**著書**〕『グリム童話と森——ドイツ環境意識を育んだ「森は私たちのもの」の伝統』（築地書館）、『敬虔者たちと〈自意識〉の覚醒——近世ドイツ宗教運動のミクロ・ヒストリア』（現代書館）。*Begeisterung und Ernüchterung in christlicher Vollkommenheit: Pietistische Selbst- und Weltwahrnehmungen im ausgehenden 17. Jahrhundert* (Harassowitz Verlag, 2004).

畠中茉莉子（はたなか　まりこ）
神戸大学大学院国際文化学研究科。専門は、宗教社会学。
〔**訳書**〕ニクラス・ルーマン『社会の宗教』（共訳、法政大学出版局）

ゲルハルト・ヴェグナー（Gerhard Wegner）
EKD社会科学研究所名誉所長、元マールブルク大学教授。専門は実践神学。ゲッティンゲン大学およびナイロビ大学で神学を学び牧師活動を展開後、ハノーファーのプロンテスタント組織Hanns-Lilje-Stiftung創立幹部、ドイツ万博（2000年）におけるキリスト教行事のプロテスタント側責任者を歴任。宗教改革500年を機に企画した編著書として、『宗教改革のグローバルな影響』、『労働から市民社会へ——宗教改革の作用史』、『ルター2017』、『宗教と教会の社会的射程——神学と社会学』など。

清水正之（しみず　まさゆき）
聖学院大学教授。専門は倫理学、日本倫理思想史。
東京大学文学部、同大学院にて倫理学を学ぶ。博士（人文科学　お茶の水女子大学）。日本倫理学会常任評議員、東京大学学生キリスト教青年会（YMCA）理事。
〔**著訳書**〕『日本思想全史』（筑摩書房）、『国学の他者像——誠実と虚偽』（ぺりかん社）、『甦る和辻哲郎——人文科学の再生に向けて』（共編著、ナカニシヤ出版）、『岩波講座　日本の思想』第四巻（共著、岩波書店）、『ともに公共哲学する——日本での対話・共働・開新』（共著、東京大学出版会）、『生きる意味——キリスト教への問いかけ』（共編著、オリエンス宗教研究所）、『教会と学校での宗教教育再考』（共著、オリエンス宗教研究所）。ヘルマン・オームス『徳川イデオロギー』（共訳、ぺりかん社）、ほか。

ニクラス・ルーマン（Niklas Luhmann, 1927—1998）
20世紀後半のドイツを代表する社会学者。新たな社会システム理論の構築を展開し、その対象は社会、法、宗教、経済、教育、学問、メディア他広く及ぶ。著作は2012年時点で95冊、その後も遺稿の整理が続けられ、最近のものとしては、1100頁を超える大著 *Systemtheorie der Gesellschaft* (Suhrkamp, 2017)。邦訳書も多数出版されている。2009年までの著訳書リストは、C. バラルディ、G. コルシ、E. エスポジト『GLU：ニクラス・ルーマン社会システム理論用語集』（土方透、庄司信、毛利康俊訳、国文社、2013年）巻末に所収。

著訳者紹介

編著者

土方　透（ひじかた　とおる）

聖学院大学教授。Soziale Systeme: Zeitschrift für soziologische Theorie 学術顧問。専門は社会学。

中央大学にて法律学、同大学院文学研究科にて社会学を学ぶ。社会学博士。Forschungsinstitiut für Philosophie Hannover, Würzburg 大学哲学部、Düsseldorf 大学哲学部等、ドイツの研究機関において客員教授を歴任。

〔著書〕*Das positive Recht als soziales Phänomen* (Duncker & Humblot)、『法という現象――実定法の社会学的解明』（ミネルヴァ書房）、『現代社会におけるポスト合理性の問題――マックス・ヴェーバーの遺したもの』（編著、聖学院大学出版会）、『宗教システム／政治システム――正統性のパラドクス』（編著、新泉社）、『リスク――制御のパラドクス』（共編著、新泉社）、*Riskante Strategien: Beiträge zur Soziologie des Risikos*, Hrsg. mit A. Nassehi, (Westdeutscher Verlag)、『ルーマン――来るべき知』（編著、勁草書房）、ほか。

〔訳書〕宗教社会学関係の訳書として、N．ルーマン『宗教論』（共訳、法政大学出版局）、『社会の宗教』（共訳、法政大学出版局）。

著者

ヨハネス・ヴァイス（Johannes Weiß）
カッセル大学名誉教授。専門は文化社会学、社会哲学。
ケルン大学で社会学を学ぶ。ライプチッヒ大学文化科学研究所所長およびドイツ諸研究機関のヴェーバー研究の主要ポストを歴任。ヴェーバー・ルネサンスの中心的立役者の一人。ヴェーバーの代表的著作『プロテスタンティズムの倫理と資本主義の精神』、「理解社会学」「価値自由性」に関する諸論稿を新たに編纂するなど、ヴェーバーの正本作成に携わる。

世界社会《せかいしゃかい》の宗教的《しゅうきょうてき》コミュニケーション
——共鳴《きょうめい》の醸成《じょうせい》

2020年3月10日　初版第1刷発行

編著者　土方　透
発行者　清水正之
発行所　聖学院大学出版会
〒362-8585　埼玉県上尾市戸崎1番1号
TEL　048-725-9801
FAX　048-725-0324
E-mail：press@seigakuin-univ.ac.jp
印刷所　三松堂株式会社

ISBN978-4-909891-04-4　C3036

聖学院大学出版会の本

現代社会におけるポスト合理性の問題
マックス・ヴェーバーの遺したもの
土方透 編著

本書は「ポスト合理性」＝「合理性をはみだしたもの」を問題にする。近代は「宗教」と「科学」との相克のなかで合理性を展開してきた。近年、そうした合理性には収まりきれないさまざまな表象が、ある魅力をもって喧伝されている。それは近代が失ったものなのか、あるいはポスト近代の徴候なのか。本書は、マックス・ヴェーバーの理論に定位しつつ、「ポスト合理性」を浮き彫りにすることを試みたものである。カール・アッハム、ヨハネス・ヴァイスによる二つの論考、それに対する姜尚中、細見和之、荒川敏彦、土方透によるコメントとリプライ、さらにコメンテータによる三本の論考が収められている。

四六判　定価：本体三二〇〇円＋税
ISBN978-4-915832-96-3 (2012)

ラインホールド・ニーバー 著／髙橋義文・柳田洋夫 訳

人間の本性——キリスト教的人間解釈

二十世紀アメリカを代表する神学者で政治思想家ラインホールド・ニーバーの主著『人間の本性と運命』第Ⅰ巻（*The Nature and Destiny of Man*, Vol. I: *Human Nature* (New York: Charles Scribner's Sons, 1941)）の半世紀ぶりになされた最新訳。人間をめぐる、自然と精神、時間と永遠、破壊性と創造性、罪人と神の像、原罪と原初的義などの弁証法的性格を、古今の多様な思想との対話を通して浮き彫りにし、その現代的意義を訴える。『人間の運命』と対をなすニーバー人間学の粋。

第一章：《人間自身にとっての問題》としての人間／第二章：人間の本性における生命力と形式の問題／第三章：近代文化における個人性／第四章：近代人の安易な良心／第五章：キリスト教的人間観の妥当性／第六章：神の像としての人間と被造物としての人間／第七章：罪人としての人間／第八章：罪人としての人間（承前）／第九章：原罪と人間の責任／第一〇章：原初的義（justitia originalis）

A5判　定価：三七〇〇円＋税

ISBN9784-909022-99-8（2019）

ラインホールド・ニーバー　著／髙橋義文・柳田洋夫　訳

人間の運命――キリスト教的歴史解釈

ラインホールド・ニーバー『人間の本性と運命』第Ⅱ巻（Reinhold Niebuhr, *The Nature and Destiny of Man, Vol. II: Human Destiny* (New York: Charles Scribner's Sons, 1943)）の全訳。ニーバーの代表作の本邦初訳。歴史の本質的性格とその意味を、古代から近代に至るさまざまな思想と対話しつつ、キリスト教の視点に立って新たな解釈を試みている。歴史の限界をえぐり出すとともに、それを超える意味に目を向けながら、キリスト教的歴史観の現代における意義を訴える。

第一章：人間の運命と歴史／第二章：生と歴史の意味――その開示と成就／第三章：歴史の可能性と限界／第四章：知恵と恵みと力（歴史の成就）／第五章：恵みと傲慢との葛藤／第六章：近代文化における人間の運命をめぐる論争――ルネサンス／第七章：近代文化における人間の運命をめぐる論争――宗教改革／第八章：真理を持っているが、持っていない／第九章：神の国と正義を求める闘い／第一〇章：歴史の終わり

A5判　定価：三七〇〇円＋税

ISBN978-4-907113-22-3（2017）